AF407965

Le Parchemin Magnifique

Une exploration du symbolisme du corps humain

Volume 5 : Les cinq sens

Symboles et corps

Le Parchemin Magnifique, Volume 1 : *Pieds, chevilles, tibia, genoux, cuisses et hanches,* éditions Réenchanter le Monde.

Le Parchemin Magnifique, Volume 2 : *L'abdomen : bassin, système génital, système excrétoire, viscères,* éditions Réenchanter le monde.

Le Parchemin Magnifique, Volume 3 : *Diaphragme, cage thorcacique, poumons, cœur,* éditions Réenchanter le Monde.

Le Parchemin Magnifique, Volume 4 : *Épaules, bras, mains, cou, cervicales,* éditions Réenchanter le Monde.

En cours de parution :

Le Parchemin Magnifique, Volume 6 : *la boîte crânienne, le cerveau,* éditions Réenchanter le Monde.

Pour lire un résumé de ces ouvrages, le blog de l'auteur : **https://reenchanterlemonde.com**

Le Parchemin Magnifique

Volume 5 : Les cinq sens

Luc Bigé

Le visage et les cinq sens

Le visage résume l'ensemble du corps. La Terre des membres inférieurs, l'Eau du ventre et l'Air du thorax[1] y coopèrent. Le Feu lui-même, s'il est uniquement capté par les yeux de la tête, vit déjà comme enfoui dans la sexualité du bassin et l'amour du cœur. C'est pourquoi, bien plus que n'importe quelle autre partie du corps, notre visage dit exactement qui nous sommes en ce moment précis de notre vie. Il porte le masque comme la vérité, la tristesse comme la joie, le devoir comme la liberté. Le moindre de ses frémissements en exprime infiniment plus long qu'un discours ou un acte. Il suffit d'un changement minime pour que surgisse le refoulé ou s'éveille une espérance. Le visage dévoile à chaque instant les métamorphoses de notre évolution car il résume l'ensemble du corps. Sa peau est le parchemin qui résume notre histoire.

Mais à quoi servent les cinq sens qui y sont comme greffés ?

Grâce à eux l'homme prend conscience de ce qui l'entoure. Le moi, puis le Soi, entrent en contact avec leur environnement. Outils du développement de la conscience, ils élaborent le « sujet », quelle que soit l'amplitude donnée à ce terme. Si les sens construisent une conscience subjective bien réelle, ils sont aussi des moyens de connaissance objective notamment grâce à

---

[1] Luc Bigé, *Le Parchemin Magnifique* Vol. 1, éditions Réenchanter le monde

leurs prolongations techniques, comme le télescope, qui améliore la vue humaine, ou le « nez électronique » capable de détecter des molécules solitaires. Nos sens semblent donc avoir au moins trois fonctions : développer la conscience de soi, connaître la nature du monde extérieur et permettre au Soi d'entrer en contact avec l'espace physique. C'est pourquoi, un jour, les sens deviendront des intermédiaires entre le royaume de l'Esprit et celui de la Matière. Alors le matérialiste, le mystique et l'intellectuel ne feront plus qu'un… et notre visage exposera au regard d'autrui une « vie sage ».

Pour l'heure, les cinq sens qui y sont associés participent activement à cette promesse. Goûter avec la bouche, sentir avec le nez, voir avec les yeux, entendre avec les oreilles et toucher avec la peau ! Loin de représenter la luxure et le dévergondage comme l'enseignent la plupart des religions, les sens s'affichent comme des voies d'accès directes au temple crânien. Leurs usages génèrent des effets pervers seulement lorsqu'ils ne fonctionnent pas à leur juste place biologique, c'est-à-dire lorsqu'ils se refusent au service de la tête. Les difficultés surgissent s'ils servent uniquement le bol pelvien et sa puissante force vitale ou encore spécifiquement les besoins de sécurité du ventre comme aujourd'hui dans notre société de consommation. Ils ne devraient pas non plus servir uniquement le cœur, au risque de perdre le sujet dans des extases mystiques.

Les cinq sens préparent en effet la sexualité du petit bassin. Le baiser sur la bouche dit le désir des petites lèvres et du pénis métaphorisé par la langue ; l'odeur de la peau confirme plus sûrement que n'importe quelle déclaration enflammée la compatibilité amoureuse ; le timbre de la voix est un puissant outil de séduction et se regarder les yeux dans les yeux ouvre la relation amoureuse sur l'indicible. Les cinq sens servent aussi le ventre, ses besoins de sécurité et de reconnaissance. Écouter, voir, parler, toucher et renifler préviennent des dangers. Chaque sens sert l'instinct de survie et le besoin de protection fondamentale de tout être vivant : l'oreille se met aux aguets, la parole s'enroule comme une seconde peau qui protège le sujet d'un contact direct avec l'autre, parfois jusqu'à l'enfumer ; les yeux scrutent les changements et déjouent les mauvaises surprises ; le contact avec des mains amies rassure tout en maintenant une distance. C'est seulement dans la psychologie du ventre que s'applique pleinement la « logique du miroir » devenue si moderne : parler pour être vu, écouter pour être aimé, toucher pour se sentir exister, regarder pour se reconnaître dans l'œil de l'autre. Alors le sujet élaboré autour du nombril mature grâce aux cinq sens posés sur sa tête. Plus tard, lorsque la conscience-énergie se posera dans l'espace cardio-pulmonaire, ces facultés se tourneront vers l'intérieur. Elles se métamorphosent en intuitions et en sentiment d'unité avec le non-moi. Car nos sens ont aussi des contreparties immatérielles, si peu développées dans l'humanité moderne ! Le sujet avec un cœur ouvert et un cerveau au repos « touche » la présence de son/sa bien-aimé(e) quelle que soit la distance qui les sépare ; de nombreux saints furent gratifiés du charisme d'osmogénésie : ils marquaient leurs présences par des parfums qui émanaient naturellement de leur corps. Padre Pio est un bon exemple de ce phénomène olfactif. Côté audition, Beethoven « entendait » les sons de ses futures symphonies avant de les offrir au papier et, pour la vue, Swedenborg « vit » à plusieurs centaines de kilomètres de distance le grand incendie de Stockholm du 17 juillet 1759, au moment même où la ville s'embrasait[2] Les sens de celui qui s'identifie progressivement

---

[2] Emmanuel Swedenborg est un chercheur d'origine suédoise. Dans la première partie de sa vie, il fut un scientifique et un inventeur remarquable, ce qui lui valut le surnom de « Léonard de Vinci du Nord » et d'« Aristote de Suède ». À cinquante-six ans il réussit sa « troisième naissance » et commença à discuter avec les anges et les esprits, parfois avec Dieu Lui-même. Ses visions, dont celle que nous rapportons ici, ont beaucoup contrarié Kant qui, au nom de la raison, ne pouvait concevoir la possibilité d'une connaissance suprasensible, ce qui aurait ruiné sa philosophie. Une philosophie qui fonde notre monde moderne, d'où la difficulté de reconnaître par nos contemporains que les approches non rationnelles sont aussi des voies de connaissance.

au Soi ne sont plus limités à l'espace ordinaire. Car la poitrine, ce repaire du divin en l'homme, est le lieu corporel où la conscience s'émancipe du réel objectif pour pénétrer dans le mystère de l'Immense.

Malgré la diversité des possibles nos sens ne se situent ni sur nos membres inférieurs, ni sur notre ventre, ni même autour du thorax mais bien sur la tête. Seul le toucher se répartit sur l'ensemble du corps. Utile mise en garde symbolique envers la fascination pour des expériences sensuelles où les saints eux-mêmes pourraient se perdre.

Nous explorerons le symbolisme des cinq sens en suivant le schéma de la remontée : d'abord le toucher, avec une peau délocalisée sur l'ensemble du corps, puis le goûter par la bouche, le palais et la langue ; sentir ensuite par le nez ; entendre au moyen des oreilles et enfin voir grâce aux yeux. Cette séquence qui va du toucher au voir est aussi celle des Éléments, qui débute par le dense pour s'élever jusqu'au subtil : la Terre du toucher que le visage réunit autour du menton, un terme qui se traduit par « montagne », l'Eau de la salive et du goût, l'Air chargé de matières fines flairées par le nez, l'Air pur du souffle faisant vibrer les tympans qui n'en conservent que le mouvement déjà immatériel, et finalement le Feu de la lumière reçu par les yeux. La fréquence vibratoire des perceptions s'élève à mesure que nous montons le long du visage. La Terre solide du toucher précède l'Eau fluide du goût, puis vient l'Air insaisissable de la respiration et, finalement le Feu intouchable reçu par la pupille. Posés dans cet ordre, chaque sens de l'homme « voit » plus loin que le précédent : le toucher a besoin d'un corps à corps, une dizaine de mètres suffit à l'odorat pour apprécier une odeur, l'ouïe perçoit des sons jusqu'à une centaine de mètres et la vue élargit l'horizon des perceptions jusqu'à quelques kilomètres, parfois beaucoup plus loin sous un ciel étoilé.

Au cours du développement embryonnaire l'ordre de mise en route des sens suit la même séquence, mais dans le temps cette fois-ci. Le fœtus déploie des perceptions tactiles à la fin du second mois, puis il acquiert simultanément le goût et l'odorat au cours du quatrième et ses tympans sont définitivement formés à six mois. Finalement ses paupières s'ouvrent et son œil devient sensible à la lumière au cours du septième mois[3].

En dernière analyse, il n'existe qu'un seul sens : le toucher. Les autres organes – œil, oreille, nez et bouche – sont des spécialisations de la peau destinées à toucher plus loin ou de manière plus fine et plus subtile. Tous conduisent à des sensations de plus en plus subtiles qui demandent, pour être appréciées, une sensibilité croissante. Nous appelons cela beauté ou laideur, harmonie ou disharmonie, agréable ou désagréable, bon ou mauvais, selon l'organe qui les génère. Ces informations ne deviennent des sensations qu'après être entrées dans le temple du corps et reconstruites pas le cerveau[4].

Se pose alors l'ultime et grande question à fleur de peau de tout être humain : celle de la transparence, de son identité consciente en relation avec le Tout. Pourquoi la transparence est-elle le pas ultime de l'évolution ? Parce qu'elle boucle l'aventure du vivant. Il y a longtemps, très longtemps, une première petite cellule se referma sur elle-même et se sépara pour toujours de son milieu. Comme tout ce qui vit sur la Terre, nous sommes ses descendants. Avec la transparence la séparation originelle prend fin. Le sentiment d'unité naguère perçu dans l'espace de la poitrine devient, dans la tête, une conscience de l'identité. En chemin, l'univers s'est construit une kyrielle de consciences

---

[3] La position des organes des sens sur le visage se justifie par des arguments de type adaptatif ainsi que par la phylogénèse. Mais il ne faut pas surestimer cette lecture. Les papillons et les mouches à viande ont leur organe gustatif sur leurs pattes Il leur suffit de se poser sur un aliment pour en détecter le goût.

[4] Le Parchemin Magnifique Vol. 6, à paraître.

séparées afin de se sentir sous tous ses angles possibles et s'éveiller à sa propre nature. Des milliards d'yeux humains et non-humains, comme les poissons dans les abysses, les mouches dotées d'une vue panoramique, les rats dans les champs et les astronomes derrières leurs télescopes, observent en permanence les plus fins recoins du réel. Autant de nez le reniflent sans cesse. Pour accomplir cette grande boucle, pour que l'univers se réalise lui-même, il lui a fallut des corps, des « moi » puis un « Soi » capables de transformer les vibrations du monde en états de conscience.

Le corps ressemble à une pierre posée dans l'eau vive, traversé par le flux ininterrompu du temps ; le moi est le tourbillon de son courant où le temps s'organise déjà en rituels, habitudes et calendrier. Le Soi ressemble au fleuve conscient de sa source et déjà avide de sa fin : le retour vers la grande mer qui unifie tout. Selon les cultures et les époques, les sens firent l'objet d'une ascèse, d'un interdit ou d'une exacerbation hédoniste comme aujourd'hui en Occident. Pourtant, ils ne sont destinés ni au refoulement ni à la prééminence. Ce sont des médiateurs entre le moi et le non-moi, des outils qui aspirent à accomplir l'idéal de la peau : devenir transparente au monde, sans s'y perdre.

Chaque sens déploie un langage aux mille nuances. L'*Homo Sapiens* en a surtout développé deux : celui qui sort de sa bouche et celui qui entre par ses oreilles. Même si la parole et la musique furent de tous temps des moyens d'expression privilégiés de l'homme, ce ne sont pas les seuls possibles. Il y a encore le langage muet des formes et des couleurs, que nous appelons « le symbolisme » capté par les yeux, et le parler spécial des odeurs, si familier aux autres mammifères. Quant au goût, chaque repas pris en commun dit « je t'aime ».

L'homme communique par la parole, la musique et le signe. En terre chrétienne son odorat fut longtemps considéré comme un sens mineur le ramenant à l'animalité. Quant au goût, il est l'apanage de l'intime. Les déficients auditifs ou visuels souffrent d'un handicap reconnu par la société et pris en charge médicalement, il n'en est pas de même des altérations de l'odorat et du goût. Ceci se traduit dans le vocabulaire. Tout le monde sait ce que sont l'aphasie, la surdité et la cécité, mais peu sauront dire ce que signifient « anosmie » et « agueusie », qui désignent respectivement la perte de l'odorat et du goût, signant ainsi la moindre valorisation culturelle accordée à ces deux sens.

Le goût et l'odorat sont stimulés par les molécules de l'environnement extérieur. La vue et l'ouïe reçoivent seulement des vibrations. Ces deux derniers sont sensibles à la géométrie des ondes bien plus qu'à la forme matérielle des molécules. Est-ce la raison pour laquelle nous les considérons comme des sens plus « nobles » ? Quant au toucher il reçoit à la fois la forme dense et la vibration subtile. Les sens du lointain comme la vue et l'ouïe se laissent plus facilement analyser symboliquement que ceux de la proximité comme le goût et l'odorat. En effet, la lumière et le son, en tant que phénomènes vibratoires, sont décrits par seulement trois grandeurs physiques : la fréquence, l'intensité et la polarisation de l'onde. Il n'en est pas de même pour une odeur qui peut intégrer un grand nombre de substances chimiques. Même en se limitant à quelques composés purs une molécule ne se laisse pas caractériser par un petit nombre de paramètres. Les sens du lointain sont régis par des « lois » générales alors que les sens de la proximité s'attachent aux cas particuliers. D'où le fait que les visuels et les auditifs conceptualisent des grands systèmes alors que les nez et les gourmets jouissent des particularités du vivant. Quant à la peau du toucher, elle reçoit le proche et le lointain, la matière des choses immédiates aussi bien que l'immatériel lorsque surgissent des pressentiments sans cause objective et des frissons révélateurs.

Notons enfin que les doigts de la main, si importants dans le processus d'hominisation[5], connaissent le langage de tous nos sens puisque l'on peut « se fourrer le doigt dans l'œil » (se tromper) ; parler vivement au risque de « s'en mordre les doigts » (regretter) ; atteindre ses objectifs « les doigts dans le nez » (facilement) ; mettre « le doigt sur une plaie » ou « toucher un point sensible ». Il sera enfin désirable d'« écouter son petit doigt » (suivre son intuition) pour éviter tous ces désagréments.

Comme nous allons le voir, chacun de nos sens porte une spécialité. La bouche raconte l'intime ; le nez parle de la vie et de la mort ainsi que des processus de métamorphose ; l'oreille bannit la peur avec sa sensibilité aux accords et aux harmonies ; la vue informe sur ce qui transparaît derrière ce qui paraît et le toucher ose la transparence.

Chacun de nos sens développe un langage qui, mis ensemble, permettent de conscientiser la totalité du réel.

---

[5]Luc Bigé, *Le Parchemin Magnifique* Vol. 3, éditions Réenchanter le monde

Toucher avec la peau

Étymologies et expressions

Le mot « toucher » dérive du latin *toccare* : « heurter », « frapper » et « faire toc ». Cette dernière expression viendrait de l'onomatopée *tok* qui évoque le bruit sec produit par le choc de deux objets durs. Toucher quelqu'un c'est donc faire « toc toc », c'est lui demander la permission d'entrer dans son espace social en lui serrant la main, sa psychologie en posant ses mains sur ses épaules ou son intimité en le caressant. Il existe des tentatives moins délicates d'entrer, sans autorisation. Cela s'appelle une bagarre, une guerre ou un viol. Ces actes tentent de forcer des portes qui se refusent. D'une certaine manière le voleur qui entre par effraction dans une maison perpètre un viol symbolique. Quant au bagarreur, il souffre tellement de son incapacité à communiquer qu'il n'a plus que ses poings ou ses missiles pour pénétrer dans l'espace sécurisé de l'autre.

Une seconde signification, complémentaire à la précédente, est proposée par le roumain *toca*, « annoncer l'angélus avec une claquette », l'espagnol *tocar*, « sonner les cloches » et le français « tocsin » qui signifie littéralement « toucher la cloche »[6]. Le tocsin au rythme rapide est remplacé aujourd'hui par la sirène qui annonce une catastrophe en cours. Dans les

---

[6] *Dictionnaire historique de la langue française*, sous la direction d'Alain Rey, Le Robert.

villes du Moyen Âge le tocsin alertait la population d'une invasion imminente et l'incitait à se réfugier à l'intérieur des remparts du château. La peau et les cloches ont pour fonction de prévenir des dangers qui menacent les territoires ontologique et physique. L'emblème de ce dernier n'est-il pas un « drap-peau », cette peau de tissu si symbolique qui marque l'identité d'une nation ou d'un fief ?

Le toucher porte donc deux valeurs : le contact avec le non-moi (toc toc) et l'alerte qui annonce un danger imminent (les cloches). Le « toc toc » invite à une ouverture du territoire intime et le « tocsin » prévient d'un « viol » de celui-ci. Il faut alors se réfugier derrière les remparts du « moi » pour se protéger de l'incendie d'une métamorphose qui se propagerait à grande vitesse. Il faut aussi se réunir autour du drap-peau identitaire pour réaffirmer des valeurs menacées. Car la peau, nous allons le voir, est l'expression visible de notre identité.

Le paradoxe de la sensation tactile est immense. Elle promet un contact direct avec le non-moi tout en soulevant la crainte de s'y consumer. Ce « non-moi » pourra être aussi tangible qu'un objet ou une peau amie, mais il appartient également à la sphère du sacré, comme le suggère l'image des cloches. Les peurs liées au toucher ne sont pas vaines ni pures pudibonderies, du moins pour ceux et celles qui touchent à partir du cœur, cette matrice où les puissances de la tête s'épanouissent. Pour les autres, le toucher stimule les désirs sexuels du petit bassin et les besoins de sécurité du ventre ou encore assouvit les ambitions de conquête des membres inférieurs. Tant que le cœur n'est pas ouvert, le toucher n'est pas perçu comme dangereux car la fermeture de sa conscience au non-moi protège le sujet.

Toucher revient à se laisser toucher, prémisse à un bouleversement intérieur source d'une grande transformation. Pourquoi ? Parce que la peau est la membrane du changement de peau. Les images du serpent qui mue et du vieux sage qui abandonne ses oripeaux rappellent que seul l'organe du toucher transforme le sujet de manière irréversible. C'est le sens de l'initiation. Puisque la forme d'un corps est définie par les limites de sa peau, sa « trans-formation » impose de se laisser pleinement modeler par ce qui remonte des profondeurs et ce qui surgit des hauteur, par l'abîme et la cime déjà rencontrés dans l'espace cardiaque[7]. Celui qui accepte de « toucher le fond » en accueillant son désespoir jusqu'à flirter avec sa propre mort remonte parfois à la surface « touché par la grâce ».

> « Une fois de plus, j'ai côtoyé une vérité que je n'ai
> pas comprise. Je me suis cru perdu, j'ai cru toucher
> le fond du désespoir et, une fois le renoncement
> accepté, j'ai connu la paix[8]. »

La peau est l'organe sensible du toucher. Mais quel paradoxe ! La barrière qui sépare le moi du non-moi n'a qu'un désir : se frotter au monde en le palpant, en le prenant à pleine main, en le cognant ou en le caressant. De l'autre côté du monde ses contours reçoivent et manifestent les forces, les qualités et les tourments des univers intérieurs. Afin de mieux la connaître nous allons interroger son organisation biologique.

Les sept fonctions biologiques de la peau

Délimiter la forme de l'organisme

La forme est centrale dans l'analyse symbolique car elle dessine l'identité humaine[9]. Notre peau révèle cette identité. Dans le mythe d'Hercule, la dure pelisse du Lion de Némée disait déjà sa confusion entre invulnérabilité et insensibilité. Après avoir

---

[7] Par la rencontre avec Apollon et Dionysos lorsque la conscience-énergie se pose dans la coupe cardiaque alimentée par les coronaires. Cf. *Le Parchemin Magnifique* Vol. 3, éditions Réenchanter le monde

[8] Saint-Exupéry, *Terre des hommes*, Folio.

[9] Luc Bigé, *Le Parchemin Magnifique* Vol. 1, éditions Réenchanter le monde.

tué l'animal le héros se revêtit de sa fourrure : il changea de peau pour commencer ses Travaux[10]. Aujourd'hui nous ne dévoilons plus notre peau car elle est dissimulée sous le vêtement, cette seconde peau jetable qui s'accommode aux humeurs et aux désirs de paraître. La peau est donc un parchemin où s'inscrivent fidèlement nos états d'âme et notre histoire sous la forme de rides, de douceurs, de rugosités et de cicatrices. Les extrémités du corps, si sensibles, sont des livres ouverts que certains, à d'autres époques, surent lire avec pertinence. La chiromancie explore le sens des lignes et des éminences de la main, allant jusqu'à comprendre la signification des circonvolutions des empreintes digitales ; l'iridologie voit dans l'œil un zodiaque qui parle de l'âme du sujet ; l'auriculothérapie développe une analogie entre le fœtus et l'oreille ; la dentisterie symbolique comprend les liens psychosomatiques qui façonnent l'histoire de la personne, la réflexologie plantaire montre que le pied est le miroir de notre santé au sens large. Enfin la morphopsychologie développée par le Dr. Corman[11] s'intéresse aux formes du visage. Toutes ces « sciences » irrationnelles fondées sur la pensée analogique lisent si simplement le parchemin de notre peau ! Nous ne les développerons pas ici car elles demanderaient une spécialisation qui fait déjà l'objet d'ouvrages entiers. Il nous semble nécessaire de les signaler pour ceux qui souhaiteraient lire de manière plus fine la nature de la nature humaine. Signalons également l'excellent livre de Didier Anzieu, le *Moi-peau*, qui explore les fonctions symboliques de cet organe sous l'angle de la psychanalyse[12].

Ce « moi-peau » pourra tenter d'effacer la barrière entre le moi et le non-moi en devenant si fin que les veines apparaissent par transparence. Cette membrane translucide signe soit la fragilité

---

[10] Luc Bigé, *La Voie du héros,* éditions de Janus.
[11] Louis Corman, *Visages et Caractères,* Presses universitaires de France.
[12] Didier Anzieu, *Le Moi-peau,* Dunod.

et la difficulté de se protéger du monde extérieur, soit au contraire un progrès vers la transparence, vers l'impersonnalité, ce seul espace intérieur où les mondes subjectif et objectif se rejoignent sans se mélanger ni s'écraser. Une peau épaisse signe le besoin de protection d'une personne qui craint les changements intérieurs.

La pratique du tatouage rappelle que la peau est un parchemin où s'inscrivent nos secrets les plus intimes, ceux qui nous « collent à la peau ». Ils signalaient naguère l'appartenance à une tribu ou à un clan puis, plus tard, à un groupe social comme la marine ou l'armée. Dans nos cultures il s'est individualisé et, souvent, ne se montre pas en raison de son intimité. Plus intime encore qu'un bijou qu'on peut toujours délaisser en le rangeant dans un écrin, le tatouage est une marque à vie, indélébile, une signature de ce que « nous avons dans la peau ». Il fonctionne comme un rituel de passage puisque « après » ne sera jamais plus comme « avant ». Son motif révèle cette partie de notre identité qui n'a pas eu accès au langage ni au vêtement pour se dire. La souffrance physique liée au tatouage fait partie de ce processus initiatique révélateur d'une nouvelle identité. En choisissant de se faire tatouer, la personne se relie profondément à un archétype, qu'il soit figuré par un symbole comme une étoile, une fougère, un dragon, ou encore par des initiales qui honorent le clan familial. Les peuples premiers savaient naturellement que la peau est l'organe de l'initiation, infiniment plus que la conscience lucide portée par la vue, l'accord avec les rythmes du vivant qui échoit au nez, l'écoute de la profondeur du Mystère des oreilles ou la Parole proférée par la bouche ! Pourquoi ? Précisément parce qu'elle aspire à la transparence, parce que ses pores sont des ponts jetés entre le moi et le non-moi. Les autres sens, portés à leurs plus hauts niveaux de conscience, restent des moyens pour être, un jour, *touché* par la grâce.

Maintenir la température corporelle

L'organe ressemble à une couverture qui maintient la température de l'organisme. Elle le protège du froid et lutte contre la chaleur excessive par la transpiration. Le froid et le chaud ! Tout un programme symbolique et deux manières contraires d'évoquer la mort. Un corps froid est un cadavre dont les élans sont glacés, un corps chaud est une apothéose qui tente de se donner totalement à la flamme ou à Dieu. Hercule, brûlé sur l'autel au terme de sa geste héroïque, en est un bon exemple mythologique. Sur le plan psychologique, les parties froides de la peau disent les élans figés et les interruptions des processus de croissance. L'*anima*, l'énergie féminine de la vie dont la nature est d'assurer une croissance continue, n'accomplit plus son mouvement libérateur. Alors le doute et l'insécurité contraignent la personne à s'interroger sur ce qu'elle veut vraiment, surtout si elle a tendance à se conformer aux valeurs « des autres », ce tyran indéfinissable qui l'éloigne d'elle-même. Alors le masque du raisonnable est posé, la statue du devoir est dressée. A-t-elle songé un instant que masque et statue sont deux autres images de la mort psychique ? L'imaginaire relie aisément le blanc, la froideur et la mort. *Blanche Neige* dans son cercueil de cristal et *la Belle au bois dormant* en son château silencieux sommeillent dans la froidure d'un hiver où toute vie ne semble plus possible. Et pourtant ! Il suffira du baiser du Prince Charmant, de l'*animus*, d'un contact chaleureux avec le Soi, pour que tout se transforme comme par magie. L'âme émerge alors de son long sommeil, offrant au sujet souplesse psychique et liberté d'être. C'est pourquoi les parties froides du corps attendent le Prince qui va les libérer des peurs et du doute, des masques rigides et des faux-selfs élaborés avec tant d'ardeur pour plaire à l'entourage. Les pieds gelés n'aspirent qu'à marcher, les mains fraîches à produire une œuvre, le nez glacé à naître à une nouvelle conscience, les lèvres figées à embrasser chaleureusement. Le froid du corps dit que le moment est venu *de fondre* en se laissant aller aux valeurs de son cœur. Il invite à quitter la rigidité qui prend parfois la forme astucieuse d'une fausse souplesse pour s'engouffrer dans son devenir en honorant sa liberté. Sur le plan psychologique, les relations à la mère et au féminin devraient être soigneusement questionnées car le froid est avant tout la manifestation d'une *anima* figée. Cette frustration de la chaleur de l'amour maternel incite parfois le sujet à se réfugier dans le comprendre aux dépens du sentir car la pensée a ce mérite : elle ne souffre pas. Le Prince Charmant, qu'il soit de chair et d'os ou moulé dans la conscience du Soi, renversera les résistances de l'*anima* pour les muer en prises de conscience. Il bouleversera la défense des acquis – c'est ce qui fige – pour débloquer le libre flot du futur dans le processus de création ininterrompu de la vie.

Le chaud véhicule des valeurs contraires au froid. Ici, le sentir prime sur le comprendre. Les rythmes du Sud l'emportent sur la claire raison du Nord. Un corps sensuel brûle, un corps frigide se glace. Le feu est solaire, le gel est lunaire[13]. Un *animus ardent* aura besoin d'une *anima coulante* pour l'apaiser. Ils inventeront alors ensemble une vie harmonieuse à température ambiante. Car si le froid suspend la vie, le feu la détruit et la chaleur la favorise. Soleil et Lune ont toujours eu pour destin de se marier, ou plus exactement de tisser en de fins entrelacs leurs énergies sur tous les plans contactés par les « niveaux de conscience » de la personne. Et l'on sait à quel point Pénélope garda patiemment le grand secret du tissage. La douce chaleur

---

[13] L'astrologie associe la Lune à l'*anima* et le Soleil à l'*animus*. La Lune est sensible alors que le Soleil est lucide. Un lunaire tient son journal intime alors qu'un solaire écrit ses mémoires. Cela conduirait à penser que le Soleil lucide est dans la clarté du Nord pendant que Lune sensible se meut dans l'imprévisibilité du Sud, contrairement au symbolisme géographique et sociologique développé ici. En fait le Soleil est toujours un Feu ardent, qu'il soit sensuel au Sud ou dans la grande clarté de la conscience au Nord, car la lucidité est aussi une brûlure. La Lune est toujours une Eau sensible, qu'elle soit dans la compassion du Sud ou dans la perception des flux subtils au Nord. Le Sud est donc un lieu où le Soleil est ardent et la Lune empathique, voire clanique ; le Nord est un espace sociologique qui affiche un Soleil lucide et une Lune attentionnée, attentive à l'harmonie du tout.

d'un corps sera donc associée à la joie, à la fête, à la douceur, à la danse, à la couleur, à l'harmonie créatrice née d'une conjonction réussie entre le Soleil et la Lune, ultimement entre l'Esprit et la Matière. Le sujet s'épanouit par et dans ses sens lorsque son corps lunaire est vivifié par son feu solaire qui pourra être sexuel, cardiaque ou spirituel selon les espaces corporels où sa conscience se pose[14].

Un excès de chaleur peut rougir la peau. Plus précisément, l'organe prend en charge cette partie rouge du sang qui ne s'exprime pas dans la vie du sujet au risque de devenir une violence refoulée. Le désir d'engagement et d'implication dans des projets qui tiennent à cœur, tel le Prince Charmant qui traversa une forêt d'épines pour rejoindre sa Belle, est freiné par la timidité d'un *animus* trop conforme aux pressions de son environnement. La honte qui monte au visage trahit le fait de ne pas oser être pleinement soi, ou Soi c'est selon, dans un milieu qui réprouve tacitement et tyranniquement la nature profonde de la personne. Mais le rouge est avant tout une dynamique. C'est la couleur de l'ultra-vivant. Aller au bout du rougissement revient à renouer avec ses pulsions de vie les plus profondes en traversant les épines des préjugés. Sur le plan psychologique il faudra questionner la relation au père et la colère sous-jacente. L'éducation paternelle a pu interdire l'expression des pulsions de vie puis condamner toute forme de violence libératrice chez l'enfant. Alors, en rougissant, la peau tente de libérer un *animus* étouffé autoritairement et arbitrairement par la loi du plus fort. La brûlure cutanée étant le signe extrême d'une réaction à l'intolérance paternelle. Sur le visage, elle signe une non reconnaissance par le père de la valeur de son enfant. Lorsque la peau rougit elle trahit un manque d'initiative en relation avec le sens symbolique de la zone concernée. Mais elle annonce aussi la libération du courage.

---

[14] La nature des trois feux est détaillée dans *Prométhée, le mythe de l'homme,* éditions de Janus.

La température de la peau parle de l'équilibre entre *animus* et *anima*. Les parties froides et figées précisent la nature des élans interdits ; ceux qui brûlent disent là où la colère et la révolte n'ont pas encore trouvé la voie de la simplicité. La chaleur corporelle prend cependant un autre sens dans l'évolution. Elle signe le processus de purification accéléré qui surgit lorsque la conscience du sujet s'approche du Soi. Le « karma », ce congloméra de mémoires souvent sombres nées de l'histoire du sujet, brûle dans la fièvre.

Protéger l'organisme par la sécrétion de sébum

Le sébum protège la peau des micro-organismes pathogènes. La peau humaine est naturellement recouverte d'une large population de micro-organismes. Un adulte héberge en moyenne mille milliards de bactéries de plus de 200 espèces différentes sur sa peau. Ce microbiote constitue un fin film biologique qui se nourrit des composés produits par les cellules du derme. Tout ceci nous renvoie à l'intestin et à son symbolisme, lui aussi dépositaire d'une flore étrangère. Et, en termes astrologiques, au signe de la Vierge. Cette remarque à propos des intestins pourrait prendre place ici :

> « Environ cent mille milliards de bactéries, soit deux kilos, tapissent le tube digestif et échangent avec lui des éléments nutritifs. Arrivées dans le colon, les substances restées dans l'intestin grêle rencontrent un nouveau monde biologique autonome totalement étranger : la flore intestinale. On aurait tort de sous-estimer son importance puisque le microbiote contient dix fois plus de cellules que l'ensemble du corps humain ! C'est donc avec une véritable population nouvelle que le « colon » doit apprendre à collaborer, échanger et pratiquer. Arrivé à ce point du processus, l'équilibre des intestins dépend de leur capacité à se faire beaucoup d'amis[15]. »

Peau et intestins parlent de nos relations avec nos amis. C'est pourquoi le sébum offre à l'organe du toucher trois autres

---

[15] Luc Bigé, *Le Parchemin Magnifique* Vol. 2, éditions Réenchanter le monde

qualités biopsychiques : la souplesse, une imperméabilité relative et une protection contre le dessèchement. La meilleure manière de se sécuriser revient à « se faire beaucoup d'amis » et à collaborer, à accueillir *avec souplesse* le « biotope » étranger que nous côtoyons chaque jour tout en restant suffisamment imperméable à son influence.

Un excès de sébum produit de l'acné, une forme de protection exagérée vis-à-vis du « biotope » étranger. En langue des oiseaux ces boutons disent « a.c.-né », « Certes, tu te sens « asséné », abattu, ébranlé par tes contacts avec ton environnement. Mais peut-être est-ce par ce que tu n'es pas encore « assez né », parce que tu n'as pas encore trouvé les « re-pères » sur lesquels t'appuyer ? ». Un manque de père en quelque sorte, compensé par un excès de mère. Ils disent aussi, toujours dans la langue des oiseaux, « assez aîné ! », « marre de l'aîné ! » dans une famille. Ils parlent du ras-le-bol d'être considéré comme un dernier né surprotégé alors que l'on aimerait recevoir l'attention plus mûre offerte à l'aîné. Quoi qu'il en soit le sébum, naturellement souple, devient une colle qui empêche le sujet de se séparer de la peau maternelle par crainte de l'insécurité relationnelle et un manque de repères paternels. L'acné l'invite à grandir en se séparant de ses amis et des liens affectifs qui limitent l'expression de la personnalité. Un manque de sébum produit une peau sèche et signe une posture inverse : une insuffisance d'esprit collaboratif et de souplesse avec ses proches.

D'une manière générale les problèmes de peau liés à la sécrétion du sébum invitent à repenser les liens affectifs tissés avec les familiers.

Fournir des informations au cerveau par le contact tactile

La peau est l'organe du toucher. Et cette opération, comme nous le suggérions plus haut, n'est pas anodine. Les informations nées du toucher remontent par la colonne vertébrale jusqu'au thalamus à l'aide de deux types de canaux : l'un d'eux transfère les informations relatives à la douleur et à la température ; l'autre véhicule le toucher proprement dit : texture, dureté et angularité. Cette organisation biologique en deux canaux met en scène la difficulté de la peau que nous avons déjà évoquée par voie symbolique : « Toucher, c'est se lier au monde et à l'autre pour oser transformer son identité ». Le toucher réactive simultanément les canaux de la douleur et du plaisir. Il est bien sûr possible, du moins sur le plan psychologique, de les séparer, avec d'un côté le sadomasochisme et de l'autre la luxure. C'est néanmoins un unique organe qui les porte. Il rappelle qu'un toucher authentique entraîne un réveil du feu intérieur qui se fraie un chemin dans les résistances du corps ainsi qu'au sein d'un psychisme qui prend le risque de la souffrance.

Défendre l'organisme

La peau, cette frontière entre le moi et le non-moi, ne confie pas aux mêmes cellules les fonctions de défense et de protection, contrairement à ce qui se pratique couramment dans les sociétés humaines où les armes de « défense » et de « protection » sont astucieusement confondues. Idéalement la protection devrait relever des compétences du service diplomatique et du sébum ; la défense s'apparente aux cellules immunitaires. Seule une protection née d'une collaboration souple et compréhensive à des chances de porter ses fruits. Seule une défense forte et réactive à quelques chances de parer à une invasion du territoire biologique, national ou ontologique. L'immunité au sens biologique relève de la défense alors que la diplomatie appartient au monde de la protection. Par conséquent l'« immunité diplomatique » est un contresens car elle voile la guerre derrière des échanges collaboratifs.

Les cellules de la peau où sont stockés les agents de la défense – de l'immunité – sont dites *dendritiques*. Ces « dents » se situent à la base de l'épiderme dans la bien nommée « couche épineuse ». Elles proviennent de la moelle osseuse et ont migré vers la peau. Le symbolisme est respecté puisque l'os est identitaire, la chair passionnée et la peau s'occupent des contacts avec le monde extérieur. Les cellules chargées de défendre l'identité naissent bien dans l'espace symbolique qui leur est attribué : l'intérieur de l'os. La meilleure défense contre les événements intempestifs sera donc de rester soi-même et d'être conscient de sa nature profonde. Pas dans une tour d'ivoire cependant, mais pour assimiler « l'étranger ». En effet, les cellules dendritiques fixent les antigènes qui entrent dans l'organisme, les apprêtent puis les présentent aux globules blancs qui les dévorent. Les corps étrangers sont adaptés à la nature de l'organisme et finissent par contribuer à son économie.

Le sébum « diplomatique » joue la carte de la collaboration mais toujours *en dehors* de la frontière cutanée, les cellules dendritiques immunitaires préfèrent l'assimilation mais toujours *à l'intérieur* de l'organisme. C'est pourquoi la peau, cette frontière, nous met en garde contre deux écueils politiques : le communautarisme, qui consiste à laisser croître le non-moi au sein du moi ; et l'impérialisme qui est exactement la posture inverse, imposer une identité et des valeurs nationales au non-moi.

Un organisme *humain* normalement constitué *n'est jamais agressif* vis-à-vis de son environnement. Il n'envoie pas de chocs électriques comme le fait une espèce d'anguilles, ni d'odeur pestilentielle comme le sconse, ni de poison comme certains végétaux. Sa meilleure défense est l'assimilation de l'étranger et la protection de son identité qui témoignent de la bonne santé de sa barrière cutanée. Depuis toujours la communauté humaine souffre d'une pathologie que la biologie appellerait une « maladie auto-immune ». Les « guerres » représentent des agressions de l'humanité contre elle-même, contre des parties d'elle-même qu'elle ne reconnaît pas encore comme siennes. Les cellules du corps humain ont appris à collaborer entre elles au bénéfice du plus-grand-tout que nous appelons « homme », un jour les villages, les régions et les nations apprendront à collaborer entre elles *au bénéfice du plus-grand-tout* que nous appelons « humanité ».

Réserve de sang et de lymphe

Chez l'adulte les vaisseaux sanguins de la peau contiennent 10 % du sang total de l'organisme. Dix pour cent de l'être psychique est donc à fleur de peau[16], prêt à réagir de manière épidermique à un événement de surface, comme la caresse d'un amant ou d'une amante provoquant soudain la chair de poule, ou encore en réagissant de manière brutale à une parole considérée comme une agression verbale. Lorsque cet être-de-surface excède les 10%, il perd de sa profondeur et oublie ses racines, il devient extrêmement susceptible et réactif à son environnement, au risque d'actions violentes. Cette blessure s'exprime en versant du liquide vermeil, parfois sur les champs de bataille. Le sang versé représente une tentative symbolique désespérée du sujet pour se libérer des schémas psychologiques de sa culture et de sa famille – des bien nommés « liens du sang » – et pour reconnaître la profondeur lumineuse de son propre cœur, là où le sang est vivifié. L'espace biologique ensanglanté dira la nature des liens qu'il s'agit de *couper* pour revenir vers Soi ou vers soi. Verser le sang d'un autre est le pire des systèmes de défense car, alors, plus rien n'est symbolisé. Il s'agit en réalité d'une projection sur autrui de sa propre incapacité à se libérer des faux-selfs qui masquent le contact direct avec soi. En ce sens la guerre et toutes les formes de sacrifices sanglants sont des pathologies collectives. Citons Georges Romey[17] :

---

[16] Le sang représente le psychisme.

[17] Georges Romey, *L'Encyclopédie des symboles*, éditions Quintessence.

« Si bon sang ne saurait mentir, il est aussi des sangs bien lourds à porter dans ses veines ! Sang pollué par une tare héréditaire, psychiatrique ou pénale, sang incertain quand un doute pèse sur l'origine, sang inconfortable lorsqu'il transmet des caractéristiques raciales qui déterminent la différence, ces sangs-là sont de ceux qui provoquent le désir de s'en défaire. »

Se libérer de son sang excédentaire à fleur de peau pour repartir d'un sang neuf ! Lorsque cette opération, qui consiste à émanciper *par la symbolisation* le sujet de ses liens familiaux, de son histoire personnelle ou encore de ceux tissés par les croyances de sa civilisation, n'est pas accomplie, cela conduit littéralement au carnage. Notons qu'avec le sang de la blessure coule toujours de l'eau, cet appel à la réhabilitation du féminin ! Voilà des guerres bien masculines dans un monde où le féminin n'a pas sa place !

La simple égratignure n'échappe pas à cette analyse.

On peut se demander si l'acculturation décomplexée du monde moderne qui valorise le spectacle jusque dans les situations les plus dramatiques, comme le terrorisme et la guerre, n'est pas un prélude à des blessures collectives plus grandes encore. Vivre à fleur de peau dans « une société du spectacle [18] » ne devrait concerner que « dix pour cent » du sujet et de son attention. Lorsque la totalité du moi est embarquée dans les événements du monde, celui-ci devient imprévisible et dangereux, faute de racines cardiaques capables de percevoir les enjeux se jouant derrière les apparences. La « nationalisme » est cette tentative maladroite et excessive qui consiste à renouer avec une identité collective au risque d'un isolationnisme narcissique. En d'autres termes, les ensembles supranationaux ne peuvent s'épanouir que sous l'ombrelle de la conscience cardiaque de chaque individu qui y participe.

---

[18] Guy Debord, *La Société du spectacle*, Folio.

Synthétiser la vitamine D

Exposée aux rayons ultraviolets du soleil, la peau réagit en synthétisant de la vitamine D, une molécule indispensable à la croissance. Elle est produite à partir du cholestérol dont on connaît le sens en langue des oiseaux : « colle est-ce tes rôles ? », « dois-tu encore coller à tes rôles » pour le bien-être social des tiens puisque cette molécule est partiellement synthétisée par le foie[19]. L'image est très jolie. Les rayons « ultraviolets » du père-soleil incitent le moi-peau à grandir en se dégageant de ses liens claniques. Or le violet associe le rouge de l'action terrestre avec le bleu de la sérénité céleste. Cette couleur fut portée par les Empereurs de Rome, et encore aujourd'hui par les cardinaux catholiques, pour marquer la réunion du pouvoir temporel « rouge » avec le pouvoir spirituel « bleu ». Le bronzage sera alors le signe symbolique d'une aspiration à renaître sur un nouveau plan de conscience par la reconnaissance de ce qui est grand en soi, puis sa mise en œuvre en s'émancipant des rôles sociaux qui enferment encore dans un faux-self. Mais comme cela n'est pas symbolisé – conscientisé –, nombreux sont ceux qui retournent travailler après leurs vacances d'été sur la plage. La sensibilité aux coups de soleil désignera un manque d'appréciation de soi ou de sa valeur spirituelle. La personne soustrait sa peau aux rayons du soleil qui s'assombrit grâce à l'action des mélanocytes. Elle préfère rester dans l'ombre plutôt que d'affirmer publiquement son rayonnement intérieur en se risquant dans le monde. Psychologiquement, on peut y voir l'impact inhibant d'un père (soleil) écrasant que le moi-peau rejette en brûlant, signe d'une colère inconsciente en lutte contre cette fatalité.

Notre peau a donc fort à faire avec des missions symboliques aussi nombreuses ! Elle révèle l'identité du moi et écrit ses frémissements essentiels ; elle harmonise la rencontre de

---

[19]Luc Bigé, *Le Parchemin magnifique* Vol. 2, éditions Réenchanter le monde

l'*animus* avec l'*anima* ; gère la relation aux amis ; prend le risque de la souffrance initiatique pour changer de peau ; accueille l'étranger tout en restant elle-même ; libère le sujet des sangs familiaux et claniques trop lourds à porter et, enfin, accompagne la croissance du sujet en lui proposant d'offrir au monde ce qui est grand en lui.

Les pathologies de la peau indiquent qu'une transformation est en cours dans l'un au moins de ces domaines.

Au fond, que recherchent les hommes, qu'ils soient sportifs, hédonistes, intellectuels ou bâtisseurs, si ce n'est des sensations[20] ? Qu'elles naissent des mouvements du corps dans l'effort, des contacts sensuels avec les choses et les êtres, d'une pensée survoltée ou du sentiment du travail accompli, le résultat est toujours le même : un frisson vivifiant qui dit « tu es bien en vie ! ». Le pouvoir d'un homme d'influence est aussi une sensation qui devient parfois addictive. Inversement, un mort ne ressent rien. Avec la peau il s'agit tellement d'une question de vie et de mort ! Nous savons aujourd'hui qu'un enfant jamais caressé ne survit pas. Et les mammifères qui lèchent leurs petits savent d'instinct que leur vie dépend du toucher de la langue.

Revenons un instant vers la dimension initiatique du toucher qu'explore une conscience absorbée dans la méditation et le retournement que cela entraîne. Car le yogi et l'ascète sont, eux aussi, immergés dans des univers de sensations.

---

[20] Certains penseurs en firent une philosophie. C'est ainsi que le sensualisme développé par Condillac postule qu'il n'y a pas d'idées innées, toute connaissance naît des sensations. La réflexion et l'imagination sont, en dernière analyse, des sensations mémorisées comparées les unes avec les autres. Ainsi « penser, c'est sentir ». Cette thèse s'oppose à la fois au cartésianisme qui donne la primauté à la pensée et au platonisme qui suppose la préexistence d'idées pures ou d'archétypes. Le terme « sensation » vient du latin sensatio qui se traduit par « compréhension ». Dans la même veine, le mot « sens » est polysémique puisqu'il désigne à la fois la direction, la compréhension et les cinq sens de nos sensations.

Le changement de peau

Les quatre autres sens – le goût, l'odorat, la vue et l'ouïe – sont des spécialisations de la peau, c'est pourquoi ils peuvent être compris comme des prolongations sophistiquées du toucher. Ce dernier est le sens ultime. Aucune transformation n'est irréversible tant que nous n'avons pas « changé de peau », les autres sens étant des explorations préparatoires dédiées respectivement à la connaissance (la vue), à l'écoute profonde (l'ouïe), à l'acceptation de l'impermanence (l'odorat) et à l'accueil de la joie (le goût). Connaissance, écoute, souplesse et joie menacent toujours de régresser, voir de disparaître, tant que la métamorphose du vieil homme en nouvel homme n'est pas accomplie dans sa peau.

Habituellement, la conscience est conçue comme la conséquence d'une interprétation par le cerveau des données fournies par les cinq sens. Le mot « sensation » vient du latin *sensatio* qui se traduit par « compréhension ». *Comprendre par les sens* éclaire le célèbre « je pense donc je suis » de Descartes. La pensée n'est pas assignée dans une tour d'ivoire, elle se meut en permanence en fonction des sensations lourdes et subtiles percues par le sujet. Notre civilisation technique extériorise simplement ce mécanisme : les instruments dont elle dispose prolongent les sens biologiques, puis les informations sont interprétées par cet embryon de cerveau que nous appelons un ordinateur. Il existe pourtant une alternative inverse. Le yogi ferme tous ses sens et limite autant que possible les fluctuations de son cerveau pour ouvrir sa conscience aux informations présentes dans les mondes subtils. Il reçoit en retour des impressions qui se traduisent en sensations sur sa peau et dans son corps. Le méditant « touche » une matière plus subtile que celle qui est ordinaire et prend contact avec l'Immense dans son cœur[21] puis, en temps voulu, avec la matière « cosmique » au-

---

[21] « Il ne peut être saisi par la vue ou par la parole, ni par aucun des organes des sens. Il n'est pas obtenu par des austérités ou des bonnes actions. Celui

dessus de sa tête. Il reçoit alors les grandes Vies des archétypes. Lorsque l'instrument corporel est suffisamment affiné, il développe des « pouvoirs » comme la guérison par imposition des mains, la vue à distance, la claire-audience, la télépathie, l'alimentation « pranique » ou encore le charisme d'osmogénésie. Le cerveau lui-même, relativement au repos, développe un « toucher mental » grâce auquel il « sent » la présence du nuage des choses connaissables puis en transforme quelques vapeurs en pensées. Dans le monde extérieur la science offre à l'homme des pouvoirs comme celui de soigner les maladies, de voir des galaxies lointaines ou de produire des objets aussi improbables que des smartphones permettant de communiquer à distance comme des télépathes. Dans le monde intérieur ces mêmes pouvoirs surgissent, mais par une toute autre voie.

Celui qui a franchi, même partiellement, les grandes épreuves du cou perçoit l'identité entre l'amour et le pouvoir. Tous les deux sont des puissances qui rassemblent, analogues à l'Élément Feu qui fonctionne comme une colle tout en détruisant jusqu'aux cendres. Sur le plan psychologique le souvenir de cette identité est maintenue par des dualités : la passion et la haine, la paix et la guerre, le désir d'unité et la violence comme ultime moyen de dialogue. Lorsque cette dualité n'est pas conscientisée, l'amour fascine comme un Feu dans lequel les amoureux se consument parfois. De même, l'homme charismatique « touche » le peuple et suscite l'amour des foules, mais il détient aussi sur les gens un immense pouvoir sans que personne ne puisse préjuger si c'est pour un mieux ou pour un pire. À vrai dire, cette question du toucher

---

qui médite et dont la nature est purifiée par la connaissance peut seul le contempler dans sa totalité indivisible ». *Mundaka Upanishad 3*, 1-8. « C'est pourquoi celui que sait cela, qui est en paix, calme, tranquille, patient, voit le Soi en lui-même. Il voit l'âme en toute chose. Le mal ne peut le dominer car il domine le mal. Le mal ne peut le brûler car c'est lui qui brûle tout mal. Libre du mal, libre de la souillure, libre du doute, il devient l'un de ceux qui connaissent l'Immensité. » *Brihad aranyaka Upanishad 4*, 4-23.

qui associe l'amour avec la toute puissance pourrait faire l'objet de nombreux traités philosophiques. Comme c'est la peau qui touche, elle s'exprime sur tous les niveaux de réalité, depuis les pieds fusionnels jusqu'à la racine des cheveux.

Le toucher *intérieur* commence donc par l'ouverture du cœur et se poursuit par celle de la fontanelle. Entre les deux il y eut la grande expérience de la « Rienïté » dans le cou. Le méditant fonctionne à présent comme la boussole qui donne sa direction au navire[22] car il a remis son pouvoir au vrai Pouvoir. Comment fonctionne une boussole ? Elle « sent » un courant de force, une minuscule et insistante vibration, et pointe en permanence dans sa direction. L'homme qui a trouvé son Nord s'isole de toutes les autres sollicitations du monde pour suivre si simplement le son silencieux qui vibre dans sa conscience et dans son corps ! Alors, profondément touché par cette vibration intérieure, il se transforme irréversiblement.

C'est bien la peau qui reçoit « dieu ». Les mythologies conservent cette mémoire en « colorant » le corps de certaines divinités pour symboliser leur sensibilité complète à une qualité de vibration spécifique, pour souligner leur transparence à un « Nord » essentiel.

Mythologies

Il y a la peau verte d'Osiris, la bleue de Krisna, de Rama et de Mahakala, la noire de Palden Lhamo. Deux mythes grecs mettent en scène cet organe. Ce sont des histoires tragiques qui illustrent les dangers du toucher intérieur lorsque les protagonistes sont encore identifiés à une forme quelconque de volonté de puissance ou même à une simple immaturité. Nous

---

[22] L'image du bateau n'est pas seulement illustrative. Le cœur, les poumons, la carène, le sternum et la trachée dessinent une embarcation dans le corps. Cf. *Le Parchemin Magnifique Vol. 2*, éditions Réenchanter le monde

allons interroger Midas, qui transformait tout ce qu'il touchait en or, et Marsyas qui finit ses jours écorché vif.

Sentir la vibration n'est pas sans danger pour un corps et une conscience non préparés. C'est ce que nous rappellent les mésaventures de deux amoureux de la flûte, cet instrument dont le corps laisse passer le Souffle : Midas et Marsyas. Ils appartiennent à des mondes situés aux antipodes l'un de l'autre. « Midas » se traduit par « graine ». Son grand ami est Silène, l'« homme-lune », le père adoptif de Dionysos. Midas fréquente également Pan, l'inventeur de la flûte du même nom fabriquée à partir d'un assemblage de frêles roseaux. Quant à Marsyas, son nom se traduit par celui « qui combat ». Il récupéra la flûte en os fabriquée par Athéna et apprit très vite à en jouer comme un dieu. Midas appartient au monde végétal, il s'épanouit dans l'univers foisonnant de la Grande Déesse dont le ventre est la métaphore corporelle. Marsyas, lui, s'apparente aux valeurs de la tête et va au front.

Tous deux eurent des ennuis avec Apollon, le dieu du cœur, histoire de signifier que l'espace cardiaque et son ouverture sensible à l'Immense était encore immature chez l'un comme chez l'autre. Midas et Marsyas blessés dans leur peau reçurent la vibration du souffle (la flûte) sans avoir préalablement élaboré l'espace intérieur de sa réception, sans avoir construit leur « temple d'Apollon » dans leur cavité cardiaque. Ce ne sont pas encore des « boussoles » capables d'orienter spontanément leur mode de vie en s'accordant avec la vibration intérieure qui frissonne dans leurs corps.

Midas est l'homme du ventre qui détourne les qualités du cœur [23] pour satisfaire ses propres besoins ; Marsyas est l'homme de la tête qui utilise l'ouverture de sa fontanelle[24] pour

---

[23] Le cœur est l'espace biologique qui signe dans sa morphologie la victoire d'Apollon *et* de Dionysos.

[24] Athéna naquit précisément lorsque Héphaïstos donna un grand coup de

agir de même. Ce sont deux pathologies très modernes, l'une projetée dans l'univers économique et l'autre dans le monde si hétéroclite de la spiritualité.

Voyons ces contes plus en détail.

Midas

Un jour Silène, ivre de vin, s'égara en titubant du côté des terres de Midas[25]. Comme il se doit, le roi ordonna dix jours de beuveries et de fêtes ininterrompues en l'honneur de la visite inattendue du précepteur de Dionysos. C'est seulement à l'aube du onzième jour, quand « l'astre du matin avait chassé du ciel l'armée brillante des étoiles », que Midas raccompagna son hôte en Thrace, la région où réside le dieu du vin. Ravi de retrouver Silène, Dionysos offrit à Midas la réalisation d'un vœu. « Fais, demanda le roi, que tout ce que j'aurai touché se convertisse en or ». Bien sûr Dionysos honora aussitôt sa promesse. Las ! L'horreur se substitua vite à la joie première. Certes, les pierres se transformaient en milliers de pépites sous l'action des doigts magiques de Midas, mais aussi les fruits et tous les mets délicieux préparés par ses serviteurs. Même l'eau pure, transformée en or fondu dans sa bouche, ne le désaltérait plus. Reconnaissant son erreur de jugement, le roi alla voir Dionysos et lui demanda d'écarter « ces fatales richesses ». Indulgent, le dieu lui expliqua comment dénouer ce don demandé si inconsidérément. Il fallait remonter jusqu'à la source d'une rivière, y plonger la tête puis y laver tout le corps. Aussitôt dit, aussitôt fait. La vertu de Midas passa de son corps dans les eaux et alla teindre le fleuve. « Maintenant encore cette vertu des eaux sème l'or sur les bords jaunissants du Pactole ».

---

hache sur sommet du crâne de Zeus et le fendit. Il s'agit d'une ouverture symbolique du centre coronal, là où se trouve la fontanelle, la « petite fontaine ».

[25] Ovide, *Métamorphoses*, Livre XI

C'est ainsi que la richesse accumulée par pure cupidité fut remise en circulation selon les lois du cœur, le maître des « vaisseaux sans gain ». Les inconvénients d'un capital qui tue la vie et réifie l'environnement ne s'évanouissent que lorsque Midas accepte et reconnaît la nature fluide de son anima et la fonction de l'argent liquide qui irrigue les terres pour le développement du vivant. Sa libre circulation féconde la terre de la civilisation en humidifiant ses « graines ».

L'histoire n'est pas finie. Midas va rencontrer l'autre habitant du cœur : Apollon, le dieu solaire.

Après sa première mésaventure le roi retrouva le monde végétal avec ses forêts, ses champs et ses montagnes. Il se dirigea alors, nous dit Ovide, vers le domaine de Pan. Il s'agit du dieu du multiple, de la profusion et de la créativité débridée que nous avons associé à un viscère abdominal, le pancréas. Un jour, Pan défia Apollon dans une joute musicale pour déterminer qui jouait le mieux, le flutiste ou le dieu à la lyre. Et Midas fut désigné pour arbitrer ce concours.

« Son intelligence est demeurée épaisse », nous dit le texte à propos de Midas. Assumant sa position de juge entre les deux instrumentistes, il affirma en effet que la joute sonore avait Pan pour vainqueur. Il imagina que la flûte de roseau aux sonorités multiples avait plus de vertus que la lyre d'Apollon maniée avec art, il crut que le rustique instrument fait d'herbes avait plus de charme que celui dont la caisse de résonnance est une carapace de tortue, l'animal respirant capable de descendre jusqu'au fond de la mer. La punition de Midas fut à la hauteur de son ignorance. Apollon, fort mécontent du jugement, métamorphosa l'organe de l'écoute du roi en oreilles d'âne. Il lui demanda symboliquement d'approfondir son écoute jusqu'à ce qu'il entendisse le son inaudible reçu par les oreillettes de son cœur, de manière à ce que son « intelligence épaisse » s'affine, de manière à ce qu'il entende l'Appel de la lyre qui le libèrera de la confusion née de la profusion.

Midas est l'homme du ventre, nous dirions aujourd'hui l'*Homo Æconomicus*, qui échoue sur deux écueils : la réification du monde dont il devient le simple comptable en raison d'une avidité sans limite pour le capital et la fascination pour une profusion d'objets issus d'une créativité débridée. Du coup il oublie deux choses que le mythe estime essentielles : la libre circulation des richesses et le temps de l'écoute profonde qui met le sujet en contact avec sa vibration intérieure. Il désire ardemment toucher de l'or. Mais son intelligence est si corrompue qu'il ignore le toucher du Soi, de l'or symbolique, qui rend le monde lumineux au regard.

Midas se fourvoie car il maîtrise encore mal ses nouveaux pouvoirs nés de l'éveil incomplet de son cœur. S'il produit des richesses à n'en plus finir et crée de la profusion au risque de ne plus savoir quoi inventer, c'est parce qu'il a déjà un peu conscience des dieux du cœur, Apollon et Dionysos. En d'autres termes, si son intelligence cardiaque est épaisse, elle a au moins le mérite d'exister. Il expérimente des éclairs de lucidité apolliniens et des ivresses créatives dionysiaques. Cela suffit pour produire un monde régi par la bourse et une industrie qui multiplient à l'infini les productions. Mais il ne les distingue pas clairement. En effet le mythe inverse les rôles. Dionysos offre de l'or, ce symbole apollinien, à Midas ; et Pan le foisonnant est plus brillant qu'Apollon. Cette complicité perverse entre la lucidité de la raison et la multiplicité déraisonnable de la production nous entraîne vers un monde « objet » dans lequel le vivant se retranche de plus en plus loin, dans un monde de bruits et de bavardages où il est de plus en plus difficile d'écouter sa voix/voie intérieure (cf. *infra* les oreilles).

Baigner sa tête puis son corps dans le fleuve Pactole puis ouvrir en grand ses oreilles sont les remèdes que propose le mythe pour guérir de cette pathologie aujourd'hui devenue un idéal collectif. Les lectures symboliques sont multiples. Nous reviendrons bientôt sur le sens de l'écoute. Quant au fleuve, il est à la fois serpent, purification, féminin, souplesse, fluidité, circulation et fécondité.

Marsyas

Marsyas, « *celui qui combat* », échoua de bien plus terrible façon. Ce personnage est très proche de Silène. Comme l'*homme Lune*, il suit le cortège de Dionysos. Ayant ramassé sur l'herbe la flûte[26] que venait d'inventer Athéna, il apprit à en jouer puis se permit de défier à son tour Apollon. Le dieu à la lyre accepta de concourir pour déterminer qui était le meilleur musicien. Bien sûr, Marsyas perdit la joute musicale. Pour punition le dieu solaire sortit son couteau de boucher, l'attacha à un arbre et l'écorcha vif. Apollon se repentira ensuite de sa sévérité et transformera le satyre en fleuve.

Nous avons déjà évoqué ce conte à propos des mythologies du cœur. Si Marsyas est un écorché vif, c'est qu'il fonctionne *seulement* comme une flûte. Il s'est ouvert à une vibration venant d'en haut qui *traverse ses os* sans poser sa conscience dans la caisse de résonnance de son cœur, la seule capable d'amortir et d'intégrer la puissance vibrante et intense du Souffle inspirant qui l'anime. Alors la vibration écorche son moi-peau, le satyre mi-homme mi-bouc devient hypersensible et angoissé. Marsyas est l'homme épris de clarté et de vérité (Athéna) qui s'élève trop haut et trop vite. Il contacte une

---

[26] Il s'agit en fait de l'*aulos*, un instrument à vent, à hanche battante, simple ou double, composé de tuyaux percés de trous et joué le plus souvent par paires. Son nom latin est *tibia*. Le souffle passe symboliquement depuis la bouche jusque dans les deux os qui font la jonction avec les chevilles et les pieds. Le terme *aulos*, en grec, est apparenté au mot « souffler ». Il était fabriqué en os (tibia de cerf), en roseau ou encore en ivoire.

puissance spirituelle qui le brûle et déchire ses limites. Le contact avec la vibration de l'Esprit accroît considérablement sa sensibilité. Ils se retrouve sans défense par rapport aux vibrations toujours plus violentes des deux mondes, intérieurs et extérieurs. « Devenir comme un fleuve » souple, ondoyant, féminin en reconnaissant la sagesse de son anima fut la solution si simple qui lui manqua.

Ces deux mythes nous rappellent que le bon fonctionnement de notre peau, cet organe qui nous sépare des autres, dépend pour beaucoup de l'équilibre de notre cœur, l'organe de la concorde.

Garçon jouant de l'aulos (460 av J.C.)
Musée du Louvre. Source Wikipédia

Mythopathologies

La peau parle d'abord des sentiments de sécurité et d'insécurité du sujet. Puis de la manière dont il entre en contact avec le monde extérieur : la séparation est-elle jugée insupportable au point de créer un sentiment de déstabilisation intérieure ? Le monde est-il perçu comme trop violent ? Trop étouffant ? Trop étranger à soi ? L'organe sensible pourra aussi laisser transparaître des angoisses profondes qui annoncent de grandes transformations encore refusées. Plus précisément, il faudra se demander quelle est la fonction du derme qui est malmenée.

Est-ce son rôle de barrière qui sécurise le moi ? Est-ce sa température qui interroge la relation entre anima et animus, à la mère et au père ? Est-ce le sébum qui parle de la relation aux proches ? Est-ce la crainte de la souffrance d'un Narcisse enfermé en lui-même et qui s'inquiète de l'apparition de ses premières rides ? Est-ce une irritation née de l'action des anticorps qui suggère de la difficulté à se défendre contre ce qui est perçu comme une agression ? Est-ce une blessure qui appelle à se libérer des « liens du sang » dans une zone spécifique du corps ? Sans épuiser le sujet – car les maladies de la peau sont si variées –, voici quelques suggestions.

Acné

L'acné qui apparaît souvent avec l'adolescence est liée à une hypersécrétion de sébum. Les boutons rouges disent l'inconfort relationnel que beaucoup de jeunes adultes éprouvent à l'âge où il faut quitter la sécurité du foyer pour rencontrer de nouveaux camarades. Comment s'y prendre avec les autres ? Comment sortir du giron maternel qui est une promesse de sécurité ? Comme nous le suggérions plus haut, la langue des oiseaux entonne « né assez ? » par « A.C.Né » et « assez aîné » avec « A.C.N.É. ». Le moment est venu de « naître » à une nouvelle vie remplie de « diplomatie » et de richesses relationnelles.

Coup de soleil

Lorsque la peau se colore en bronzant elle se protège naturellement contre un excès de feu. Lorsqu'elle rougit, elle est blessée par la lumière. Elle symbolise la blessure d'un père-soleil autoritaire ou étouffant qui n'a pas su établir un contact « adulte » avec son enfant. Alors le moi-peau exprime cette souffrance par une brûlure. Plus tard la personne aura des difficultés à exister en pleine lumière et préférera l'ombre rafraîchissante de l'anonymat. Le moment est venu de reconnaître ce qui est grand en soi, d'honorer pleinement sa propre valeur dans un rayonnement apollinien, solaire et solitaire.

Eczéma

La langue des oiseaux entend « ex-aima ». Les boutons qui grattent trahissent le sentiment de ne plus se sentir aussi aimé qu'auparavant. C'est une maladie inflammatoire de la peau qui fait donc appel aux anticorps. Il existe une colère retournée contre soi qui se refuse à absorber, intégrer et accepter une situation ou une expérience de séparation. La maladie, lue symboliquement, crie un douloureux sentiment d'abandon affectif alors que les conditions de vie changent.

Lupus

Le lupus érythémateux disséminé est une maladie auto-immune qui attaque les tissus du corps tels que la peau, les yeux, les tendons, les muscles ou les organes. Il s'agit d'une attaque généralisée contre soi par ses propres anticorps. Le lupus est difficile à diagnostiquer car les symptômes de la maladie sont protéiformes, pouvant facilement êtres confondus avec d'autres pathologies. 40 % des patients sont également atteints d'acouphènes et 25,7 % d'hyperacousie. Le terme « lupus » se traduit bien sûr par « loup », l'animal qui métaphorise ce phénomène d'auto-dévoration. L'oreille aux aguets (cf. infra *des oreilles pour entendre*), le sujet a le sentiment d'être envahi par des peurs profondes qui le minent de l'intérieur. Éclairante est l'analyse de G. Romey sur le sens symbolique du loup :

> « Le fantasme de dévoration exprime, en premier lieu, la peur qu'inspire l'affrontement des contenus de l'inconscient. Le franchissement du seuil, qui établit une connexion entre la conscience et une partie de l'inconscient, est appréhendé comme un acte redoutable alors qu'il est une avancée dans la réalisation du Soi… Le loup se tient à l'orée d'un lieu où le Moi du patient doit accepter de mourir à ce qu'il est devenu pour naître à ce qu'il aurait dû devenir ».

L'image du loup onirique parle aussi d'une situation œdipienne et d'une relation perturbée à la sexualité. Rappelons l'étroite parenté qui lie le sexe avec le loup, maintenue dans le terme *lupanar*. La question de la confiance et de son contraire, le manque de confiance, est cruciale lorsque cette pathologie s'accompagne de problèmes auriculaires. Il pourra par exemple s'agir d'une histoire de confiance trahie en raison d'attouchements sexuels ayant entraîné des peurs profondes ainsi qu'une dévalorisation de soi. Le loup/lupus invite le sujet à changer de peau, à révéler sa vraie nature cachée derrière les voiles d'une éducation inappropriée.

Mélanome

Le cancer de la peau serait favorisé par la brûlure du soleil pendant l'enfance ainsi que par des mutations génétiques. Ici la lecture est presque littérale : le regard de l'homme – et plus généralement des autres – est blessant, alors le moi-peau se défend en multipliant les cellules du derme de manière anarchique et désespérée. La personne cherche à disparaître dans l'obscurité (*méla*, noir) pour se protéger des regards (soleil) inquisiteurs.

Purpura

Les taches rouges qui apparaissent sous la peau sont liées à un manque de coagulation du sang qui sort alors par les capillaires sanguins. Parfois ce sont les vaisseaux qui sont altérés et laissent fuir le liquide vermeil. Ce sang qui arrive à fleur de peau pourra dire le besoin refoulé d'extériorisation et de reconnaissance de ses œuvres qui ne « coagulent » pas encore dans le monde extérieur. Le moi psychique (le sang) souffre de ne pouvoir exister suffisamment dans ses contacts avec les autres. Il s'agit ici d'une posture apparentée au « coup de soleil » mais inversée car la cause vient de l'intérieur. Ce ne sont plus les « autres » qui effraient et enferment mais sa propre exigence métaphysique. Le moment est venu d'oser ses œuvres en s'exposant sous le regard lumineux des autres. Par ailleurs le terme « purpura » s'apparente à la couleur pourpre ainsi qu'au terme « suppurer ». Il associe le bleu et le rouge des sangs veineux et artériels avec la mémoire d'une tache héréditaire. C'est une blessure intérieure (interne) de non-reconnaissance que le corps exorcise ainsi, née dans la lignée familiale. Tout se passe comme si la personne était porteuse des valeurs d'âme de sa famille et s'était donné pour mission de les faire reconnaître.

Zona et varicelle

Il arrive que le virus de la varicelle reste à l'affût dans les ganglions nerveux en raison d'un déficit immunitaire. Il réapparaît alors de temps à autre et provoque le zona. Ces deux termes évoquent une difficulté à trouver sa place dans « la zone » du zona avec « celle qui varie » (la varicelle). Qu'elle est donc la « ruse de la vie » puisque cette maladie est due à un « vi-rus » ? Comme de nombreuses maladies contagieuses de la petite enfance, la varicelle aide à l'affermissement du système de défense et fonctionne comme une « initiation », comme un moment de passage vers un âge plus adulte et autonome. Le virus pourra alors revenir sous la forme de zona pour terminer ce qui est resté en suspend à l'âge de la varicelle. Il y a probablement une souffrance née d'une instabilité familiale, physique ou psychique, qui a accru chez l'enfant le sentiment de se sentir vulnérable et sans défense. La ruse de la Vie ? Peut-être offrir l'opportunité de transformer la fragilité en bénédiction, une sensibilité un peu perdue et à fleur de peau en capacité d'adaptation hors pair puisque « celle qui varie » est aussi celle qui est partout chez elle. Le zona pourra coder « je ne sais plus où est ma place malgré tous mes efforts d'adaptation ».

Le récit de la peau

La peau fonctionne comme un drap qui moule le corps et révèle ses formes. À l'intérieur ça vit et ça vibre, à l'extérieur ça s'agite et c'est inconnu. L'organe assure la sécurité du « moi » et le prépare à évoluer dans le monde. Pour cela il est parsemé d'un très grand nombre de pores comme autant de ports qui s'ouvrent sur l'infini des choses à découvrir. Ces échanges entre le moi et le non moi sont gardés par deux systèmes de contact : d'abord le sébum « diplomatique » souple et protecteur, puis le système immunitaire chargé d'absorber et d'assimiler l'étranger. Le toucher est le seul sens qui soit délocalisé sur l'ensemble du corps, les autres moyens de perception en sont des différenciations qui élargissent son champ d'action au centimètre (le goûter), à quelques mètres (l'odorat), à la centaine de mètres (l'ouïe) et finalement aux très grandes distances (la vue). C'est grâce à ce dernier sens que le vrai changement de peau se produira puisque l'œil contient la cornée que la langue des oiseaux entend « corps né », le corps de Résurrection.

L'aventure spirituelle est une succession de touchers qui ne s'accomplissent pleinement que dans leur contraire : le lâcher-prise. Dans l'involution, le toucher rassure et comble un besoin de sécurité. Alors la main de l'homme et son cœur prennent sans cesse. Dans l'évolution, se laisser toucher par tout ce qui surgit est la clef de la métamorphose intérieure. Mais celle-ci ne se poursuit que grâce à un incessant lâcher-prise. Alors la main et le cœur de l'homme s'ouvrent. Enfin, dans la transvolution, le toucher guérit et transmet la vie : la main et le cœur de l'homme donnent. Pourquoi donnent-ils ? Parce que le sens du toucher s'est retourné vers l'intérieur, vers le Soi, puis vers le monde des forces cosmogoniques dont la tête est le berceau-réceptacle. Il n'y a aucune moralité là-dedans. C'est si simplement le fruit d'un contact intérieur ! Parfois c'est le mental qui « touche » et précipite une force dans le corps, d'autres fois ce sont les sentiments qui s'exaltent sous l'influence persistante du Mystère. La peau reçoit et transmet automatiquement tous ces états intérieurs.

Les axes sémantiques

Involution	*Évolution*	*Transvolution*
Prendre, absorber	Lâcher-prise Donner, transmettre	Laisser-passer
Recevoir	Désidentification, contacts intérieurs	Contaminer le vivant par la vie
Protection	Barrière, limite, Désir et crainte du contact.	Transparence et réception de la vibration

Chaque organe est porteur d'un paradoxe. Ce qui semble une contradiction est aussi le mécanisme fondamental de l'évolution du psychisme. La peau est un mur perméable. Les astrologues y verront la collaboration de deux planètes aux significations contraires : Saturne qui structure et pose des limites et la Lune fluide, féminine, mouvante, sensible, qui laisse couler sans jamais interrompre.

Goûter avec la bouche

À l'instar des autres sens, la bouche sert fidèlement les besoins des différentes parties du corps. Le verbe « aimer » en affirme tant de connotations !

Le petit bassin conjugue « aimer » avec « absorber », deux actes qui supposent une pénétration. Sexe et nourriture partagent de si nombreuses métaphores ! Une Française appelle parfois son amant *chouchou*, un Anglais décrira une femme sexy comme un *crumpet*, une grosse crêpe rôtie et généreusement beurrée. Et *honey* (chéri-e) renvoie au miel, une image souvent utilisée pour décrire le soma, la nourriture des dieux. Plus directement encore, lorsque nous mangeons un agrume, nous croquons le sexe de la plante. La chair d'une orange est en effet un placenta empli de semences. Les orgies, où l'acte de manger est mis en magnificence, sont souvent associées à des licences sexuelles. Dionysos en sait quelque chose ! Puis, en remontant la géographie corporelle, le ventre associe à son tour le goût aux plaisirs rassurants et familiers du goûter. L'âge aidant, il devient de plus en plus gourmet ; le cœur préfère l'esthétique du *bon goût* car il perçoit immédiatement l'ensemble des parties d'un système et apprécie la concorde, c'est-à-dire la beauté d'un plat. Et, plus haut encore, qu'est-ce d'autre qu'un Palais, sinon une belle demeure arrangée avec soin où des mets délicieux ravissent des convives rompus aux joies de la conversation ? Des métaphores du goût s'élèvent de chaque partie du corps, scellant une intimité de plus en plus subtile avec les « aliments ». Le verbe « aimer » qui accompagne l'acte sexuel sera suivi d'un partage de valeurs autour d'une bonne table, puis par l'élégance d'un cœur qui reconnaît l'étranger comme un hôte spécial envoyé par les dieux (dans toutes les civilisations à l'exception de la nôtre). Enfin, dans le palais de la bouche, l'intimité s'élève jusqu'à une connivence avec les dieux puisque l'édifice est la demeure du Roi. Le goût est le sens de la proximité. Il accomplit le rêve de contact de la peau par la voie des eaux, du sensible, de l'affectif, de la salive.

Cette intimité n'est pas anodine. Elle produit une matrice et vérifie sa bonne santé pour porter un embryon. L'intimité sexuelle a pour conséquence naturelle un fœtus baigné dans la matrice amniotique, l'intimité familiale maintient un « foyer » baigné de valeurs porteuses d'une éducation ; l'intimité cardiaque maintient l'unité du « vivre-ensemble » au sein d'une culture spécifique et enfin la dernière, celle du Palais de la bouche, prépare la personne à rencontrer l'habitant, le Roi, qui s'est retiré dans ses appartements derrière le « voile du palais ». Dans tous les cas la « qualité des eaux » dit la bonne santé de la matrice et prépare l'action du sens suivant : le nez qui, nous le verrons, est un « nouveau-né ».

La qualité de la salive, son goût agréable ou désagréable, dira le degré de préparation du sujet pour le prochain pas de son évolution intérieure. Que l'on songe combien le goût de la salive qui accompagne le baiser est indicateur de la compatibilité des partenaires et la promesse d'un nouveau-né ! Cela vaut métaphore lorsque l'organe buccal sert les plans familial avec l'abdomen, sociétal avec le cœur et spirituel avec la tête elle-même. Si nous rendions notre goût « au naturel », à l'instinct, comme une manière de se laisser guider, le goût des aliments nous dirait exactement ce dont nous avons besoin comme nourriture pour accomplir le prochain pas de notre évolution, que ce soit une guérison ou un simple changement dans notre vie ordinaire.

Néanmoins tout cela ne nous apprend rien sur le maître de la maison qui s'est retiré dans ses appartements privés, au centre de la tête. Ni sur la fonction de cette salle du Palais si bien dissimulée derrière un voile. Nous verrons ultérieurement pourquoi le maître de maison (l'hypophyse) se retire dans sa *chambre* (le thalamus) pour s'occuper d'affaires secrètes dans son cabinet noir : l'os sphénoïde en forme de chauve-souris. Alors la bouche ne sera plus seulement le siège du goût mais deviendra aussi l'organe du langage poétique car la conscience-énergie entrera en contact avec la pituitaire, l'aire du chant des oiseaux (« pituit-aire »)[27].

Précisons que nous évoquons ici, pour l'essentiel, le symbolisme des sens *tel que la tête le voudrait*. C'est-à-dire *si* les cinq sens étaient vraiment à leur place. Or, le plus souvent, ils servent d'autres maîtres que la tête qui les porte. La parole soumise aux désirs du bas-ventre séduit avec brio pour satisfaire l'espérance d'une jouissance ; lorsqu'elle obéit aux desseins de l'abdomen elle tergiverse pour assurer les besoins de sécurité d'un sujet nombriliste ; si elle vient du cœur – et c'est l'une de ses deux sources naturelles puisque l'air est réchauffé par le système cardio-pulmonaire – elle porte déjà la force de la concorde et le souffle de l'inspiration. Cependant les cordes vocales appartiennent au larynx, leur fonction première est de mettre en mouvement la vibration par le Verbe, ou le Mantra, de stimuler la matière psychocorporelle en l'ouvrant à la présence de l'Esprit, comme dans l'hésychasme par exemple[28]. La peau reçoit alors cette fameuse vibration de dieu qu'elle attend depuis si longtemps en secret.

---

[27] Le Parchemin Magnifique Vol. 6 (en préparation).
[28] Luc Bigé, *Le Parchemin Magnifique Vol. 4*, éditions Réenchanter le monde.

Étymologies et expressions

Bouche dérive du latin *bucca... qui se traduit par* « joue ». On se demande pourquoi !

Lèvres vient du latin *labrum* et désigne un « bord ». La langue des oiseaux y verra l'anagramme « LR Eve » et entendra « elle erre Eve » – un « féminin originel en errance » – et « l'espace du premier féminin » avec « elle aire Eve ». En réalité « elle » déploie de grands rêves : L RÊVE. Le sourire que dessinent des lèvres heureuses adopte la forme du croissant lunaire, par contraste avec les yeux sphériques qui imitent la forme du soleil. L'unité des essences solaires et lunaires conquises dans le cou avec l'os hyoïde se différencie à nouveau, mais sans voile cette fois-ci. Les yeux voient le soleil, la bouche parle du monde sensible. L'organe qui embrasse est le gardien de l'intimité, il accepte ou refuse l'entrée des nourritures extérieures dans le corps. Par leur mobilité les lèvres posent ainsi une limite nuancée aux demandes du monde extérieur. Qui n'a jamais dit oui « du bout des lèvres » ?

Ouvertes et souriantes, elles aspirent à renouer avec le rêve d'Ève, avec le bonheur du paradis des origines. La consonne unique du mot « ÈVE » possède une forme triangulaire. C'est un « V » qui évoque le triangle pubien du corps féminin incluant précisément les « petites lèvres ». Cette lettre-matrice gravée dans la morphologie corporelle ouvre une porte pour la fécondation et la naissance d'un nouveau-né destiné à vivre dans un monde bien terrestre. En haut, l'essence du féminin est une invitation à accomplir la graphie du V, cette matrice qui reçoit l'Illimité. Elle est la promesse d'une réintégration dans le paradis céleste dont la femme est la gardienne. Ce paradis est le monde des archétypes et des « dieux », de l'« énergie-conscience », de la simplicité d'une nature épurée de tous ses vêtements que nous appelons « symboles ». Les lèvres symbolisent l'essence du féminin développé en chaque homme et en chaque femme. C'est une *anima* « virginale » qui garde l'entrée du palais du Roi.

Du fait de leur analogie avec les petites lèvres, les lèvres du visage signent naturellement le degré de sensualité de la personne.

Les femmes se maquillent avec du « rouge à lèvre », la couleur qui engage à l'action et souligne le désir. Elles rehaussent leur « Ève » et la colorent pour la rendre manifeste au monde. Le rouge à lèvre, s'il ne porte pas toujours cette couleur, dira le type d'*anima* de la femme : noir en hommage aux profondeurs mystérieuses de Médée, sorcière et sourcière ; violet pour souligner le désir d'une intégration psychique et spirituelle avec l'*animus*. Le jaune, couleur de l'*animus* solaire, est bien sûr absent de la palette féminine.

Franchir le bord des lèvres n'est pas donné à tout le monde. Cela suppose de montrer patte blanche car d'efficaces gardiens veillent : les dents. Si le contact entre deux bouches génère de la volupté, et si une parole « juste » procure une sensation équivalente, il s'agit de franchir l'épreuve imposée par les dents avant d'aller plus loin.

À quoi veillent les **dents** si ce n'est à la protection de ce qui est « dedans » ? Il existe autant de techniques de défense que de dents. Premièrement savoir trancher, prendre des décisions et couper des liens avec les *incisives*. Puis viennent les *canines* – de *canis,* « chien » – qui gardent l'entrée du palais en interdisant l'accès aux étrangers. La langue des oiseaux entend « can-in », le « pouvoir intérieur » : le pouvoir d'imiter le comportement du chien, ce gardien qui aboie haut et fort un « Halte ! Ici on ne passe pas ! ». Ces armes extérieures qui savent couper des liens et dire « non ! » protègent un espace sacré symbolisé par les molaires. « Molaire » se lit en effet « M Ol aire », « aime (M) l'espace (aire) de la bénédiction (Ol, l'huile de l'onction). Les prémolaires préparent à cela. C'est ainsi que incisives, canines, prémolaires et molaires ouvrent la voie vers *la dent de sagesse*. Vers l'« Adam de sagesse » puisque nous sommes bien au-dessus de l'espace biologique qui signa sa chute : la fameuse « pomme d'Adam ».

L'incisive, plus près du dehors, est incisive dans ses attaques. Puis les canines gardent le territoire intérieur du sujet comme le ferait un bon chien. Suit l'efficacité diplomatique de la parole avec les molaires. Cette étape demande une certaine préparation (prémolaires). Enfin l'ultime défense sera la « sagesse », mot-valise dont nous préciserons bientôt la portée en explorant le symbolisme d'Athéna, déesse de la sagesse *et* de la guerre. Ces quatre systèmes de protection – attaque, intimidation, diplomatie et sagesse – sont profondément enracinés dans la gencive. Ils ne servent pas la mort comme nos armes technologiques mais, au contraire, « savent (c) générer (gen) de la vie (ive) ». Pourquoi ? Parce que ces stratégies de « défense » s'entourent d'ivoire : elles « voient la transcendance » (I-voir) et, *a minima*, s'expriment pour la verticalisation de l'homme. Elles préfèrent Éros à Thanatos. C'est à cette seule condition que la bouche deviendra un Palais plutôt qu'une entrée vers les enfers intestinaux.

Un individu dominé par les désirs de son petit bassin bavarde avec sa bouche pour faire le coq ou la coquette[29] au risque, en cas de refus, d'un retournement en paroles *incisives*. Accentué, cet espace biologique produit de l'avidité, de la corruption et de l'obésité. Lorsque la conscience s'épanouit dans le ventre elle argumente pour vendre au mieux et consommer à bas coût, elle cherche sa place en essayant de se placer dans le grand jeu mondain. Elle cherche la sécurité promise par les *canines,* ces chiens (canidés) qui protègent le contenu de la maison. Quant au cœur, il aspire au dialogue en usant du langage diplomatique

---

[29] Le coccyx, outre sa relation symbolique avec les fiançailles de Zeus et d'Héra, peut se lire « coq six ». Cf. *Le Parchemin magnifique* Vol. 2

cher aux *molaires*. Mais la langue du palais est fondamentalement une « langue de feu » qui souffle la brûlure d'une Parole surgie des profondeurs ou descendant des hauteurs. Elle accompagne la Sagesse d'Athéna née de la tête de Zeus et, dans une autre tradition, celle de l'Adam primordial d'avant la chute.

L'anagramme de la « *langue* » précise merveilleusement cela avec « lu ange ». La « louange » n'est sincère que pour celui qui a « lu les anges », pour celui dont la conscience s'est ouverte aux imaginations poétiques perçues par la glande pituitaire[30] et aux grands rêves d'Ève. Rappelons ici que la langue est attachée à l'os hyoïde « *en forme de U* »[31] : la parole de la langue s'appuie, idéalement, sur l'accueil du vide, sur une immersion de la conscience dans le non-savoir. C'est seulement de *là* que surgit la flamme poétique bouleversante, l'éclair révélateur illuminant la nuit des pensées convenues, les grands rêves utopiques qui seront nos réalités de demain et la puissance de la louange. Car la tête est une affirmation du Feu, donc du futur, comme en témoigne la présence des yeux, le seul endroit de notre corps qui accueille la clarté et voit les étoiles.

Quant aux animaux, généralement dénués de « moi » et *a fortiori* de « Soi », ils n'ont pas de bouche mais seulement un bec ou une gueule. L'organe assure leur survie et garantit celle de l'espèce en les aidant à s'alimenter et à rencontrer un partenaire sexuel. Mais l'être humain est un Être-de-Feu façonné, dans la tradition grecque, par Prométhée[32]. Sa face n'est pas un museau mais bien un visage promis à une vie sage.

La langue des oiseaux décode « *salive* » par « sel de la vie », en décomposant « sal-ive ». Nous y reviendrons en développant son rôle dans le chamanisme amazonien.

---

[30] L'autre nom de la langue des oiseaux étant précisément la « langue des anges ».

[31] Luc Bigé, *Le Parchemin magnifique* Vol. 4, éditions Réenchanter le monde

Les « *amygdales*[33] » sont des glandes placées de chaque côté du gosier. Elles jouent un rôle dans l'immunité et se traduisent par « amandes » en raison de leur forme. La langue des oiseaux entend « ami-dale », une faim d'amis plus que de nourritures matérielles.

Le terme **luette** désigne la languette qui prolonge le voile du palais. Ce terme vient du latin *uva* qui nomme le « raisin » dont nous reparlerons à propos de l'ambroisie, la liqueur d'immortalité qui désaltère les dieux.

Avant cela, voyons les éléments de la biologie.

Biologie de la cavité buccale

La bouche mâche les aliments. Elle les prépare à descendre dans l'œsophage pour être ensuite mis à mort dans le système digestif. Elle invite l'homme à commencer ce processus de symbolisation qui consiste à extraire du sens à partir de ses expériences extérieures pour en nourrir sa vie intérieure[34].

Or, que dit si simplement l'organe buccal ? Que l'on ne peut assimiler que ce que l'on aime ! Dans le cas contraire, la bouche rejette violemment les nourritures « détestées », celles qui précisément ne passent pas le « test ». Le plaisir massif est la première étape de la transformation, du mûrissement de l'homme biologique comme de l'être psychique. Ce n'est que plus tard, dans l'estomac, que se mettra en place la souffrance du démembrement suivi des processus de deuil. La première tétée entraine invinciblement vers le plaisir et le choix de la vie.

---

[32] Luc Bigé, *Prométhée, le mythe de l'homme*, éditions de Janus.

[33] À ne pas confondre avec le noyau de substance grise qui siège au-dessus du corps strié et porte le même nom. C'est une formation du rhinencéphale qui régit les fonctions instinctives et affectives.

[34] Luc Bigé, *Le Parchemin magnifique* Vol. 2, éditions Réenchanter le monde

C'est aussi le moment du premier partage d'une personne avec une autre. Le repas rejoue cet acte fondateur. Il scelle la relation de la mère à l'enfant puis entre les membres d'une même famille et, plus tard, avec l'ensemble de la communauté réunie autour d'un buffet bien garni. Ce qui sort de la bouche, la parole, à une fonction similaire : le plaisir du partage. Mais, dans l'éternel jeu du paradoxe, l'organe buccal est aussi un grand trou qui absorbe tout. Il comble le vide de l'avide en lui offrant un pur plaisir éphémère. Le besoin de manger se substitue à l'amour manquant. Ainsi apparaît le paradoxe du goût : un immense narcissisme qui absorbe le monde joint à un non moins gigantesque sens du partage.

Rares sont les repas – de famille, d'affaire, de noce ou de deuil – qui ne renforcent pas les liens du clan par des paroles échangées. Même un dîner solitaire, qui se distingue par sa rapide simplicité, s'agrémente de succédanés d'échanges : livre, radio, internet ou télévision. Parole et alimentation sont *naturellement* liées puisque ces deux actions s'appuient sur le même organe. Et s'il fallait associer l'un des sens au christianisme, ce serait le goût et ses connotations symboliques tant la nourriture est présente dans les Évangiles, depuis les noces de Canaan où l'eau fut changée en vin jusqu'à l'acte final de la Cène. Même l'Esprit-Saint eut besoin d'une bouche pour toucher les Apôtres sous la forme de langues de Feu au moment de la Pentecôte. Cette religion met l'accent sur la relation *personnelle et intime* du croyant avec son Dieu, considérant sans doute que l'estomac a déjà remplis son rôle en élaborant un sujet. Car la bouche ne tient vraiment ses promesses que lorsque les valeurs du viscère de la digestion sont pleinement développées. À savoir l'affirmation d'un sujet capable d'assujettissement qui a renoncé à ses fantasmes de toute-puissance ; l'expérience réitérée du processus de deuil qui entraine la conscience au difficile processus de désidentification de toutes les formes objectives et, enfin, la transformation des souvenirs en une essence d'expérience. Tout cela prépare la personne à entrer dans le Palais du monde pour en goûter les merveilles. Cependant, si ces valeurs viennent à manquer, la bouche fonctionne comme une sombre entrée vers le monde infernal : un trou sombre où s'agite une langue bien pendue, parfois de vipère.

Il existe autant de manières d'aimer que de façons de manger. Ce poème en prose de Tourgueniev rappelle les analogies qui relient le système bucco-laryngé avec le système génital :

> « Le génie de l'amour et le génie de la faim, ces deux frères jumeaux, sont les deux moteurs de tout ce qui vit. Tout ce qui vit se met en mouvement pour se nourrir, pour se reproduire. L'amour et la faim… Leur but est le même. Il faut que la vie ne cesse jamais ; il faut qu'elle se soutienne et qu'elle crée. »

Le vagin et la bouche dessinent dans le corps deux grottes qui reçoivent des étrangers. En ces lieux abrités sont entreposés les aliments nécessaires à la perpétuation de la vie : le sperme en bas et les nourritures physiques en haut. La première s'occupe de la perpétuation de l'espèce et la seconde du prolongement de l'individu.

À l'autre bout de l'échelle des significations, le christianisme s'est emparé lui aussi du manger et de la sexualité mais d'une toute autre manière. Il tenta de les porter au plus haut. À ses débuts cette religion se répandit chez les esclaves et les plus pauvres qui se reconnaissaient au sein de ce que nous appellerions aujourd'hui une « conscience de classe ». La fierté d'être pauvre et simple en opposition au luxe romain, à ses orgies et à sa culture sophistiquée, conduisit ses adeptes au rejet des plaisirs physiques. Ils s'imposèrent un interdit sur les deux fonctions symboliques d'une bouche servant le ventre : la sexualité et l'avidité devinrent synonymes de péché. Et le pécheur fut condamné à vivre dans un lieu contraire à la jouissance : l'Enfer. En cherchant à se hisser vers la plus haute fonction symbolique de l'organe buccal – l'absorption du Corps de Dieu sous la forme d'une hostie consacrée – la foi chrétienne condamna ses expressions situées sous le diaphragme : la jouissance hédoniste du ventre et le plaisir sexuel du petit bassin. C'est pourquoi le christianisme occupe le champ sémantique de la bouche, mais seulement dans la partie haute du corps : la communion sous la forme de l'hostie et le plaisir d'un repas charitablement partagé de cœur à cœur. Il censure l'hédonisme du ventre et la sexualité. « Que vos compagnes soient des femmes que le jeûne a rendues pâles et maigres » recommandait, au IVe siècle, St Jérôme qui devint l'un des Pères de l'Église. Notre société de consommation fondée par un peuple chrétien (puis anticlérical) a largement comblé ce manque mais, toutefois, en rejetant le bébé avec l'eau du bain, en se privant d'une communion mystique avec la transcendance, là où s'épanouit l'ultime jouissance.

Aujourd'hui l'industrie agro-alimentaire et l'avidité financière tiennent le haut du pavé. La foi chrétienne qui combattit la jouissance individuelle par la morale et lutta contre l'avidité par la charité est dépassée par une sorte de retour du refoulé. C'est que la rigueur morale et la charité prônées par le christianisme originel étaient seulement emplies de bonnes intentions. Elle ne pouvaient se substituer au travail d'« élaboration du moi » et au développement d'une conscience sensible à ses liens d'assujettissement aux proches, à la nature puis au monde. Le narcissisme contemporain que l'on observe partout, dans les média comme dans la technologie, est peut-être un chemin d'excès qui imposera un jour une *métanoïa*, tellement la situation sera devenue intenable. Car aujourd'hui tout se passe comme si l'avide engouffrait sans cesse des « aliments » dans sa grande bouche sans prendre le temps de les mâcher puis de les digérer dans son estomac. La jouissance pour la jouissance n'offre pas l'opportunité de la symbolisation. La conscience ne peut pas s'approfondir après chaque bouchée. Le gourmand se comporte comme Cronos qui avale ses enfants. Un jour le Titan devint sensible aux besoins des autres et vomit les richesses enfermées dans son vaste ventre : il les rendit au monde[35].

Quelles sont les pathologies collectives et individuelles nées de cette situation ? L'une d'entre elles est l'obésité, symptôme de la surconsommation, qui signe symboliquement le besoin de se protéger derrière une couche de graisse d'un monde où la violence des rapports sociaux est la règle. Mais celle qui menace le plus les équilibres est la corruption née de l'avidité. C'est la maladie la plus grave car elle met en péril la démocratie, l'économie et le contrat social. D'une certaine manière le corrompu est complice d'une action contraire à la Résurrection promise par le Christ puisqu'il détruit l'unité du corps social et l'harmonie psychique qui rassemble la communauté. C'est, comme le suggère si merveilleusement la langue des oiseaux, un « corps-rompu ».

En affirmant la Résurrection des corps à la fin des temps le chrétien identifie le Christ-hostie à une sorte d'ambroisie, à la boisson qui conférait naguère l'immortalité aux dieux de l'Olympe. Par ailleurs Jésus est souvent représenté comme un personnage mince, presque ascétique, comparativement, par exemple, aux sculptures d'un Bouddha au ventre rebondi. Le héros des Chrétiens est considéré comme consubstantiel à Dieu, sa chair s'est divinisée en se confondant avec plus d'Esprit. Sa biographie évoque toute la gamme des fonctions symboliques de la bouche, depuis la multiplication des pains promesse d'abondance jusqu'à la sainteté de la chair accomplie lors de l'Ascension, en passant par l'omniprésence du verbe « aimer » dans les Évangiles. Le bouddhisme, nous le verrons, accentue les valeurs symboliques du nez en préférant la posture intérieure de l'équanimité.

---

[35] Luc Bigé, *Le Parchemin magnifique* Vol. 2, éditions Réenchanter le monde

En résumé, l'organe buccal est le sens de la proximité. Il est en effet impossible de manger de loin. *La bouche représente notre présence sensible à l'intimité du monde,* notre capacité à nous émerveiller en goûtant les saveurs du réel. Alors l'existence quotidienne se sacralise car la distance qui sépare l'objet de son essence disparaît dans la remontée. L'entrée dans ce Palais suppose le franchissement du long corridor du cou qui vérifie que toutes les compromissions se sont délitées (l'occiput). La bouche, même si elle métaphorise le sexe, n'est pas la maison-ventre du commun où tous peuvent pénétrer mais un état de conscience inénarrable où la perception mystique du réel n'a plus besoin de mots, mais seulement de saveurs aux mille nuances. Dans l'involution, le baiser prépare l'acte sexuel ; dans l'évolution, l'échange de salive devient un acte magique qui opère une transmission de pouvoirs, comme nous le verrons bientôt.

Dans l'involution, la bouche est une porte d'ombre qui s'ouvre vers les « enfers » du ventre, là où meurent des milliers d'aliments torturés dans le feu chlorhydrique. Car, au creux de l'estomac, le vivant ingurgité souffre mille morts sous l'effet conjugué du mouvement péristaltique et de l'acide libéré par la paroi du viscère. Effroyable torture des êtres vivants ! Ce processus naturel contraint la conscience à « tuer » les formes pour laisser la vie poursuivre son chemin. De ce point de vue les souffrances de l'« enfer » représentent la mesure exacte de nos attachements aux possessions matérielles, aux relations affectives et aux savoirs acquis. L'émerveillement promis dans le Palais ne se révèlera pleinement qu'avec l'abandon de tout désir narcissique de gober, qu'il s'agisse d'un autre, d'un bien matériel, d'un savoir intellectuel ou d'une nourriture. À la vue d'une fleur, pourquoi vouloir la cueillir pour la déposer dans un vase ou la vendre sur un marché ? Le « petit enfant », si cher au chrétien, n'a pas cette idée saugrenue.

La langue

La langue est résolument associée à la parole. Aucun professeur de langue ne le niera, pas plus que celui qui l'aurait avalée ou donnée à son chat. Attachée à l'os hyoïde, elle sert l'élocution humaine. L'organe se relaxe pour laisser passer le souffle des voyelles et fait un peu de gymnastique pour émettre les consonnes. Le mot « voyelle » se lit « voi-i-El », « voi (vois) la transcendance (I) du divin (El) », ou encore « la manifestation (V) de la lumière (OEIL) ». Quant aux consonnes, ce sont autant d'obstacles au Souffle afin d'enchaîner les résonnances. Elles « *con*-sonnent », « sonnent *avec* » les cinq voyelles. Le langage humain est une cathédrale sonore sortie d'un palais, les consonnes en dessinent l'architecture et les voyelles l'illuminent avec les sept nuances de leurs lumières. C'est pourquoi la plus haute manifestation de la langue est la louange, un autre terme pour gratitude.

Comment la parole s'y prend-elle pour évoquer les merveilles du palais ? Avec la main et ses cinq doigts qui accompagnent si magnifiquement l'émission des sons ! Le chef d'orchestre et l'orateur utilisent l'organe de l'hominisation pour ponctuer leurs mouvements sonores. Chaque modalité du verbe est analogue à l'un des doigts[36]. Le pouce qui s'associe à Vénus affirme « tu dois t'engager au nom de tes valeurs ». Il manifeste le pouvoir d'action de la main. Alors la parole entraîne, galvanise, stimule ou au contraire déprécie, pinaille, bavarde et empêche toute décision l'emporter. L'index associé à Jupiter claironne « tu dois être ta propre autorité et décider de ce qui est juste ». Alors le verbe commande, impose, dirige ou au contraire censure, inapériorise, écrase, critique et finalement condamne la joie du partage. Le majeur, en son langage si direct, rappelle « tu dois être majeur, tu n'es plus un enfant, tu as maintenant l'âge d'homme ! ». Il correspond à la planète Saturne qui impose des limites et sait dire « non ». Alors le

---

[36] Luc Bigé, *Le Parchemin magnifique* Vol. 4, éditions Réenchanter le monde

verbe devient affirmation de soi. Il pose le sujet dans la force de son nom/non et le distingue de tous les autre lorsque sa manière de s'exprimer reflète son « niveau de conscience » : parle-t-il à partir de son nombril narcissique ? De son bassin où bouillonnent ses désirs ? Ou de son cœur enclin à l'empathie ? Ou encore avec une conscience froide, purement cérébrale ? Le doigt suivant, l'annulaire, est associé au Soleil. Il dit « tu dois te lier à ton âme ». Alors le verbe communique, relie, associe, partage des expériences et chuchote dans le silence les secrets les plus profonds. Enfin l'auriculaire associé à Mercure tire son nom de l'oreille, *auricula*. Il rappelle sans cesse que « tu dois écouter ton intuition, ces éphémères messages portés par le vent ». Lorsque l'intuition soutient le verbe, la langue se fait prophétique. Son murmure exigeant bouscule les certitudes les plus poussiéreuses du vieux monde. C'est pourquoi avec sa merveilleuse intuition poétique Victor Hugo put écrire en un saisissant raccourci[37] :

> « Dans nos mains, sur nos fronts, fais resplendir, ô Dieu !
> Tes glaives flamboyants et tes langues de feu ! »

La parole, accompagnée des mouvements de la main, nie ou encourage, critique ou clarifie, communique ou crée une peau de protection qui interdit un authentique dialogue, commande ou infériovise, encense ou calomnie. Elle a enfin une fonction prophétique comme le rappellent les langues de Feu des Apôtres. Mais, même habitée par le Feu de la révélation, elle pourra annoncer des apocalypses de pacotille et jouer à faire peur[38]. Il faut se souvenir que l'hôte permanent du palais est

---

[37] Hugo, *Cromwell*, Garnier Flammarion

[38] Jérôme Savonarole (1452-1498) est un bon exemple de cela. Son éloquence et ses prophéties incitèrent les Florentins à revenir vers une plus grande rigueur morale et plus de charité. Mais bientôt ceux-ci ne supportèrent plus la théocratie que le moine dominicain avait instauré sur la ville, soutenue par une police des mœurs chargée de pénétrer à l'improviste dans les foyers afin de vérifier les comportements. Il sera finalement excommunié par le pape Alexandre VI puis pendu et brûlé. Les conditions de sa mort signent symboliquement une pensée déconnectée des réalités ordinaires (la

bien la langue, l'« ange élu » par « L.U. Ange ». Lui seul connaît la plus haute fonction du langage, il chante et honore la venue du nouveau-né, le « Roi », que le corps symbolise par l'hypophyse. C'est l' « angélus » qui commémore l'acceptation du Verbe par Marie afin que la Parole de Dieu prenne chair en elle sous la forme de la naissance du bébé Jésus.

La parole qui sort de notre palais est donc idéalement une cathédrale sonore qu'il nous est demandé de ne pas transformer en porcherie. Car, si ce qui jaillit de la bouche est aussi nourrissant que ce qui y rentre, l'on ne nourrit pas les cochons et les dieux des mêmes mets. Est-ce du bavardage, de la critique impérieuse ou du nombrilisme ? Est-ce une parole claire et galvanisante venue du cœur, capable de révéler à l'interlocuteur les prochains pas à accomplir ? Les dieux détestent être « traînés dans la boue » par des langues de vipère, là où se complaisent les cochons, même s'ils savent bien que cela fait aussi partie de la création.

L'époque où Téthys, la grande déesse de l'Océan, fut contrainte de se lier à Pelée « le boueux » pour accomplir la mission des pieds est révolue[39]. Dès sa naissance le corps d'Achille – le « sans lèvres » – fut enduit d'ambroisie. En oignant son nouveau-né avec la boisson des dieux sa mère espérait le rendre immortel. Mais cette tentative échoua car le Sans Lèvres n'avait pas encore une « conscience de la bouche », une conscience qui lui aurait permis d'absorber la nourriture des Olympiens. Le processus de métabolisation et d'élaboration du moi symbolisé par le système digestif n'avait pas encore pris place. Pas plus que l'ouverture de son cœur ni le grand passage par le cou. Thétys est une mère qui surprotège son enfant pour lui éviter les

---

pendaison) et un excès de Feu prophétique qui se retourna contre lui.

[39] Luc Bigé, *Le Parchemin magnifique* Vol. 1, éditions Réenchanter le monde.

Le mariage forcé de Téthys avec Pelée donna naissance au célèbre Achille dont le nom se traduit par « Sans Lèvres ». Le « Tendon d'Achille » en représente la métaphore biologique.

difficultés de l'existence. Elle lui interdit tout chance de se construire une identité et de revenir en conscience vers le « palais » des dieux.

L'ambroisie utilisée par Téthys pour « sauver » son fils Achille est comparable au soma védique. Or le dieu Soma est précisément personnifié par la Lune. Goûter la divine ambroisie suppose avoir déjà symbolisé ou intériorisé l'anima (la Lune), de s'être détaché des projections amoureuses, familiales et culturelles. Les lÈVrEs portent bien ÈVE, l'essence du féminin, une Lune épurée, la femme principielle si proche du Principe ! Les images de princesses des contes de fée maintiennent la mémoire de cette essence féminine.

Si la bouche lunaire porte Ève et magnifie le sens de la proximité, les yeux ronds comme des soleils portent l'animus. Ils célèbrent le sens du lointain et la vision prophétique. Une vie sage offre au monde une anima et un animus sans fards. Faute de mieux, le maquillage sera le signe visible de ce désir d'expression des essences solaires et lunaires.

La luette

C'est une prolongation du voile du palais. Elle se pose sur la paroi postérieure du pharynx lors de la déglutition afin d'obstruer le rhinopharynx et empêcher que les aliments ne s'engagent vers les voies respiratoires.

Son nom signifie étrangement « raisin ». C'est le cadeau de Dionysos, le dieu qui meurt et renaît sans cesse. Nous avons signalé l'apparition de cette divinité dans le mot « cheville » qui se traduit par « vrille de la vigne », sa gestation dans le mollet avec l'histoire de Sémélé, puis sa naissance dans la cuisse de Zeus. Ses premiers fruits encore immatures apparurent au creux de l'acétabulum (le « vase à vinaigre ») qui dessine la jonction de la hanche et du bassin, la gestion de l'ivresse se décida dans le foie, l'apothéose de la vitalité dionysiaque déborda dans la coupe cardiaque et son destin s'accomplit dans le carpe et le métacarpe de la main. Et voici à nouveau le dieu du vin au fond de la gorge de l'homme, derrière le voile de son palais, sous la forme d'un pur « raisin » dont le nectar sucré descend directement dans le gosier ! Or le vin est un substitut biologique de la fameuse ambroisie : c'est la boisson d'immortalité du christianisme.

L'ambroisie n'appartient pas qu'aux mythes. Il s'agirait d'une substance sécrétée par la glande pinéale pendant les phases de méditation profonde. Le yogi serait alors en mesure de sécréter puis de provoquer l'écoulement de l'*amrita*[40] dans sa gorge en retournant sa langue contre son palais.

La salive

La salive n'est pas l'*amrita* des Immortels ! Mais elle représente son analogon dans la bouche. Rappelons que, dans le symbolisme corporel, ce qui se tient devant parle de la personnalité et ce qui se situe derrière évoque la nature de l'Esprit. Le voile du palais sépare la luette placée derrière de la salive qui s'écoule devant.

Son goût renseigne l'état intérieur du sujet :

> « Elle s'est réveillée tristement, avec le bruit de la pluie dans les vitres et cette vague angoisse sous la langue qui donne à la salive un goût fade et miellé[41] ».

L'observation de Bernanos trouve aujourd'hui un fondement scientifique puisque 1166 protéines différentes ont été identifiées dans la salive. Le liquide sécrété par les glandes salivaires pourrait remplacer l'analyse sanguine pour

---

[40] De nombreuses traditions évoquent l'existence d'une « liqueur d'immortalité » sous divers noms : ambroisie, nectar, amrita, vin ou soma. L'« amrita » est l'équivalent sanscrit de l'ambroisie grecque et du soma védique. Il se traduit par « immortel » ou plus littéralement par « non-mort ». Quant à « ambroisie », il vient du latin *ambrosia* « nourriture des immortels » ; « nectar » se traduit par « breuvage des dieux ».

déterminer l'état de santé d'une personne. Si la salive prépare la digestion des aliments, l'ambroisie aide le yogi à « absorber » l'Ineffable en le rendant agréable – donc acceptable – à sa conscience. La salive est une eau qui caractérise l'état psychique de la personne, quelque soit son « degré » de conscience. Lorsque quelque chose « laisse un goût amer dans la bouche » le temps est venu de s'en séparer.

Le chaman amazonien utilise deux techniques pour guérir ses patients. La première, accessible à tous, consiste à souffler du tabac. La seconde implique de sucer la maladie puis de la recracher avec sa salive. Cette méthode suppose un professionnalisme avancé puisque le guérisseur entre en transe pour pratiquer cette opération[42]. Tout se passe comme si la salive du chaman absorbait la pathologie du patient et l'en libérait. En Grèce on se souvient de Polyidès, le serviteur de Minos. Son nom se traduit par « celui qui change de forme » et évoque de ce fait un familier du monde magique. Un jour Minos imposa à Polyidès d'enseigner ses secrets à son fils, un fils que le magicien avait naguère ressuscité. Sa dernière mission accomplie bien à contrecœur, l'homme souhaita quitter le royaume de Crète. Requête que le roi lui accorda. Juste avant de prendre la mer le magicien ordonna à son jeune élève Glaucos de cracher dans sa bouche. Ce dernier obtempéra… et oublia instantanément tout ce qu'il avait appris. En crachant sa salive l'apprenti perdit ses pouvoirs chamaniques de guérison.

Ces divers attributs de la salive soulignent des idiosyncrasies culturelles. L'occidental observe, analyse et pose un diagnostic. Il compte les 1166 protéines du liquide buccal. La tradition chamanique, loin d'élaborer des modèles objectifs, tire sa pratique des enseignements fournis par les esprits des animaux,

---

[41] G. Bernanos, *Monsieur Ouine*, Livre de Poche.
[42] Lucien Sebag, *Le chamanisme Ayoréo*, l'Homme, 1965, vol n°2.

des végétaux et des minéraux. De son côté le yogi sécrète un analogon de la salive, le soma, pour digérer « dieu ». Ces trois relations au liquide de la bouche caractérisent des cultures complémentaires : l'Occident scientifique et objectivant, le chamanisme agissant et ouvert au monde des esprits et l'Orient tourné vers les hauteurs métaphysiques de l'Esprit.

Quelle alimentation ?

L'alimentation s'occupe de la vie et de la mort puisque manger revient à enlever la vie pour assurer sa propre subsistance. Elle appartient aux activités les plus archaïques de l'homme. Elle est gérée par le cervelet, la partie du cerveau que nous avons en commun avec les reptiles.

L'omnivore apprend à tout aimer, premier engagement symbolique d'une personnalité qui désire participer au festin du monde avec ses joies et ses déboires. Néanmoins, si la dentition de l'homme lui permet de faire son marché dans tous les règnes de la Nature, rien ne l'y oblige. Le corps humain est si adaptable qu'il se contente de fruits chez les frugivores, d'autres mangeurs sont végétariens, végétaliens, carnivores ou même « praniques[43] ». Il existe autant de régimes alimentaires que de diététiciens et de mangeurs.

En plus de la dimension « santé » des aliments, l'on sait que la nourriture influence nos humeurs. L'absorption de sucre stimule la sécrétion d'endorphines et procure un sentiment de sécurité. Les féculents augmentent le taux de sérotonine et veillent sur notre équilibre émotionnel, le chocolat combat la dépression en apportant au corps du magnésium. Une théorie controversée suppose que la phényléthylamine du chocolat a le même rôle que celle qui est naturellement sécrétée par le

---

[43] Voir par exemple le témoignage d'Alyna Rouelle : https://www.youtube.com/watch?v=iWIftZ3JoIY

cerveau dans l'état amoureux. L'usine chimique qu'est notre cerveau « appelle » certains aliments pour retrouver un équilibre physique et psychique lorsque celui-ci est perturbé – vestige de l'instinct des animaux qui se dirigent spontanément vers les plantes qui vont les guérir en cas de besoin.

Chez l'homme les habitudes alimentaires s'appuient sur des sources contradictoires : les besoins biologiques du corps normalisés par la diététique, l'histoire et la culture de la civilisation[44] et enfin la simple attirance pour les goûts. Les besoins biologiques dépendent du métabolisme de chacun ainsi que de l'espace symbolique où la personne pose sa conscience. L'histoire et la culture sont de pures habitudes, pas nécessairement « bonnes » pour le corps, comme le fait de cuire les aliments, l'ingestion des matières grasses et l'appétence pour le sucre. Si la préférence pour le cuit est la conséquence de la longue histoire de l'*Homo Sapiens,* le désir de sucre est fabriqué par l'industrie agro-alimentaire pour des raisons mercantiles. Idéalement, l'attrait pour les saveurs devrait se caler sur les besoins du corps et de la conscience. Mais ils sont concurrencés, pour ne pas dire brouillés, par l'histoire, la culture, les plaisirs de la conversation, les conditions de stress et l'éducation… si bien que le manger et le boire, soumis à tant de contraintes, deviennent très chaotiques.

Essayons d'explorer les racines symboliques de l'alimentation séparées, *grosso modo,* en deux pivots : carnée et végétarienne[45]. Nous suivrons les fils de lecture qui nous ont guidé jusqu'ici : les mythes et l'espace biologique où se pose la conscience-énergie du sujet.

---

[44] Uniquement dans l'univers des boissons, le thé prit racine en Angleterre, le chocolat en Suisse, la bière en Allemagne, le café à Vienne et le liquide de Dionysos en France. Sous réserve d'études plus approfondies, il est probable que cela soit le reflet de tempéraments nationaux.

[45] Le symbolisme des aliments est exploré en détail par Christiane Beerlandt dans son ouvrage *La symbolique des aliments, la corne d'abondance.*

Les hommes d'actions et les aventuriers des affaires honorent le mouvement, l'effort et les ambitieuses conquêtes codées dans les membres inférieurs. Héritiers des premiers chasseurs-cueilleurs, ils imitent les animaux qui se déploient dans l'espace. D'une manière plus civilisée et sophistiquée bien sûr puisqu'il s'agit à présent d'espace social et de conquêtes de marchés. La viande crue était l'aliment le plus prisé par les chasseurs du Paléolithique avant la découverte du feu. Les grillades furent ensuite les bienvenues. Puis la conscience-énergie s'éleva jusqu'au chaudron pelvien et la marmite de la cuisinière apparut dans les foyers. En même temps, dans la cité, le sacrifice du bœuf et du mouton sur l'autel devint la norme. Cette évolution est signée dans le corps puisque le système génital féminin imite la morphologie de la *tête* du bélier et que l'autel du sacrifice correspond au *sacrum*, cet os étant ainsi nommé car il soutient les entrailles de l'animal offert aux dieux[46].

Dans le *pelvis*, ce « *chaudron* » corporel, le feu de la sexualité est analogue à celui qui fait bouillir la marmite du foyer. Le bouilli se substitue aux grillades, les grands élans de conquête accueillent l'eau sensible au nom de la construction d'un « foyer ». Puis viennent les personnes qui préfèrent tourner autour de leur nombril. Elles acceptent tous les aliments pourvu qu'ils rassurent et revigorent. La nourriture devient un art culinaire qui prépare l'étape suivante. Car l'art de la cuisine est le premier acte d'amour oblatif, c'est-à-dire « gratuit », qui honore nos vaisseaux sans gain. La cuisinière qui, chaque jour, passe des heures à mitonner des plats dégustés en si peu de temps en sait quelque chose ! Qu'en est-il lorsque la conscience humaine s'épanouit dans le cœur, cet organe sanglant consacré à l'amour qui rassemble des dieux contraires, Apollon et Dionysos ? L'élan naturel incline vers une alimentation végétarienne analogue aux *arbres pulmonaires*. Les végétaux

---

[46] Centre National de Ressources Textuelles et Lexicales : https://www.cnrtl.fr/

semblent représenter les aliments du système cardio-pulmonaire. Mais en rester là serait oublier un peu vite qu'Apollon est aussi un boucher[47] et que Dionysos adore la viande crue[48].

Lorsque la conscience-énergie se pose dans le Feu de la tête, elle côtoie symboliquement les Olympiens qui dégustent la fameuse ambroisie. Le corps signe également cette nouvelle manière de s'alimenter avec la luette qui, malgré sa forme allongée, désigne un grain de raisin, c'est-à-dire l'élément fondateur du vin qui symbolise la liqueur d'immortalité.

En résumé, l'appétence pour un steak tartare est une demande du corps pour raviver ou entretenir la force de conquête associée aux membres inférieurs, un bon gigot d'agneau longuement mijoté socialise le désir et réunit les convives à leur clan, un plat présenté avec art élargit la communion au groupe social et à ses jeux, une alimentation à dominante végétarienne marque l'ouverture d'un cœur devenu sensible à la souffrance des autres règnes de la Nature et, enfin, l'ambroisie libère le sujet du paradoxe le plus fondamental de toute son existence : tuer pour vivre. Oui, l'homme est omnivore mais son alimentation reflète et nourrit ses états de conscience.

Pour mieux comprendre ce cheminement alimentaire qui s'inscrit dans les mots du corps et sa morphologie revenons un instant vers les mythes et les rituels.

Exceptions et exceptionnelles furent les religions qui échappèrent au rituel du sacrifice animal. Seul le jaïnisme[49], le

---

[47] Marcel Detienne, *Apollon le couteau à la main*, Gallimard.

[48] Marcel Detienne, *Dionysos mis à mort*, Gallimard.

[49] Fondé au VIe siècle avant notre ère par Mahâvira (599-527), un contemporain de Bouddha, Lao Tseu, Confucius et Pythagore, le Jaïnisme se fonde sur l'ahimsâ, la doctrine de la non-violence qui est « le respect impérieux de toute vie », dont s'inspira Gandhi pour libérer l'Inde de la colonisation anglaise au XXe siècle. Une présentation du jaïnisme se trouve ici : http://www.cahiers-antispecistes.org/le-jainisme-et-les-animaux/. Une

christianisme des origines et le bouddhisme récusent la violence contre les autres règnes de la nature. En général les diverses approches spirituelles considèrent que la cruauté envers l'animal honore le dieu, la bête et le boucher. Étrange croyance quand on y songe. La justification tient dans l'étymologie du terme « sacrifice » qui signifie « faire du sacré ». En abandonnant quelque chose de lui-même ou de ses avoirs à la divinité le croyant dégage un espace intérieur qui sera rempli par la Présence. C'est ainsi que le sacrifice du Bélier, si répandu dans les monothéismes, devient un appel à abandonner la puissance du désir personnel pour laisser croître sa capacité à servir la transcendance au nom du bien commun. L'immolation du Taureau devient un appel de l'âme au détachement afin que la conscience se libère de ses identifications aux objets du monde. Quant au sacrifice de l'Homme sur la Croix il marque le plus grand des abandons : celui de la personnalité qui accepte de disparaître afin qu'Esprit et Matière dansent ensemble sur les rythmes de la Vie. Les théologiens nomment cet ultime abandon la « kénose »[50]. Mais lorsque le symbole perdit son sens le sacrifice devint une boucherie cruelle et sanglante, puis l'alimentation carnivore se répandit dans les populations. Par ailleurs le processus du « sacrifice » n'a pas besoin de bouc émissaires mais seulement d'une conscience aiguisée, attentive à l'Appel de la transcendance et à la réponse du corps, comme aujourd'hui encore dans le Jaïnisme ou le Bouddhisme.

---

autre datation le fait remonter au IXe siècle avant notre ère, à l'époque ou Homère écrivit l'Odyssée.

[50] Du grec *kenosis* : vide, dépouillé. D'après l'église catholique de France (https://eglise.catholique.fr/glossaire/kenose/), il s'agit d'un « terme technique du langage théologique ayant pour origine le verbe grec *kénoô*, utilisé par Saint Paul (Ph 2, 6-7) pour signifier le dépouillement du Christ dans son humanité. Dans la théologie catholique, la Kénose désigne donc le fait pour le Fils, tout en demeurant Dieu, d'avoir abandonné en son Incarnation tous les attributs de Dieu qui l'auraient empêché de vivre la condition ordinaire des hommes ». Mais, puisque nous sommes dans la remontée, le sens se retourne : il s'agit du dépouillement de l'homme dans son humanité pour vivre les attributs de Dieu à l'exemple des « Arhats » dans la tradition orientale. Un terme qui pourrait se traduire par « celui qui a vaincu l'ennemi », c'est-à-dire la cupidité, la colère, l'illusion et l'ignorance.

Aux origines, les mythes grecs et hébreux proposaient aux hommes une alimentation végétarienne et récusaient tout sacrifice animal. En Grèce, c'est Prométhée qui inventa le partage de la nourriture carnée lors de l'épisode du bœuf de Mykonos[51]. Aux dieux le fumet de la viande et sa graisse blanche, aux créatures humaines l'appétissante chair grillée. Avant cet épisode, nous dit Ovide, les hommes banquetaient à la table des dieux, ils se nourrissaient d'ambroisie. Dans la Bible, Dieu a d'abord voulu une alimentation végétarienne[52] :

> « Dieu créa l'homme à son image, il le créa à l'image de Dieu, il créa l'homme et la femme.
> Dieu les bénit, et Dieu leur dit: Soyez féconds, multipliez, remplissez la terre, et l'assujettissez ; et dominez sur les poissons de la mer, sur les oiseaux du ciel, et sur tout animal qui se meut sur la terre.
> Et Dieu dit: Voici, je vous donne toute herbe portant de la semence et qui est à la surface de toute la terre, et tout arbre ayant en lui du fruit d'arbre et portant de la semence : ce sera votre nourriture. »

Par la suite, l'Éternel accepta le sacrifice animal exactement comme dans le mythe Grec. Ce qui justifia l'alimentation carnée[53] :

> « Adam connut Ève, sa femme; elle conçut, et enfanta Caïn et elle dit: J'ai formé un homme avec l'aide de l'Éternel.
> Elle enfanta encore son frère Abel. Abel fut berger, et Caïn fut laboureur.
> Au bout de quelque temps, Caïn fit à l'Éternel une offrande des fruits de la terre ;
> Et Abel, de son côté, en fit une des premiers-nés de son troupeau et de leur graisse. L'Éternel porta un regard favorable sur Abel et sur son offrande;
> Mais il ne porta pas un regard favorable sur Caïn et sur son offrande. Caïn fut très irrité, et son visage fut abattu.

---

[51] Robert Graves, *Les Mythes grecs*, Fayard.
[52] Gen. 1, 27-29.
[53] Gen. 4, 1-11.

> Et l'Éternel dit à Caïn: Pourquoi es-tu irrité, et pourquoi ton
> visage est-il abattu?
> Certainement, si tu agis bien, tu relèveras ton visage, et si tu
> agis mal, le péché se couche à la porte, et ses désirs se
> portent vers toi: mais toi, domine sur lui.
> Cependant, Caïn adressa la parole à son frère Abel; mais,
> comme ils étaient dans les champs, Caïn se jeta sur son frère
> Abel, et le tua.
> L'Éternel dit à Caïn: Où est ton frère Abel? Il répondit: Je ne
> sais pas; suis-je le gardien de mon frère?
> Et Dieu dit: Qu'as-tu fait? La voix du sang de ton frère crie
> de la terre jusqu'à moi.
> Maintenant, tu seras maudit de la terre qui a ouvert sa bouche
> pour recevoir de ta main le sang de ton frère. »

L'Éternel a donc changé d'avis. Il reconnut l'offrande d'Abel, le berger qui sacrifia son mouton, et récusa le don végétal présenté par Caïn. Ce dernier tua ensuite son frère, aggravant son cas en commettant le premier homicide de l'histoire biblique. Caïn fut incapable de dominer ses désirs comme le suggère le verset 4.7. Le sacrifice animal serait-il un triste bouclier qui protège l'homme de sa violence contre les siens, une sorte de pis-aller censé le prémunir contre la guerre et le meurtre ? Tuer l'animal pour ne pas s'entre-tuer ! Caïn, qui est resté fidèle aux premiers commandements de la Genèse, refusa le meurtre de l'animal mais il retourna sa violence contre son frère Abel. La violence rituelle envers les bêtes fonctionne comme un dérivatif à la fureur des désirs des hommes qui, sinon, se laisseraient entraîner vers des conflits meurtriers.

L'autre raison qui justifie une alimentation carnivore est l'effort de l'homme pour réaffirmer sans cesse son humanité. Cela semble *a priori* paradoxal. Pourtant l'instauration du sacrifice animal, que ce soit dans la tradition grecque ou hébraïque, a entériné la séparation entre les hommes et les dieux (ou le Dieu unique). L'humanité a pris son autonomie par rapport au monde métaphysique en codant ce qui appartient à chacun : les fumets pour les olympiens, les chairs pour les humains qui ont alors *l'autorisation sociale* de tuer des animaux pour manger. Florence Burgat, chercheuse à l'I.N.R.A. et philosophe de la condition animale, a montré que manger de la viande est une posture métaphysique qui affirme une humanité *différente et supérieure* à l'animalité[54]. L'alimentation carnée est un moyen *déguisé* d'instituer un abattage planifié de plus en plus vaste, amplifié par les avancées technologiques. En d'autres termes, la mort n'est pas un dégât collatéral du carnivorisme *mais sa visée même*. Pour ceux qui en douteraient, rappelons qu'il est aujourd'hui possible de produire de la « viande » en laboratoire à partir de protéines végétales ou même de pétrole. Une solution qui suscite souvent du dégoût, un dégoût que ne soulève pas, paradoxalement, les poulets en batterie ni les élevages où les animaux vivent dans de véritables camps de concentration. La différence n'est pas liée aux calories ni au goût mais bien à l'absence de meurtre. C'est le plaisir de tuer qui donne sa valeur à la viande malgré les dénis des mangeurs bien-pensants. Aujourd'hui *trois millions* d'animaux sont abattus *chaque jour* en France. Qui s'en soucie ?

Chaque bouchée de viande justifie un meurtre. Historiquement, pendant plus de 400 000 ans, le meurtre fut une victoire sur la peur de l'animal menaçant la survie de l'espèce humaine. Ce bipède nu, si fragile et si maladroit, apprit à penser et inventa des armes pour survivre. Hélas ! Depuis ces temps héroïques nous n'avons pas beaucoup changé, malgré la disparition quasi totale des gros animaux et des dangers qu'ils représentent. Manger de la viande est devenu un archaïsme. C'est une revanche sans fin sur la terreur que suscita notre rencontre lointaine avec le monde sauvage. C'est aussi la jouissance inconsciente d'une victoire facile et sans risques. Et nous continuons encore à penser pour inventer des armes qui se retournent contre nos frères, répétant indéfiniment le drame de Caïn et Abel. La solution du sacrifice animal, encouragée par

---

[54] Florence Burgat, *L'humanité carnivore*, Seuil, ainsi que l'émission de France Culture : « L'obstacle pour ne plus être carnivore est essentiellement métaphysique ».

les dieux, ne semble pas suffisante pour calmer les ardeurs guerrières des humains et dissoudre les peurs qui les suscitent.

C'était un moindre mal lorsque les prêtres assumaient seuls le meurtre animal. Il fallait alors obtenir l'autorisation de la bête en déposant de la farine dans son oreille afin qu'elle tourne la tête d'une certaine manière et donne ainsi son assentiment. Ces meurtres rituels *autorisent socialement* l'alimentation carnée. Manger de la viande, c'est canaliser sa violence afin qu'elle ne se répercute pas (trop) entre les humains. Les hommes ne tuent pas pour manger de la viande mais mangent de la viande pour ne pas se tuer entre eux. Ils canalisent une violence sans cesse ravivée par l'angoisse irrationnelle et archaïque de mourir engloutis dans la grande et dangereuse forêt de leur existence. Notre drame de civilisé est peut-être que ce soit la même partie du cerveau, le cervelet, qui gère la peur et le besoin de nourriture. Même si, aujourd'hui, cela ne repose plus sur aucun élément objectif il est difficile, en quelques dizaines d'années d'abondance, d'effacer quatre cent mille ans de réflexes de survie. Aujourd'hui ce ne sont pas les loups qui sont les plus grands prédateurs de l'écosystème planétaire mais bien les hommes.

Le régime carnivore repose donc sur la nécessité, pour l'homme, de se séparer à la fois de la pression du « monde des dieux » et de celui « des bêtes », c'est-à-dire de conjurer deux effrois contraires : celui d'un contact direct avec l'Ineffable et celui qui naît d'une rencontre avec le monstre intérieur. Pour se construire, le cœur symbolique se protège de la pression des forces qui descendent dans la tête et de la violence des instincts qui surgissent de l'abdomen. Deux univers effrayants où la Raison – le « propre de l'homme » dit-on – n'a pas « lieu d'être ». Sans meurtre animal, l'intuition et l'instinct prendraient le pouvoir sur l'intelligence. Drame ou bénédiction ? Tout dépend de la profondeur et de la stabilité de la conscience individuelle. Dans notre civilisation la plupart des hommes n'y sont pas préparés. Le contact direct avec la transcendance exploserait leur santé mentale et l'ouverture dionysiaque aux instincts ouvrirait la faille de leur folie. Apollon et Dionysos sont les dieux d'un cœur sanglant. Ce n'est que dans un espace intérieur de compassion qu'intuitions et instincts peuvent déverser leurs fruits.

Dans l'involution, l'alimentation carnée a séparé les hommes des dieux. À ceux-ci les fumées odorantes, à ceux-là les chairs grillées et les viandes bouillies. Les odeurs d'encens et de graillon qui montent des autels honorent respectivement Apollon et Dionysos. Dans la physiologie du corps humain ces fumets pénètrent dans les poumons et nourrissent le cœur, le repère du divin en l'homme. D'une certaine manière les fumets honorent bien les dieux puisque le système cardio-pulmonaire est leur domaine.

Sur le chemin de l'évolution la proposition s'inverse : la violence que les hommes impose aux animaux en les maltraitant dans des élevages et des abattoirs industriels devient une sorte d'autorisation implicite qui explose les barrières morales et justifie insensiblement la violence de l'homme envers l'homme. En d'autres termes ce que nous infligeons aux animaux est le miroir aveuglant de ce que nous nous ferons un jour entre nous. L'on se souvient de la détermination de Gandhi pour lutter contre la fureur, celle du colonisateur anglais mais aussi celle de son propre peuple. Si l'*ahimsa* est une doctrine, c'est parce que la non-violence ne s'impose pas naturellement. C'est une conquête du cœur contre les violences du cœur.

Il faut évoquer ici la violence du végétarien lorsque le bélier du désir qui bouillonne dans la marmite de son petit bassin n'est pas élevée jusqu'à son cœur. Gandhi, comme de nombreux Indiens, était végétarien. Hitler également, en hommage à Richard Wagner qui l'était aussi. L'alimentation végétale se justifie et devient sans doute nécessaire lorsque la conscience de l'homme s'installe dans ses poumons et que son cœur est conquis dans son immensité délicate. Elle se justifie *naturellement* car l'amour d'un cœur ouvert et sensible est le meilleur bouclier contre la violence des instincts du petit bassin motivée par d'antiques peurs viscérales. Alors *seulement* l'alimentation végétarienne prépare le corps à l'ascension de la conscience-énergie vers le temple de la tête. L'histoire du pauvre Tantale souligne que seuls un corps et un psychisme libérés du sang animal, donc de son « esprit », peuvent pénétrer dans l'Olympe. Si le choix d'être végétarien se fonde sur une conscience morale ou sur un idéalisme spirituel plutôt que sur un besoin du corps, il existe un risque de s'enfermer dans une forme d'orgueil spirituel et dans le déni de sa violence instinctive. Inversement, celui qui « remonte » sur le chemin de l'évolution prépare son corps à recevoir la « lumière » aussi merveilleusement qu'une plante photosynthétique. En termes ésotériques, il défriche le terrain de sa quatrième naissance qui aura lieu dans sa tête, celle que le christianisme symbolisa par le sacrifice de l'Homme sur la Croix, une Croix dressée précisément sur le « lieu du crâne » : le Golgotha. Rappelons ici que involution et évolution ne sont que des grilles de lecture : dans la réalité ces deux chemins se mêlent souvent.

Comprenons-nous bien : le végétarien n'est pas plus violent que l'adepte d'une alimentation carnée, mais il a renoncé à la technique du meurtre ritualisé – il y a longtemps sur les autels, aujourd'hui dans les abattoirs – pour canaliser son agressivité et son désir de meurtre. Le carnivore est dans le déni que son délicieux steak soit *en réalité* les restes d'un animal meurtri, un animal qui avait les même raison que lui de vivre en paix avec les siens. Le végétarien prend conscience de ce déni en réalisant la monstruosité de la souffrance animale. Mais il n'a fait que la moitié du chemin. Il devra encore s'occuper de sa violence intime qui a perdu son bouc-émissaire et sa voie d'expression. C'est l'un des facteurs qui différencia Gandhi de Hitler, tous deux végétariens.

Le retour vers la transcendance suppose donc une alimentation végétarienne, mais ce retour serait prématuré pour celui ou celle qui n'a pas encore été confronté, en conscience, à son désir de meurtre, à sa colère et à sa violence archaïque pour « survivre ».

Lorsque l'homme contacte sa violence intime il reçoit de plein fouet celle du monde. Alors grande est la tentation de revenir vers une alimentation carnée pour l'amortir et la digérer afin ne pas imiter un jour Caïn qui tua son frère. Dans notre société de consommation, dont nous avons montré qu'elle était encore largement fondée sur les valeurs et les peurs du ventre, le sacrifice animal est peut-être l'impropre solution à la violence communautaire. Une solution « propre » serait bien sûr de passer la barre du diaphragme et de « se mettre à part pour naître » pour ouvrir son cœur et ses perceptions au sein d'une société bienveillante[55].

Revenons un instant vers le dieu du cœur, Apollon, pour comprendre l'espace psychique où se noue et se dénoue le passage entre une alimentation végétarienne et le goût pour la chair animale. Apollon offrit à la société une musique qui adoucit les mœurs. Mais c'est aussi le « dieu au couteau » qui donna au monde grec le premier sang d'un premier meurtre. D'un autre côté les poumons représentent le monde végétal métaphorisé par les arbres bronchiques. Sept figures féminines s'y rattachent, symbolisées par les métamorphoses en arbre des personnages que tenta vainement de séduire le dieu à la Lyre. Apollon, c'est encore le dieu à l'arc qui habite le temple du cœur, un organe sanglant fait pour les combats et les morts violentes.

Nous savons que, dès sa naissance, Apollon réclama un arc et des flèches. Puis il se mit immédiatement en marche pour découvrir un lieu où construire « un temple magnifique », celui

---

[55] Luc Bigé, *Le Parchemin magnifique* Vol. 3, éditions Réenchanter le monde

du fameux « connais-toi toi-même ». Mais la situation est plus complexe car un édifice en cache un autre :

> « Dans le paysage delphien d'Apollon, deux autels font contraste par décision inaugurale. Ils s'opposent sur le même mode que deux autres autels apolliniens situés sur la terre de Délos. Délos qui, à défaut d'oracle, est riche en autels et en hécatombes. C'est à Délos, et surtout là, qu'Apollon règne sur un autel fameux pour les produits simples et naturels offerts de toutes part. L'Apollon dit Genétor reçoit exclusivement sur sa table les « purs fruits de la terre » : de l'orge et des gâteaux ; la mauve et l'asphodèle. Autel sur lequel, dit-on, Pythagore s'en vint rendre hommage à un dieu cher entre tous. Nul n'y sacrifiait des victimes animales. Autel « pur » non ensanglanté, et qui se trouvait « derrière » un autre, dit Keraton, l'autel des cornes, tressé de cornes de chèvres par Apollon Délien et nourri des sacrifices sanglants qui sont aussi les plus obvies.
>
> Au bout du chemin qui part de Délos, une dernière image d'Apollon : planté devant l'autel de son temple magnifique, le dieu promet à ses ministres d'avoir toujours dans la main droite le couteau à égorger[56]. »

Le dieu du cœur commença par accepter des offrandes végétales mais il fut rapidement honoré par le sang des animaux sacrifiés. Alors se répandit l'alimentation carnée dans la société. Si l'on en croit le mythe un désir irrépressible surgit :

> « Un jour, alors que la victime brûlait au milieu des flammes, un morceau de chair tomba de l'autel. Le prêtre le ramassa tout enflammé et, pour calmer la brûlure, il porta les doigts à la bouche, sans y penser. Le goût de la graisse rôtie excita son désir. Il ne put s'empêcher de manger de cette viande grasse et odorante. Bien plus, le prêtre en donna à son épouse[57]. »

---

[56] Marcel Detienne, *Apollon le couteau à la main*, Gallimard.

[57] Asclépiade, *Sur l'abstinence*, cité par Marcel Détienne p 64. Selon l'anthropologue Marvin Harris il s'agit « d'un appétit pour la chair animale qui ne peut être satisfait par aucune autre nourriture, aussi abondante soit-elle » que l'on retrouve chez de nombreux peuples, dont le nôtre semble-t-il, et que les spécialistes ont appelé la « faim de viande » (*meat hunger*).

En Grèce antique toute la viande consommée provenait d'une mise à mort rituelle. L'offrande d'une victime sacrificielle était pensée comme une manière de manger ensemble. Les abattoirs modernes sont des temples mécaniques qui se contrefichent à la fois du sens du sacrifice et du lien social des mangeurs. Ils servent en quelque sorte le veau d'or. Ces rituels laïcs d'abattage, circonscrits dans des espaces privés, sortent parfois des murs lors d'épizooties qui ont pour conséquence la destruction « gratuite » de milliers d'animaux comme des canards pas nécessairement « boiteux » ou des vaches pas toujours « folles ». Peut-être que ces hécatombes d'animaux sains honorent toujours Apollon, Zeus ou l'Éternel en dépit de notre inconscience des jeux de l'Immense. Ces actes tentent, comme il y a des milliers d'années, d'endiguer la violence et le goût du meurtre qui est en train d'emporter la civilisation à ces moments précis de son histoire. C'est à la fois un avertissement et l'exorcisme d'une guerre qui couve.

La viande sacrificielle accueille la brûlure de la flamme par le rôti et la chaleur humide par le bouilli. Le rôtissage à la broche et la cuisson dans le chaudron ne s'appliquaient pas aux mêmes parties de l'animal. Les viscères étaient d'abord passés à la broche puis le reste de la viande était mis à bouillir. Dans son *Traité sur les parties des animaux,* Aristote précise de quels viscères il s'agit : le foie, les poumons, la rate, les reins et le cœur. Le système digestif, avec l'estomac et les intestins, n'en fait pas partie. Ces viscères sont grillés puis consommés en premier car ils sont imprégnés du sang de l'animal sacrifié, de son esprit vital, de ce qu'il y a de plus vivant et de plus précieux chez la victime. Marcel Détienne décrit ainsi le régime culinaire des anciens grecs[58] :

> « Voilà donc entre *splancha* (viscères) et *non-splancha* une série de contrastes : les premiers sont les parties internes de la victime, les organes vitaux, consommés en premiers, sur

---

[58] Marcel Détienne, *Dionysos mis à mort*, Gallimard

place, et qui, mangés sans sel, fondent une solidarité très forte entre les commensaux. Quant aux *non-splancha*, c'est-à-dire le reste de la viande, ils sont constitués par des parties externes, qualifiées de non vitales, qui se laissent accommoder avec du sel et des assaisonnements, mais dont la consommation peut être différée et n'entraîne pas le même degré de commensalité. Ces différentes oppositions surdéterminent le partage initial entre la broche et le chaudron dont la complémentarité régente l'ordonnancement de chaque sacrifice sanglant de type alimentaire. Elles viennent confirmer l'orientation du rapport qui s'établit entre le rôti et le bouilli, dans un rituel où les viscères de la victime sont toujours passées à la broche et consommées avant le reste de l'animal. Le bouilli vient toujours après le rôti. »

Symboliquement, les viandes grillées sont plus sèches en dehors qu'en dedans alors que les chairs bouillies montrent l'inverse. Le Feu cache l'Eau dans le premier cas, l'Eau adoucit le Feu dans le second. Les viscères passés à la broche sont bons pour le guerrier astreint au régime des grillades, cela demande peu de préparation et n'exige aucun ustensile de cuisine. Puis, avec la cuisson par ébullition, l'art culinaire s'affirme. La supériorité du bouilli sur le rôti n'est pas seulement gastronomique, elle est culturelle. Griller les viscères, dans notre lecture symbolique du corps humain, c'est mettre en avant le Feu de la conquête et les valeurs de puissance déposées dans le système génital ainsi que l'esprit de clan qui caractérise le petit bassin. Le bouilli suppose une valorisation de l'Eau symbolique, le sens d'une communauté où chacun s'épanouit dans un chez-soi. Nous sommes ici dans l'abdomen symbolique. Par ailleurs, comme nous le verrons, le sel additionné au bouilli aide le mangeur à se libérer de la conscience clanique qui impose à tous des comportements identiques.

En interrogeant Prométhée et le Dieu des Hébreux nous avons vu que l'alimentation végétarienne précéda l'hécatombe. Sur le schéma corporel, en descendant de la tête vers les pieds, la chute hors du « paradis » métaphorisée par le cou est suivie des poumons « végétaux » puis du rythme cardiaque qui pulse la violence « animale » du sang rouge vers les cellules de l'organisme.

Aujourd'hui nous n'avons plus de temples pour ritualiser la violence qui naît de l'effroi de Dieu et de l'angoisse de la Nature sauvage. Nous n'avons plus, du reste, ni dieu ni nature sauvage… Les « meurtres sacrificiels » n'ont pourtant pas disparu. Ils se sont insinués dans les boucheries industrielles et… le cinéma, là où des crimes ne cessent d'être mis en scène sans que personne ne s'en émeuve car ils suscitent une délectation inconsciente, la même fascination pour le sang qu'éprouvèrent en leur temps les servants d'Apollon au couteau. Aujourd'hui nous n'avons plus d'autre choix que de conscientiser cette terreur afin que la violence soit un levier pour l'ascension de la conscience humaine. Une fois encore l'exemple de Gandhi est sans doute le seul que nous puissions évoquer ici.

Alors pourra se mettre en place une alimentation *purement* végétarienne qui n'aura vraiment de sens que pour les personnes qui posent leur conscience-énergie *au-dessus* de leur cœur, dans leurs poumons puis leur trachée. Elles se prépareront à quitter le monde ordinaire avec ses valeurs sociales, ses rythmes, ses combats, sa maya et ses engagements idéalistes. Elle respireront l'Air de la grande liberté de penser, se méfieront des partis et autres partis-pris car elles ne rêvent que d'une soumission volontaire et progressive à l'influence d'une transcendance qui appelle[59]. En cela elles imitent le comportement des plantes capables de se nourrir de lumière grâce à la photosynthèse et de sels minéraux puisés dans la terre.

Plus tard encore la conscience s'enfilera dans le grand passage du cou et surgira la nécessité intérieure de préférer les fruits (la « pomme » d'Adam) pour mieux renoncer à ses repères, même

---

[59] Luc Bigé, *Le Parchemin magnifique* Vol. 3, éditions Réenchanter le monde

celui de la liberté, avant, peut-être, de se nourrir un jour d'ambroisie.

En résumé la géographie symbolique du corps évoque divers types de nourritures correspondant à des besoins bio-spirituels particuliers sur le chemin de l'évolution :

- La viande crue et les membres inférieurs : les élans de conquête et les ambitions de réussite personnelle dans le monde.

- La viande grillée et le chaudron pelvien : le besoin de se ressourcer à sa force vitale et de socialiser son désir. La nourriture quitte la nature pour alimenter les valeurs du clan. Au sein de ce dernier l'union fait la force.

- Les plats mitonnés et l'estomac : le besoin de plénitude et de sécurité, l'élaboration du sujet. Les nourritures bouillies sustentent la culture et favorisent le partage de valeurs communes dans le respect d'un « chez-soi » pour chacun.

- Une période de conflits où alternent alimentation carnée et nourriture végétarienne. D'un côté, le cœur demande un engagement dans le monde au nom d'une œuvre. La viande appelle. De l'autre, l'œuvre a besoin de liberté et d'une pensée claire pour s'accomplir. Le végétal est nécessaire. Progressivement la personne s'identifie de plus en plus à l'essence de son œuvre, c'est-à-dire au Soi présent à l'Immense. Ce processus n'est possible que pour celui qui ose regarder son angoisse de mort et sa violence innée, surgie du fond des âges.

- Une alimentation végétarienne stricte nommée par l'arbre pulmonaire et la trachée. L'engagement dans la maya du monde s'efface lentement au profit d'une discipline spirituelle qui conduit la personne à vivre en retrait tout en élargissant ses contacts sensibles avec l'invisible. Elle remonte *vers la source de l'inspiration* : le nez, le nouveau-né qui attend l'heure de son éveil.

- Une alimentation frugivore, nommée par le « fruit » qui est resté au travers de notre gorge, qui pourra inclure les graines germées. C'est la préparation au franchissement du cou, à la quatrième naissance, à l'effacement du « moi » et du « Soi » jusqu'à ce que dialoguent directement l'Esprit avec la Matière comme le suggèrent si magnifiquement nos cinq sens directement fixés sur notre tête.

- Enfin l'ambroisie des Arhats et des êtres Réalisés installés dans l'Olympe symbolique, nommée par la luette du corps qui se traduit par « raisin ». Les Arhats ont vaincu l'ignorance [60], la peur et le désir de saisissement. Deux glandes séparées par la moelle épinière se côtoient dans le crâne : la pituitaire qui porte la parole prophétique d'Apollon et la pinéale en forme de pomme de pain qui procure les visions délirantes de Dionysos[61]. Jusque dans la tête Apollon et Dionysos se côtoient ! Le bourgeon terminal du corps humain porte l'apothéose de la conscience et la victoire de l'énergie.

Ces étapes ne dessinent *pas* une échelle. Le croire serait vivre dans un corps coupé qui privilégierait le haut sur le bas et la pomme sur les rognons. La fluidité de la conscience comme de l'énergie suppose en effet que l'homme soit omnivore. Néanmoins pour que cet « omnivorisme » devienne lucide il est très souvent nécessaire, parfois durant de longues années, de

---

[60] Au sens Oriental de « méconnaissance de sa vraie nature ». Il ne s'agit pas bien sûr d'un manque de culture ou de savoir comme cela est entendu en Occident.

[61] Le Parchemin Magnifique Vol. 6 (en préparation).

s'arrêter sur une station alimentaire. Car l'aliment aide la conscience du mangeur à s'affiner et à développer des qualités de plus en plus subtiles.

Les cinq saveurs

Trois couleurs primaires suffisent pour produire l'ensemble des nuances colorées. De même trois caractéristiques physiques décrivent les mille tonalités des sonorités : La fréquence, l'intensité et la durée.

La vue et l'ouïe se réduisent ainsi au chiffre de l'entendement abstrait[62]. Par contre les senteurs explorent l'unicité du monde puisque l'olfaction repose sur la forme spécifique de chaque odorant. Le goût se situe entre les deux, entre le ternaire des sens du lointain et l'expérience particulière du réel offerte par l'olfaction. Les récepteurs des cinq saveurs sont bien identifiés sur les papilles de la langue avec[63] :

> Le sucré (glucose, pomme)
> Le salé (sel de table)
> L'amer (endive, café)
> L'acide (citron)
> L'umami (bouillon, lait maternel)

La perception des saveurs commence sur la langue. D'autres parties de la bouche comme l'épiglotte, le palais et le pharynx y sont également sensibles. Entrées en contact avec un aliment, les cellules gustatives libèrent des neurotransmetteurs qui

---

[62] Rappelons que le « trois » est le chiffre de la compréhension, de la théorie et du modèle. L'astrologie le symbolise par les rétrogradations de Mercure qui dessinent un triangle autour du zodiaque, les religions par les diverses formes de la trinité et la philosophie par la thèse, l'antithèse et la synthèse.

[63] Servane de Ferrand, *L'Amertume et ses récepteurs*, Université de Rennes 1 (2013). La première partie de ce travail passe en revue l'organisation du système gustatif avec les récepteurs des cinq saveurs. La seconde partie s'intéresse aux récepteurs de l'amer. L'ensemble décrit le fonctionnement du système gustatif du point de vue biochimique.

activent des neurones chargés de transmettre l'information au thalamus.

Cette division en cinq saveurs se précise en observant le fonctionnement biochimique des cellules du goût. Les récepteurs du salé et de l'acide ne fonctionnent pas comme ceux du sucré, de l'amer et de l'umami. Les saveurs salées et acides activent l'ouverture d'un canal ionique alors que les trois autres goûts activent un récepteur protéique. Salé et acide induisent un courant électrique alors que les autres font appel à un messager chimique pour signaler leur présence au thalamus du cerveau.

C'est à la fois par la biologie et par l'histoire que nous allons explorer les valeurs sémantiques de ces cinq saveurs.

Sucré rime avec sécurité

Dans la nomenclature chimique le « sucre » désigne des hydrates de carbone – les glucides – qui n'ont pas tous une saveur sucrée. Le sucre commercial est un produit qui fut d'abord extrait de la betterave sucrière puis de la canne à sucre. Il y a donc des sucres sucrés (comme le saccharose), des sucres non sucrés (comme le lactose du lait) et des substances sucrées qui sont des mensonges de sucre (comme l'aspartam) car ils trompent les récepteurs biologiques. Les glucides (du grec *glukos* = doux) constituent, avec les protides et les lipides, les trois principaux nutriments de l'être humain. La molécule fournit une source d'énergie immédiatement disponible pour les cellules. Elle est naturellement fabriquée par le corps à partir des graisses. Il n'est donc pas nécessaire d'en ajouter dans l'alimentation.

Son exceptionnelle affinité pour l'eau suggère que son pouvoir symbolique s'étend à l'univers affectif. Comme les émotions, le sucre dynamise la personnalité et la met en mouvement.

L'absorber, c'est assimiler le symbole de la motivation et du dynamisme. Mais en rester là serait oublier son ambivalence.

Les aliments sucrés favorisent la sécrétion d'endorphines par l'hypophyse et l'hypothalamus. Une endorphine est, comme son nom l'indique, une *morphine endogène* produite, par exemple, à l'occasion d'une activité physique intense. Elle protège le corps de la douleur en lui procurant une sensation de bien-être, voire d'euphorie. C'est en réalité un système biologique de survie qui permet de prolonger agréablement l'effort en cas de danger vital, en luttant contre le stress et la dépression.

L'appétence innée du nourrisson pour le sucre induit du plaisir, le rassure et fait pencher la balance du côté de la vie en cette période si fragile de l'existence.

Cependant la commercialisation du sucre raffiné a changé la donne car sa consommation perturbe l'autorégulation du corps. Plusieurs études scientifiques montrent que le saccharose fonctionne comme une drogue dure qui génère de l'addiction. Une expérience consista à présenter à un rat une petite pédale qui, en l'actionnant, stimulait électriquement une zone située près de son hypothalamus. Le rongeur appuya de plus en plus fréquemment pour obtenir sa dose de plaisir jusqu'à se laisser mourir en se privant de nourriture (Olds et Milner,1952). Or le sucre (ainsi que la cocaïne[64]) a le même rôle vis-à-vis du centre du plaisir que l'impulsion électrique chez les rats en cage : il le stimule. Il s'ensuit une sécrétion de dopamine par l'hypothalamus qui procure une agréable sensation d'euphorie. Heureusement le corps tente de gérer cet excès de sucre en s'y adaptant. Il faut alors absorber des doses toujours plus importantes de poudre blanche pour obtenir un effet sensible.

---

[64] David Ludwig du Boston Children's Hospital, étude publiée dans l'American Journal of Clinical Nutrition.

La substance fonctionne donc comme une drogue légale, parfois létale[65].

Le sucre est lié à l'hédonisme. Mais derrière le plaisir se cache le besoin de sécurité qui voile lui-même l'angoisse de la mort. Si l'enfant sait par expérience qu'un *bonbon* n'est pas un *mauvais-mauvais* c'est parce que son âge lui impose de choisir la vie avec confiance. Le sentiment de sécurité généré par les aliments sucrés conforte le moi encore fragile qui se concocte dans l'estomac. Mais l'âge adulte suppose d'acquérir la liberté et le goût du risque, de préférer la voie héroïque qui se déploie dans le système cardio-pulmonaire à la sécurité élaborée dans le système digestif. Alors le sucre sera compris comme un poison qui maintient la conscience dans une forme d'infantilisme. De ce point de vue, la meilleure thérapie pour lutter contre la toxicomanie et l'obésité sera le réveil et la stimulation du héros négligé qui palpite doucement dans le cœur de chacun.

La tragique épopée du sucre, narrée par Maguelonne Toussaint-Samat dans sa remarquable *Histoire naturelle et morale de la nourriture*[66], nous rappelle que cette substance est liée à l'appétit de richesses et son contraire, le plus grand dénuement de l'esclave. Produit rare en 1650, poudre de luxe vers 1750, le saccharose devint au milieu du XIXe siècle une substance de « première nécessité ». L'aliment de la douceur engendra les plus grandes violences qu'ait connut la civilisation. Ce fut l'un des moteurs de l'ère industrielle qui s'appuya sur le trafic triangulaire pour se développer. Cette période de notre histoire développa tant d'énergies pour conquérir le monde, enrichir quelques privilégiés et appauvrir le reste de l'humanité ! Au XIXe siècle la possession du sucre, qui servit un temps de mode de paiement, devint le symbole du pouvoir d'achat et de

---

[65] Le sucre raffiné favorise l'apparition de nombreuses pathologies comme l'obésité, l'hypertension, l'hypoglycémie, la dépression, les migraines récurrentes, la fatigue, l'acné, le diabète et même les sautes d'humeur.

[66] Maguelonne Toussaint-Samat, *Histoire naturelle et morale de la nourriture*, Larousse.

l'appartenance à une société avancée. Le produit *raffiné* donne un sentiment d'abondance, de vivre dans un monde civilisé qui satisfait désirs (Eau / sucre de canne) et besoins (Terre / sucre de betterave) [67] . De cette époque nous avons conservé l'expression « se sucrer au passage ». La langue des oiseaux entend « su-crée » − « savoir créer » − qui est la condition première du développement industriel. Ajoutons que « sucrés » est l'anagramme de Crésus, le roi de Lydie dont le nom est passé dans le vocabulaire courant dans l'expression « riche comme Crésus ». Un jour Solon lui rendit visite. Le roi lui montra avec orgueil les trésors que recelaient ses palais. Son or lui venait d'une rivière aurifère que nous connaissons : le Pactole. Crésus, qui ignorait sans doute la mésaventure de Midas, n'hésita pas à exposer son bonheur à son visiteur. Mais le philosophe fut plus circonspect et murmura « avant qu'il soit mort, attendons, ne disons pas encore d'un homme qu'il est heureux, disons que la fortune lui sourit ». Plus tard, désirant entrer en guerre, Crésus consulta l'oracle de Delphes qui lui prédit qu'il détruirait un vaste empire. Mais l'oracle n'avait pas précisé qu'il s'agissait de celui du requérant. De cet épisode mythologique nous avons bien retenu l'expression « riche comme Crésus »… mais en en oubliant sa fin tragique !

Sécurité, richesse et douceur promises par la saveur sucrée sont inséparables de l'esclavage. Le symbole se retourne en son contraire puisque le riche « a tout » alors que l'esclave « a tout perdu », même sa vie dépend du bon vouloir d'un maître. Le sucre raffiné crée en effet une addiction qui conduit vers une dépendance vis-à-vis de la molécule, une addiction assez

---

[67] Dans le symbolisme héraclitéen des quatre éléments, les parties de la plante se décomposent ainsi : les racines : la Terre, pour des raisons évidentes ; la tige : l'Eau, le lieu de montée de la sève ; Les feuilles : l'Air, les échange gazeux avec l'atmosphère ; La fleur : le Feu, préparation du futur avec la semence. Les correspondances entre les éléments et la psychologie sont les suivants :

Racines	....	Terre	....	Stabilité, pragmatisme
Tiges	....	Eau	....	Sensibilité, émotion
Feuilles	....	Air	....	Relation, communication
Fleurs	....	Feu	....	Transformation, idéalisme

comparable à l'avidité financière jamais satisfaite des actionnaires. Individuellement, gâteaux et autres friandises se rient du bien être organique et se consomment sans faim, parfois jusqu'à la maladie ; collectivement la finance spéculative se moque de l'équilibre du corps social et s'accommoderait volontiers d'un monde de travailleurs-esclaves. Car l'argent est un analogon du sucre. L'accoutumance au sucré et sa demande croissante symbolisent le désir d'accumuler des pactoles supposés offrir une vie aussi fastueuse que celle de Crésus. C'est oublier que le sucre carie les dents ! Il attaque l'espace symbolique de la violence libératrice, il amoindrit la capacité de combat du sujet et entame ses dispositions héroïques.

Pourquoi alors s'étonner que le sucre soit à la fois le symbole de celui qui a tout et de celui qui a tout perdu, le riche et l'esclave ? Aucun d'eux ne chérit la révolution avec ses héros. Le nanti a tout à perdre, le démuni n'a plus les ressources suffisantes pour organiser la révolte. En endormissant les frustrations le sucre aide le consommateur à s'accommoder des souffrances nées de l'arbitraire comme les drames naturels mais aussi la violence « légitime » des États et la dureté ordinaire des rapports sociaux. Cet aliment retrouve spontanément son ancienne fonction de médicament en favorisant la sécrétion d'endorphines qui diminuent le stress. Mais c'est aussi un aliment qui maintient la conscience-énergie dans un estomac rêvant d'une douillette plénitude. Il freine les élans héroïques de celui qui aspire aux grands combats de sa cage thoracique au nom des palpitations de son cœur. Le héros est l'homme qui n'a plus besoin de sucre raffiné car il reconnaît et accepte l'éventualité de sa propre mort.

Un objet attire en raison d'une ressemblance ou d'un manque. Je peux par exemple aimer la couleur rouge parce que je sens que celle-ci est en harmonie avec le dynamisme compétitif qui m'habite, mais je peux aussi la porter car elle me redonne goût à la vie. C'est pour cette raison que de nombreux Béliers, le signe astrologique des héros, préfèrent le bleu qui adoucit leur feu vital et les rassure sur le fait qu'ils ne couperont pas toutes les têtes qui dépassent. Il en va de même pour le sucre compris comme un symbole. Un excès de désir de glucose est le signe d'un enfermement narcissique entretenu ou, inversement, il peut compenser un manque d'amour et d'attention porté envers soi dans sa vie ordinaire. Par contre une consommation « normale », frugale en vérité, accompagne la construction d'une personnalité qui apprend l'interdépendance.

La fonction première du sucre est de servir de médicament. La substance agit sur le système hormonal et favorise la sécrétion d'endorphines. La production généralisée de la poudre blanche survint au cours d'un siècle qui a connu l'essor du capitalisme *et* un formidable élan vers la spiritualité. Au XIXe siècle, nous l'avons un peu oublié dans nos manuels scolaires, naquirent et se développèrent le spiritisme d'Allan Kardec, la théosophie de Madame Blavatsky, l'anthroposophie de Rudolph Steiner, le mouvement Bahaï autour du Bäb et de nombreux courants ésotériques représentés en France par des personnages comme Papus, Saint-Yves d'Alvèdre et Maître Philippe de Lyon. Si le sucre appartient à l'univers de l'argent, c'est d'une certaine manière par défaut. C'est parce que le siècle d'Hugo et des *Misérables* a échoué dans son immense tentative pour incorporer la douceur dans la société. Seul le marxisme perpétua cette aventure au siècle suivant, mais seulement sous la forme d'un messianisme athée qui fut lui aussi mis en échec des années plus tard. Le sucre-médicament dit le désir de guérison mais l'ultime guérisseur est toujours l'âme dont les portes, dans le corps, sont représentées par les sept chakras. Au XXe siècle, contrairement aux espoirs entretenus par la théosophie et les autres mouvement spirituels, ce n'est pas Dieu qui est descendu sur Terre pour apporter la paix, la sécurité et le bien-être aux hommes mais ses analogons matériels : l'argent et le sucre.

Le désir de sucre métaphorise une extase perdue, celle qui aurait dû naître d'un contact direct avec le dieu du cœur. Il faut rappeler ici que le sucré est la seule des cinq saveurs que l'organisme n'a pas besoin d'aller chercher en son extérieur car il la trouve en lui-même en métabolisant les graisses.

Le salé mesure des échanges

Nulle molécule n'est aussi indispensable à la vie que le chlorure de sodium. Les animaux le savent d'instinct. Lorsque le sel quitte leur corps emporté par l'eau de la transpiration ils n'hésitent pas à lécher les murs pour en récupérer le salpêtre. Même raffiné le sel n'est agréable qu'en faible quantité. Contrairement au sucre presque sans limite, l'organisme qui n'en a plus besoin est incapable d'en avaler encore.

Si le sucre est lié au développement du capitalisme, le sel est le compagnon du commerce et des impôts. La gabelle, l'impôt sur le sel si impopulaire en France durant le Moyen Âge, ne disparut que grâce à la Révolution. Ce prélèvement obligatoire régissait un monde d'échanges, de foires et de commerces, s'étendant jusqu'aux routes de la soie et des épices, bien loin vers l'Orient. Le sel et le commerce rendent les frontières perméables entre les pays, les provinces, les villes et les baronnies. Par ailleurs, le mot « salaire » vient du latin *salarium* qui désignait la « ration de sel » d'un homme, sa solde en quelque sorte. Fruit d'un contrat, le salaire mesure un échange : compétence contre argent, ordre dans le royaume contre impôt. Il crée du lien tout en respectant les protagonistes. Le sel est contraire au sucre dans la mesure où il ne peut s'accumuler dans l'organisme et protège les aliments contre la corruption. Le sucre qui s'accumule sans faim « gâte » les dents des enfants en vacance chez leur grand-mère. Le sel et le salaire, au contraire, limitent la corruption. Ils combattent les « corps-rompus » responsables de la dislocation des systèmes sociaux, économiques et biologiques.

Depuis le XIXe siècle la grande industrie et l'accumulation du capital forcent les frontières. Ils sont sans limite, comme le sucre. Ils accroissent la faim et l'avidité, que ce soit celle du mangeur ou du capitaliste qui s'imagine volontiers semblable à un Crésus puisant sans fin dans son pactole. Le « sucre » se joue des régulations du « sel » qui tente de fixer des règles aux échanges. Pourtant un surcroît de sel éviterait la corruption en bloquant la croissance des microbes qui pourraient gâter les aliments ! Mais le chlorure de sodium expulse également l'eau, d'où une augmentation de la dureté des substances. « L'homme de sel » affiche ces deux caractéristiques : il ne se laisse pas « corrompre » mais il peut aussi faire preuve de sécheresse à cause de son manque d'eau, en raison de son refus de s'ouvrir à sa sensibilité. La position des organismes vivants se situe exactement entre incorruptibilité et corruption, entre la sécheresse sans âme d'une loi d'airain et le laisser-faire chaotique de la dérégulation. « L'homme doit craindre deux choses », disait joliment Paul Valéry : « l'ordre et le désordre ». La dose de sel dans l'organisme veille à cela. Comment nommer cet équilibre si ce n'est par le terme « intégrité » placé à mi-chemin entre incorruptibilité et corruption ? L'intégrité n'est pas un enfermement sur soi, c'est l'art de n'accepter que ce qui correspond à des besoins intérieurs et à des nécessités extérieures.

Vivre quelques semaines sans sel ouvre la sensibilité du sujet. Lors de ses diètes solitaires dans la forêt, le chaman supprime le sel de son alimentation. Ce régime élargit ses perceptions et facilite une communication sensible avec la Nature et les esprits qui « entrent » ainsi dans ses rêves. Inversement le désir de sel est un réflexe de protection en cas de mise en danger émotionnel, en cas de crainte de perdre le contrôle lorsque surgit la peur de sombrer dans le chaos intérieur. C'est pourquoi, dans les traditions juives et japonaises, le sel est conçu comme un puissant agent purificateur qui maintient éloigné les mauvais esprits et assainit l'atmosphère psychique des lieux.

Concentré, le chlorure de sodium produit des « statues de sel » figées pour l'éternité dans la mort immobile. Dilué à l'extrême, il ne transmet plus le courant électrique et laisse les pathogènes conquérir l'eau. Le sel fonctionne donc comme un régulateur des échanges tant en ce qui concerne le commerce que dans les cellules biologiques et au sein du psychisme. Chez les Grecs, les Juifs et les Musulmans la substance cristallisée était le symbole de l'amitié partagée, de l'hospitalité, du juste équilibre entre l'hôte et son invité. Puis le salaire devint la forme institutionnelle de cet échange. Contrairement à la saveur sucrée, les récepteurs du salé sur la langue ouvrent un canal ionique pour pouvoir entrer dans l'organisme. Qu'est-ce d'autre que le salaire, le commerce et le chamanisme, si ce n'est l'art de contrôler l'ouverture de ses frontières, l'art des échanges ?

La vie biologique se déploie exactement à mi-chemin entre l'ordonnancement rigide du cristal et le chaos insaisissable de la fumée grâce aux sels. Cela n'est possible que par l'apparition de la membrane cellulaire dont l'analogon politique est la frontière. Elle est à la fois et paradoxalement :

- une barrière qui empêche le monde extérieur d'envahir la réalité intérieure
- un espace d'échange grâce à des systèmes de transport localisés dans la membrane

Cette frontière biologique joue un rôle important dans la répartition du chlorure de sodium et de potassium. Chacune de nos cellules baigne dans un milieu très riche en ions sodium et maintient dans son cytoplasme une concentration élevée en ions potassium. Ce qui la « protège » d'un envahissement par le monde extérieur. Par ailleurs ce sel dissout rend l'eau conductrice d'électricité. Grâce à ce mélange, l'information circule dans l'organisme.

Le surplus de sel est éliminé par les reins, l'organe qui organise les justes relations humaines en transformant la force en amour[68].

L'amer et le goût de la différence

Le sucre est infiniment désiré, le sel accepté uniquement dans une juste proportion. L'amer subit un sort moins enviable puisqu'il est instinctivement rejeté hors du palais, hors de la société du « bon goût ». C'est que, dans la nature, nombre de composés amers sont toxiques. Le goût amer prévient généralement d'un poison, d'où le réflexe de rejet qu'il induit spontanément. Ingérer cette saveur revient à oser une aventure qui pourrait être mortelle. La langue des oiseaux décode « a-mère » avec « a » privatif de « mère ». Il s'agit bien d'une aventure risquée hors de la sécurité du foyer, quelle que soit la dimension donnée à ce terme.

L'amertume, nous l'avons déjà rencontrée en interrogeant la vésicule biliaire. Ce petit sac avait le goût de se libérer de toutes les dépendances aux systèmes maternels et protecteurs symbolisés par le foie. Il demandait la reconnaissance et l'acceptation de ses humeurs. Cette saveur favorise le processus d'individuation en accompagnant toutes les séparations qui laissent parfois une impression pénible, comme un « goût amer » dans la bouche. En général les jeunes enfants détestent cette saveur car l'heure de la séparation n'est pas encore venue. Ils préfèrent le sucre, la substance de la sécurité affective qui éloigne l'angoisse de la mort.

---

[68] Luc Bigé, *Le Parchemin magnifique* Vol. 2, éditions Réenchanter le monde

« L'amer » – qui se lit encore « l'âme erre » – est la conséquence naturelle des émancipations du sujet de ses matrices familiales et professionnelles – que l'on songe un instant aux sociétés *mères* et à leurs *filiales* qui *salarient* leurs employés et *sucrent* leurs actionnaires. Sortir de la logique sucré/salé n'est pas facile et laisse parfois un goût d'amertume. Le goût pour l'amer dit le désir de faire son sac pour partir à l'aventure, la tentation d'errer sur les routes de sa vie jusqu'à devenir vraiment indépendant. L'amer est la saveur du héros prêt à traverser toutes les aventures que lui propose la vie.

Les boissons amères comme le thé, le café et le chocolat furent introduites en Europe à l'époque où le sucre devenait envahissant. Dans leurs pays d'origine ces breuvages étaient consommés nature ou avec des épices. Lorsque le sucré se mélange aux aliments emplis d'amertumes, il les rend acceptable dans l'intimité de l'organisme[69]. Ce geste symbolise l'intense conflit qui anime les contemporains, tiraillés entre besoin de liberté et désir de sécurité. Sucrer son café calme l'amertume d'une séparation désirée mais jamais osée. C'est ainsi qu'une nouvelle habitude alimentaire naquit en Occident, assez caractéristique de ses contradictions.

L'individualisme qui caractérise l'amer se reflète dans le nombre et la variété des molécules qui procurent un goût amer. « Il est intéressant de constater que les composés amers sont reconnus par une famille contenant 25 récepteurs, alors que les composés sucrés et umamis ne sont reconnus que par un seul récepteur chacun. Il n'existe pas d'inventaire des molécules amères. Cependant, on estime que leur nombre se monte à plusieurs centaines rien que pour les composés naturels[70] ».

---

[69] Cette curieuse alliance de l'amer avec le sucré est codée jusque dans le comportement chimique de certaines molécules qui sont capables, en changeant de forme, de procurer un goût sucré ou un goût amer.

[70] Servane de Ferrand, *L'amertume et ses récepteurs*, Université de Rennes I.

L'acide invite à la précision

Le sucre guérit, le sel régule et l'amère libère. En excès, le sucre infantilise et corrompt, le sel rigidifie, l'amer confond l'individualisme avec l'individuation héroïque. Qu'en est-il de l'acidité ? Cette saveur agréable en faible intensité devient vite désagréable en quantité importante. Cette dernière a pour fonction de protéger l'organisme contre un excès d'acidité qui pourrait attaquer ses tissus.

Le fonctionnement des récepteurs des papilles gustatives liées à l'acide s'apparente à ceux des saveurs salées : ils ouvrent des canaux ioniques et invitent à des échanges. Néanmoins, il ne s'agit pas de partager du travail (salaire) ni de se positionner dans un environnement hostile mais d'échanger des ions H+, c'est-à-dire des protons, l'unité de matière qui a abandonné son électron pour favoriser la circulation du courant électrique. Nous sommes ici dans le domaine du Feu, de la connaissance et du transfert d'informations. Comme le feu, l'acide sur la peau procure une sensation de brûlure.

Le latin *acidus* désigne quelque chose de « pointu ». Une pointe bien conçue enfonce le clou là ou cela fait mal pour la bonne cause (ou pas). L'aigre, que les enfants appellent « piquant », renvoie à la critique dite « acide » ou acerbe. Nous avons déjà évoqué le sens symbolique de l'acide en interrogeant les sucs gastriques. L'acide chlorhydrique de l'estomac découpe les aliments en fines parties, exactement comme l'analyse sur le plan de la pensée. L'authentique sens critique suppose une réflexion ciselée qui décortique les mécanismes à l'œuvre en dégageant des lois en physique, des processus en psychanalyse et le mode d'action des archétypes en métaphysique. L'estomac riche en acides se comporte de manière analogue lorsqu'il réduit les aliments à leurs constituants premiers. Un excès d'acidité dans le corps signe un excès d'analyse aux dépends des autres saveurs : la liberté de vivre ses humeurs propre à l'amer ; le partage dans le respect de soi régulé par le sel ; le

98

contact avec l'amour de l'âme que métaphorise la saveur sucrée.

« Aigre », « acide » et « acerbe » désignent un goût particulier et un comportement jugé désagréable. Trop d'acide conduit à l'autocritique, à la perte de confiance en soi et à l'inhibition de l'ambition. Néanmoins la qualité de l'acide est la précision. Et il en faut pour transformer les nourritures en minuscules fragments de protéines, il en faut pour acquérir une conscience autonome qui dit « je » parce qu'elle a su se *différencier* ! La précision a le grand mérite de détruire les illusions, ces images idéalisées, et de fendre les nombreux miroirs aux alouettes où se complait notre existence d'être humain. Les scientifiques le savent bien dans leur domaine d'expertise.

Certains fruits comme les pommes sont bons à goûter car ils associent un mélange de saveurs acide et sucrée. Est-ce aller trop loin que d'imaginer qu'ils disent le désir de séparer la « personne » en fines parties pour mieux l'ouvrir à la présence bienveillante du sacré ? Ils favorisent la dissociation d'une personnalité prête à vivre l'expérience hédoniste de la pure Présence, celle qui est métaphorisée dans le récit des Pommes d'Or du jardin des Hespérides.

L'umami fonctionne comme un liant

La dernière des cinq saveurs récemment caractérisée est nommée par un terme japonais qui signifie « savoureux ». Elle arrondit le goût d'un plat en laissant sur la langue une sensation de fourrure comme le fait un bouillon gras par exemple. C'est un liant qui harmonise les goûts des aliments. Il n'est pas goûteux en soi mais il augmente la saveur des autres nourritures.

Notre première expérience de l'umami advint en goûtant le lait maternel, qui en contient environ la même quantité que les bouillons. L'alimentation est alors liée à une sensation de plénitude fondamentale, plus complète encore que celle qu'offrent les douceurs sucrées.

Caractérisé seulement dans la seconde partie du XXe siècle (1947 pour sa découverte puis 1985 pour l'adoption du nom), l'umami accompagne la grande période historique de métissage des cultures, des musiques, des idées et des hommes. Cette saveur a besoin du sel (des échanges) pour donner le meilleur d'elle-même. On a montré en effet que, d'un côté, le goût umami optimal dépendait de la quantité de chlorure de sodium et, d'un autre côté, que les aliments hyposodiques conservent un goût satisfaisant si on y ajoute de l'umami sous la forme de glutamate.

L'umami porte donc des valeurs d'union en ses deux facettes contraires : le nationalisme qui fige la conscience d'une nation et l'universalisme qui ouvre vers le métissage d'une conscience-monde. Cette seconde posture n'est possible qu'à condition que le sel des échanges et du commerce soit parfaitement symbolisé, parfaitement intégré dans chaque personne. Un monde sans sel, ouvert à la corruption sucrée, transformerait l'umami en esprit de clan maternel ; un monde trop salé, statufié dans des règles et des lois, favoriserait l'esprit de caste paternel.

Il est sans doute significatif que ce soit un chercheur japonais qui ait caractérisé pour la première fois cette saveur. C'est un homme vivant au sein d'une culture qui adore le sel, un homme immergé dans une civilisation la fois très hiérarchique et très unie, qui a découvert le vecteur biologique de l'unité.
Comme les goût salés et acides, l'umami n'est agréable que dans une gamme de concentration relativement faible. Trop de glutamate crée une sorte d'envahissement du palais par quelque chose de pâteux et d'écœurant, un peu comme le ferait un excès de sollicitude.

Sémiologie des goûts

Un homme « sans saveur » est jugé insipide, sans personnalité. Il lui manque les attributs symboliques des cinq saveurs : il ignore l'hédonisme du sucre, l'intégrité du sel, l'indépendance de l'amer, la pensée aiguisée de l'acide et le savoir-vivre ensemble qui caractérise l'umami. L'appétence pour une saveur spécifique dira ce qu'il s'efforce d'intérioriser en l'absorbant dans son corps. Cette technique d'appropriation par le manger est la plus archaïque qui soit, mais pas toujours la plus efficace ! L'inconscient qui pense symboliquement utilise le semblable pour combler un manque. Mais nous savons, depuis le travail de l'estomac, que la conscientisation est infiniment plus efficace que l'absorption. En d'autres termes, développer la douceur envers soi-même diminue l'appétence pour le sucre, de même acquérir un surcroît d'intégrité économise le sel alimentaire. Sur le chemin de l'évolution le travail conscient sur les essences se substitue à la puissance magique et mimétique du geste alimentaire, même si ce dernier a une certaine efficacité.

Chaque saveur se réfère à une typologie psychologique. Nous avons l'indépendance de l'amertume, le sens « politique » de l'umami qui oscille entre langue de bois et conciliation de la diversité, l'analyse de l'ingénieur ou du spécialiste à l'aise avec l'acidité de la critique, le commerçant ou l'assistante sociale qui favorisent les échanges et l'intégration des communautés sont du côté du sel, enfin la saveur sucrée correspond aux spécialistes du confort et du bien-être. Ces personnalités s'opposent parfois puisque le bien-être promis par le sucre trompe le désir de liberté de l'amer en dissolvant le courage du héros. Notons que, aujourd'hui, dans un monde quasi-exclusivement dédié à la réussite économique, le héros se met essentiellement au service du commerce et de la libre entreprise. C'est une manière dégradée d'accomplir sa fonction naturelle qui consiste à créer des ponts entre l'Idéal et sa réalisation concrète.

Il est aussi possible de classer les saveurs en fonction de leurs mécanismes biochimiques :

-   La perception du salé et de l'acide implique l'activation de canaux ioniques : il s'agit respectivement d'une régulation des échanges affectifs et intellectuels.

-   La perception du sucré, de l'amer et de l'umami implique l'activation de récepteurs spécifiques : il s'agit respectivement de recevoir Dieu, l'Inconnu et l'Autre.

Un « homme de goût[71] » harmonise en lui les qualités des cinq saveurs, il se souvient également que « saveur » et « savoir » procèdent de la même racine latine *sapere*. C'est pourquoi il est aussi à l'aise dans les plaisirs de la conversation que dans les arts de la table. Nous retrouvons bien sûr le sens symbolique du repas pris en commun, ce rituel qui scelle l'intimité d'un groupe. Un « compagnon » est littéralement quelqu'un avec qui nous partageons le même pain, « rompre le pain » avec un étranger revient déjà à le faire entrer un peu dans la famille. Plus généralement toutes les formes de relations sociales comme l'amour, l'amitié, les affaires, la spéculation, le pouvoir, les sollicitations, l'ambition, l'intrigue ou le don ont la table comme cadre rituel et font appel à un subtil mélange des cinq saveurs.

Mythologies

Nous avons déjà noté l'importance du repas dans le christianisme, un repas qui se sacralise au moment précis où le

---

[71] Les relations entre le goût, le bon goût et l'art sont remarquablement développées par Corinna Coulmas dans le second volume de sa série d'ouvrages consacrée aux cinq sens : *Métaphores des cinq sens dans l'imaginaire occidental*. Volume I : Le Toucher ; Volume II : Le Goût ; Volume III : L'odorat ; Volume IV : L'ouïe.

croyant absorbe le corps du Christ sous la forme d'une hostie sanctifiée, et boit Son sang en portant la coupe à ses lèvres. Par ailleurs, les traditions spirituelles du monde entier s'accordent pour reconnaître l'existence d'une nourriture spéciale qui confère aux hommes la « non-mort » : le soma védique, le nectar et l'ambroisie grecs, l'haoma perse, l'hydromel celte, le lait et le miel du judaïsme, l'amrita de l'hindouisme, le vin du christianisme et même l'élixir de longue vie des alchimistes. Qui n'a jamais rêvé, un jour, de déguster cette fabuleuse liqueur ? Pourtant le mythe nous met en garde contre une tentative trop humaine d'absorber la boisson qui procure aux dieux leur immortalité. Nous avons déjà exploré le sens symbolique du supplice de Tantale dans l'opuscule dédié aux poumons. En voici un bref rappel.

Le supplice de Tantale

Quelle faute commit Tantale, pourtant fils de Zeus et d'une nymphe, pour subir sans fin le supplice d'une soif inassouvie ? Comme souvent la punition reproduit symboliquement la nature de la « mauvaise » conduite du personnage. On se souvient que les vestales qui laissaient s'éteindre le feu sacré étaient enterrées vivantes à l'image du soleil qui s'enterre le soir sous l'horizon[72].

En ces temps sans mémoire, Tantale jouissait d'un privilège que lui enviaient beaucoup de ses contemporains. Invité régulièrement à la table des Olympiens il partageait leur réserve d'ambroisie, le fameux nectar d'immortalité qui constitue l'unique nourriture des dieux. Un jour, sous prétexte de retour d'hospitalité, il désira éprouver l'art de la divination des dieux et leur offrit en dîner son propre fils délicatement préparé en ragoût. L'offense fut rapidement éventée par la claivoyance de Zeus. Aggravant son cas, Tantale vola un tonnelet d'ambroisie

---

[72] Luc Bigé, *Le Parchemin magnifique* Vol. 2, éditions Réenchanter le monde

dans la cave de l'Olympe et offrit le fabuleux liquide à ses compagnons, les mortels. Décidément, c'en était trop ! Les dieux condamnèrent la fripouille à rester suspendu pour l'éternité à un arbre qui poussait ses ramures près d'un cours d'eau. Sous le soleil ardent la soif et la faim tenaillaient le supplicié. Mais lorsqu'il se penchait pour boire l'eau de la rivière, le liquide tant désiré plongeait sous terre. Et lorsque la faim tourmentait son estomac Tantale tendait désespérément la main vers les quelques fruits de l'arbre, mais la brise les éloignait aussitôt. C'est ainsi que le fils de Zeus resta éternellement inassouvi. Homère ajoute que, au-dessus de sa tête, se tenait en équilibre un énorme rocher qui menaçait de l'écraser.

Le supplice de Tantale.
Contrairement à ce que suggère l'illustration, Tantale est suspendu à l'arbre dont il convoite désespérément les fruits. (Source du dessin : Wiki Common)

La faute de Tantale est alimentaire. Le fils de Zeus offrit aux dieux et aux hommes des mets qui ne leur convenaient pas, des vivres inappropriés à leurs états de conscience respectifs. Tantale est le héros qui passe d'une nourriture humaine à une alimentation divine sans posséder les qualités d'un dieu, sans avoir encore posé sa conscience et son énergie dans sa tête, l'Olympe symbolique. Robert Grave traduit son nom par « titubant ». Tout se passe en effet comme s'il était ivre de la divine liqueur, incapable de l'assimiler normalement comme un olympien. Pire encore ! Non content d'offrir un ragoût inapproprié aux divinités, le personnage festoie avec ses compagnons humains en leur offrant de l'ambroisie volée. Tantale symbolise l'homme ou la femme qui eurent l'expérience de l'Ineffable mais restent encore accrochés à leurs anciennes habitudes alimentaires. La punition répond exactement à la faute. En *pendant* le fils de Zeus à un arbre, elle suggère que l'étape du cou n'est pas franchie avec succès. Le condamné tente *de saisir l'eau et les fruits* qu'il désire ardemment sans jamais les atteindre : il n'a pas encore intégré le message symbolique de sa pomme d'Adam qui l'invite à recevoir sans aucune velléité de saisissement l'expérience de la toute-puissance divine[73]. Ce mythe pourra être comparé à l'avant dernier Travail d'Hercule où le héros reçoit des mains des Hespérides les pommes d'or du jardin céleste. Celles-ci sont non seulement reçues (au lieu d'être prises) mais elles sont encore remises à leur place à la fin du Travail.

Pourtant le fils de Zeus (« *jour* » ou encore « *ciel lumineux* ») et de la nymphe Plouto (« *richesse* ») n'est pas n'importe qui ! Il réunit dans son code génétique la plus grande clarté avec la plus profonde obscurité, sa mère portant le nom éponyme du maître des morts. C'est parce qu'il a déjà réuni les contraires, la lumière avec la nuit, que Tantale a ses entrées dans l'Olympe. Par ailleurs en « sacrifiant » son fils il imite la violence de l'Apollon au couteau, le protecteur des bouchers et des cuisiniers. N'ayant pas métamorphosé sa violence le héros « titube », il est incapable d'assimiler l'ambroisie et de marcher droit. En prime, un gros rocher placé au-dessus de sa tête menace de l'écraser.

L'angoisse de mort qui étreint un cœur ouvert, cette lourde pierre qui menace à chaque instant l'existence de Tantale,

---

[73] Luc Bigé, *Le Parchemin magnifique* Vol. 4, éditions Réenchanter le monde

demande à être traversée. Comment ? Par une mort « symbolique » et l'abandon *total du désir de se saisir de soi-même*.

> « Le disciple demanda au Maître : comment puis-je accéder à la vie suprasensuelle, de telle façon que je voie Dieu et l'entende ?
> Le Maître répondit : si tu peux un instant t'élancer jusqu'au lieu où n'habite aucune créature, alors tu entends ce que Dieu dit.
> Le Disciple : ce lieu est-il proche ou lointain ?
> Le Maître : Il est en toi ; et si tu peux une heure durant faire silence, de tout ton vouloir et tes sens, alors tu entendras les paroles inexprimables de Dieu.
> Le Disciple : Comment puis-je entendre si je me tiens là où reposent vouloir et sens ?
> Le Maître : Lorsque tu es en repos dans le silence du vouloir et des sens de ton existence propre, alors deviennent manifeste en toi l'ouïr, le voir et le parler éternels, et Dieu entend et voit à travers toi. Ton ouïe, ta vue et ton vouloir propres font obstacle à ce que tu puisses voir et entendre Dieu.
> Le Disciple : Par quel moyen me faut-il entendre et voir Dieu, s'il est au-dessus de la nature et de la créature ?
> Le Maître : Lorsque tu observes calme et silence, alors tu es ce que Dieu était avant la nature et le créature, cela même dont il a tiré ta nature et ta créature. Alors tu vois et entend cela même par quoi Dieu voyait et entendait en toi, avant que ne commencent ton vouloir, ton ouïe et ta propre vue.[74] »

L'homme sans vouloir ni agitation mentale s'abandonne comme un petit enfant entre les mains de Dieu, il se nourrit d'ambroisie et ne cherche plus à alimenter les siens avec des nourritures inappropriées, même avec les meilleures intentions du monde. Et son corps ne craindra plus la putréfaction. Et sa tête deviendra l'espace de la *tétée* du merveilleux nectar descendant dans sa luette. Jacob Böhme met l'accent non seulement sur le calme des sens mais aussi sur l'absence de toute volonté, *fusse-t-elle celle de méditer*. Il pointe ici l'une

---

[74] Jacob Böhme, *De la vie suprasensuelle*. Cité dans *Le Livre des Sagesses, l'aventure spirituelle de l'humanité* p. 1447, sous la direction de Frédéric Lenoir et Ysé Tardan-Masquelier, édition Bayard. Il s'agit bien d'une vie « suprasensuelle » pour « voir et entendre Dieu » puisque les sens de l'homme sont placés sur sa tête.

des grandes difficultés du travail intérieur, lorsque la volonté spirituelle devient un obstacle à l'élévation de la conscience.

Le plaisir *sans saisissement*, c'est-à-dire sans désir de l'expérience ni volonté de la répéter, est peut-être la chose la plus difficile à accomplir pour l'être humain élaboré sur une image narcissique positive de lui-même.

Mythopathologies

Les pathologies symboliques de la bouche et de l'alimentation parlent du plaisir né des quatre grandes expériences qui le suscite : la liberté des membres inférieurs, la sexualité du petit bassin, la sécurité de l'estomac et la convivialité cardiaque. Elles relatent également les non-dits qui blessent l'intimité.

Allergies alimentaires

Lorsqu'un aliment provoque de l'urticaire, son sens n'est pas digérable par le psychisme. Il faudra alors interroger la nature symbolique des denrées ingérées. Est-ce un fruit ? Un poisson ? Un légume[75] ?

Anorexie

Se priver de nourriture revient à craindre les joies de la convivialité et la proximité avec autrui promise par la bouche symbolique. Comme le décode la langue des oiseaux, AN OREXIE dit « je me prive (A) de ma haine (N), de mon eau (O), de mon air (R) et je suis en dehors de mon axe (EXIE). Mais pourquoi ? Parce que ANNEAU REX I, parce que je cherche « une alliance (anneau) avec le roi (Rex) transcendant

---

[75] Analyser le sens symbolique des aliments sort du cadre de cet ouvrage, le lecteur pourra consulter les travaux de Georges Romey (*L'Encyclopédie des symboles*, éditions Quintessence) et de Christiane Beerlandt (*La symbolique des aliments*, éditions La Corne d'abondance).

(I) ». Cette pathologie des hauteurs affecte le corps qui devient aussi mince qu'un I, tendu sans compromission entre un ciel ardemment espéré et une terre refusée. Alors les promesses de la bouche paraissent infiniment banales et fades. Le corps refuse que l'environnement familial, social ou professionnel entre dans l'intimité du psychisme car il est jugé dangereux, voire empoisonnant.

Aphtes buccaux

La langue des oiseaux suggère « a-ph-t'es », « tu es (t'es) privé (a) de feu (ph) », une situation compensée par ces boutons irritants qui s'agrippent à la langue, au palais ou aux lèvres. Il s'agit de paroles essentielles qui touchent l'âme de la personne mais qui ne peuvent être prononcées : à propos d'une colère critique (la langue), d'une situation familiale (le palais) ou encore de la féminité (les lèvres).

Boulimie

Voici une posture inverse et complémentaire à l'anorexie. Elle signe un besoin compulsif de compagnie et d'intimité en réaction à la solitude auto-imposée lors de la phase anorexique. L'alimentation apaise aussi les angoisses nées de la solitude existentielle. Il faudra interroger la nature symbolique des aliments ingurgités pour connaître les peurs profondes et les besoins affectifs viscéraux. Chez l'adulte le goût pour le sucré signe un manque d'amour de soi, parfois surcompensé par une posture narcissique.

L'hypertension liée à un excès de sel signe une demande du corps pour faire plus et mieux ciculer les informations détenues par le sujet. Celui-ci à tant de choses à dire ! Ce serait dommage de s'en priver.

Le récit de la bouche

Avec ses lèvres, ses dents, sa langue et son palais, la bouche est un monde à elle toute seule. C'est un espace dédié à l'intimité, à la beauté et à la louange. L'essence du féminin, les lèvres, en dessinent à la fois le bord et la porte d'entrée. La salive et les goûts alimentaires disent le caractère du sujet et ses besoins immédiats en termes d'évolution intérieure. L'appétence pour l'amertume signe le besoin d'affirmer une liberté individuelle, le sucre appelle la sécurité matérielle et affective, le sel favorise les échanges et l'intégrité personnelle, l'acide aiguise la discrimination et l'umami développe le sens de la participation sociale. En d'autres termes, le sucré favorise la douce acceptation, le sel maintient l'intégrité du sujet, l'amer sépare et individualise, l'acide critique et honore des principes, l'umami favorise la diplomatie. Il existe encore deux autres « goûts » qui ne sont pas corrélés à des récepteurs sur les papilles : le piquant (épices) qui dynamise la conscience en stimulant les sièges des trois feux du corps : le sexe, le cœur et la fontanelle. Et l'astringent (vins) qui produit une sensation d'assèchement dans la bouche.

La sensation de pimenté semble plus proche du toucher que du goût car la molécule active stimule le récepteur sensoriel de la douleur. Or les capsaicinoïdes, la famille des molécules actives, sont de puissants insecticides qui détruisent ce petit monde bruissant représentant symboliquement l'univers tourmenté de la névrose. Le piment est un effort pour brûler les mémoires de déséquilibre psychique. Cet incendie purificateur brûle à partir de l'un où l'autre des trois foyers corporels : le petit bassin du désir, le cœur de l'amour et la tête de l'immolation du « moi » dans le grand brasier de la dernière initiation lorsque l'Esprit s'unit à la Matière. Le feu n'est pas un goût réservé à la langue, il concerne la peau toute entière. Lu symboliquement, il s'agit d'une force qui calcine les mémoires de souffrance enfouies dans le psychisme.

Du désir jusqu'à la foi, de l'avidité vers la charité, du contrôle des sens à la sensualité, les mille nuances du partage sont portées par la bouche. Si l'organe de la proximité aime ce qui est proche, c'est pour rapprocher le moi du non-moi. Il espère ainsi matérialiser un palais, cet espace où le plaisir des sens se marie harmonieusement avec l'élégance d'une conversation, là où l'homme sait s'émerveiller des essences du monde et en dire les saveurs. Cependant si l'estomac n'a pas fait son travail d'élaboration du moi la bouche devient la porte des enfers stomacaux et sème quelques querelles intestines. La langue, naturellement louangeuse, se transforme en langue de vipère et les dents protectrices du dedans en agressivité contre le dehors. Enfin le féminin, si essentiel dans cette maison-palais, est réduit à un objet de consommation ou de déni.

Idéalement, de notre bouche devrait émaner une cathédrale sonore avec ses mots ailés et ses sonorités nuancées, sourcées dans l'âme du locuteur. La poésie, une expression précise autant qu'ouverte tournée vers l'évocation des mondes idéaux, la langue des oiseaux polysémique et joueuse participent toutes les trois à ce concert de « louanges ». Alors la parole servira grandement les oreilles et notre entendement, ouvrant ainsi la conscience de l'écoutant à un dialogue inouï avec les plus hautes sphères de son intuition et la profondeur de ses abysses. Sans ces mots ailés, l'homme qui écoute un parler purement utilitaire et descriptif s'enferme dans la tour d'ivoire d'une raison solitaire.

Le terme « menton » a la même racine étymologique que « montagne[76] ». Pour filer la métaphore, la bouche est l'entrée de la grotte qui ouvre en direction des entrailles de la terre, pour le meilleur ou pour le pire, pour le raffinement de la conscience

---

[76] Plus précisément le terme « menton » vient de la racine indo-européenne *men* qui signifie « être saillant » et donna les mots « monter », « mont » et « éminence ».

ou la déstructuration psychique. L'amour a ce pouvoir de favoriser le premier et de parer au second. Manger calme l'angoisse de l'inconnu. Lorsque celle-ci est traversée apparaît le palais sur la montagne !

Les axes sémantiques

Dans un premier temps, la bouche avale le monde pour satisfaire l'avidité de l'estomac, surtout dans une société où l'idéal de l'homme est réduit à sa consommation. Les grandes civilisations ont élaboré des cuisines délicieuses pour masquer et sublimer la violence de l'acte de tuer. L'organe du goût porte trois élans paradoxaux :

Narcissisme individualiste ......   Partage authentique
La violence ....   L'amitié
Savoir...........................   Savourer

L'idéal de la bouche est bien sûr un homme – mais plus probablement une femme – de goût, au caractère bien trempé, qui connaît sur le bout des doigts l'art des conversations qui scellent l'amitié.

Les saveurs

Le sucre : le goût pour l'argent et l'amour sentimental, sources du sentiment de sécurité. Le capitalisme.

Le sel : le goût pour le pouvoir et l'intégrité personnelle, sources de l'autonomie. Le commerce.

L'amer : le goût pour l'aventure et la liberté, si important dans tous les processus d'évolution, notamment l'individuation.

L'acide : le goût pour la connaissance, qui demande toujours un dépassement de la première pensée ou du premier jugement.

L'umami : le goût pour la concorde et la diplomatie, sources du savoir-vivre.

112

Sentir avec le nez

Cette saillie au milieu du visage, tout le monde peut la voir à l'exception notable de son propriétaire. À moins d'un effort volontaire de ses yeux, son nez ne lui apparait jamais clairement. Alors la devinette est simple : qu'est-ce que les autres voient de nous et que nous n'observons que très rarement ? L'exploration symbolique de l'organe de la respiration conduit vers cette évidence : le nez est le nombril du visage.

Étymologie et expressions

À la fin du XVe siècle, on « tirait les vers du né[77] » d'un prisonnier pour obtenir de lui des informations secrètes. L'ancienne langue française affirmait déjà à sa manière que le nez est un « né ». La force et la forme de l'organe évoquent la puissance d'un sujet construit autour de son nombril et dans ses viscères. L'adjonction du « z » élargit le sens puisque la graphie de cette lettre relie, grâce à sa diagonale, les plans célestes et terrestres. Le « nez » affirme ce que le « né » a d'unique dans le monde des mammifères : sa capacité à se tenir debout

---

[77] Centre National de Ressources Textuelles et Lexicales, au mot « nez ».

entre Ciel et Terre, entre le monde métaphysique et celui de la réalité ordinaire, à l'image du Z. L'Atlas, nom éponyme du Titan qui porte le ciel sur sa tête en une parfaite immobilité[78], confirme sur le plan spirituel la fonction du nez sur le plan graphique puisque la vertèbre se situe à la même hauteur que l'organe du sentir, mais sur la face postérieure du corps. Le nez est la promesse de la quatrième et dernière naissance d'un homme appelé à devenir un pont vivant entre ce qui est grand au sein de l'âme du monde et son expression dans le monde.

« Nez », issu de l'indo-européen *nas,* a donné les mots « narguer » et « renâcler ». « Olfaction » se lira dans la langue des oiseaux « ol-faction » : un groupe politique (faction) qui exerce une lutte d'influence au nom de « ol », au nom de valeurs jugées sacrées. Une sorte de chevalier du Temple conscient des valeurs de l'âme du monde.

Comme toujours, un organe se met au service de ce qui préoccupe le plus la conscience de la personne. L'odorat pourra accompagner les désirs enfouis dans le chaudron pelvien, assurer les besoins de sécurité et de reconnaissance des viscères ou encore écouter les évidences du cœur. Mais sa fonction naturelle sera toujours se sentir le Souffle, le pneuma, les besoins du Temps.

Focalisé sur la conscience du petit bassin, Freud considéra le nez comme un substitut du pénis. Il existe bien une forme de fétichisme sexuel du nez appelée « nasophilie ». L'odeur est un stimulant sexuel. Les fleurs le savent bien puisque leurs parfums est celui d'un sexe arrivé à maturité qui attire les pollinisateurs. Les senteurs florales parlent des mille nuances du désir. C'est pourquoi offrir un bouquet de roses n'est jamais neutre. La forme du nez qui reçoit les odorants, dans

---

[78] Luc Bigé, *Le Parchemin magnifique* Vol. 4, éditions Réenchanter le monde

l'imaginaire, est associée à la puissance de la libido, cette force qui assure la perpétuation des espèces sur de longues périodes.

Néanmoins, l'immense majorité des expressions relatives à l'organe du sentir parlent du nombril. La personne pourra se sentir « menée par le bout du nez », « ne pas voir plus loin que le bout de son nez », « tomber nez à nez » avec un autre né ou « mettre le nez dehors » dans l'intention bien compréhensible de « montrer le bout de son nez ». Un nombril qui ignore encore les vertus de l'assujettissement se place dans un rapport de domination en cherchant à « bouffer le nez » d'un autre ou, plus simplement, en lui « riant au nez ». À moins qu'il ne préfère lui « passer sous le nez » en coupant la longue file d'attente qui serpente devant l'entrée du musée. Toute domination implique son contraire : la soumission qui impose à la victime de « baisser son nez » de honte. Comme le suggérait déjà Alain, « l'anneau dans le nez fut sans doute un signe de servitude, comme il en est encore pour les taureaux. Il se peut que les belles captives qui le portaient en aient fait à la longue une espèce de signe de beauté et même de puissance[79] »

Chacun connaît cette ancienne chansonnette :

> « J'ai du bon tabac dans ma tabatière,
> J'ai du bon tabac, tu n'en auras pas.
> J'en ai du fin et du bien râpé,
> Mais ce n'est pas pour ton vilain nez !
> J'ai du bon tabac dans ma tabatière,
> J'ai du bon tabac, tu n'en auras pas. »

Sous-entendu « ce tabac n'est pas pour toi, il n'est pas pour ta pomme ». Le nez est en effet si proche des pommettes !

Si le nez reçoit le bourreau et sa victime dans la logique d'une prise de pouvoir familière à une conscience centrée dans le

---

[79] Alain, *Propos sur le bonheur,* Folio Essais

bassin corporel, il exprime encore la vérité et le mensonge. Pinocchio ne le démentira pas. Pas plus que le porteur d'un *faux-nez*, ni celui dont le « nez remue », trahissant ainsi malgré lui sa tromperie. L'organe s'associe facilement à la couleur rouge du sang vivifié par la respiration cardio-pulmonaire. Or le nez rouge du clown comme celui de l'ivrogne portent une parole scandaleuse sur la vérité du moment. Le fou du roi comme celui qui s'adonne à la part des anges peuvent tout dire sans avoir à en rougir. L'ivrogne qui a « un coup dans le nez » sombre dans l'alcool, certes, mais il devient le porte-parole des choses cachées comme le suggère le proverbe latin, *in vino veritas*, « la vérité est dans le vin ». La question de la vérité et du mensonge est centrale pour l'homme, cet unique mammifère qui privilégie sa représentation du monde sur les perceptions directes qu'il en a. Philosophies et religions sont loin d'apporter des réponses définitives à cette question délicate. L'hindouisme demande à ses croyants une attitude totalement véridique dans les relations avec autrui ; le protestantisme exige la vérité mais punit celui qui reconnaît une faute ; le catholicisme tolère de « pieux mensonges » lorsque la balance penche du côté de l'apaisement ; l'islam impose de dire la vérité à Allah mais encourage la dissimulation entre les croyants et *a fortiori* envers les mécréants ; l'homme de science croit en la vérité objective des faits, le reste étant une affaire d'opinions personnelles sans importance. Les attitudes humaines face à la question de la vérité et du mensonge varient sur une large gamme allant de la totale sincérité à la dissimulation comme stratégie pour atteindre des objectifs… sincères. Le mensonge n'est-il pas un stratagème nécessaire pour échapper au totalitarisme de la transparence et à la tyrannie des événements ? L'histoire du roi de Crète, Minos, égrène un jeu incessant entre vérité et mensonge. Et le mythe met en scène de manière quasi-obsessionnelle un animal bien connu pour le souffle de feu qui sort de ses nasaux : le Taureau[80].

---

[80] Luc Bigé, *Icare, la Passion du soleil*, édition de Janus.

Par ailleurs, l'homme qui se trompe est dans l'erreur. Il faudra alors se souvenir que la trompe est bien le nez de l'éléphant, le mammifère à la fabuleuse mémoire.

L'organe oscille d'abord entre toute-puissance et soumission, puis il hésite entre vérité et mensonge pour préserver ce qu'il aime. Il perd seulement son ambiguïté lorsqu'il devient l'expression d'une conscience centrée dans la trachée. Alors il « a du flair ». Il sent intuitivement d'où vient le Souffle et reconnaît les besoins de l'air du temps, les signaux faibles annonciateurs des modes à venir et les goûts des prochains jours. L'homme qui a « le nez en l'air » ne se soucie plus du lendemain… et la chance lui sourit car il a « le nez creux », ses *ailes* amplement ouvertes au souffle de l'Esprit. La biologie du nez affirme que pour découvrir la vérité du moment, *le sentir* prime sur l'intellect. L'odorat fut le premier de nos sens. Et il fonctionna si bien que la petite protubérance de tissus olfactifs située d'abord au sommet du cordon nerveux se mua en cerveau au cours de l'embryogénèse. À l'origine nos hémisphères cérébraux étaient de simples bourgeons posés sur nos tiges olfactives. *Nous pensons parce que nous sentons.* Et non l'inverse.

Le nombril du ventre est souvent un ego immature demandeur de reconnaissance et d'amour. Mais le nez, ce nombril du visage, est synonyme d'ego mental. Dans un premier temps, il aime briller par son savoir (l'Air) et désire avoir toujours raison. Il défend « ses » idées comme s'il s'agissait d'une question de vie et de mort. Pour maintenir sa suprématie l'ego intellectuel maintient l'ambiguïté entre vérité et mensonge, par exemple en ne retenant que les arguments qui favorisent sa thèse et en « oubliant » volontiers tous les autres. Mensonge par omission. À y regarder de plus près le souffle qui pénètre dans les narines entre en contact avec le système cardio-pulmonaire : l'air de la pensée se relie naturellement au sentir et à la présence du Mystère dont le cœur est le repaire. Alors l'organe réalise sa fonction symbolique, celle qui le pose au milieu du visage, à la hauteur de l'Atlas et de la glande pituitaire : « naître au Z », manifester dans le monde l'exemplarité d'un sujet capable de se lier de manière sensible aux étoiles *et* à la boue. L'homme qui réalise son « nez » dans cette ultime étape de l'évolution le manifeste objectivement puisque des senteurs de violette, d'encens et de rose émanent parfois de son corps[81].

L'exploration symbolique des fonctions biologiques du nez va jeter quelques lumières sur le mode opératoire de cet organe d'avant-garde planté au centre du visage.

Biologie

Les mécanismes biologiques de la vue et de l'écoute sont aujourd'hui bien connus. La diversité des nuances colorées ainsi que les notes de musiques sont réductibles à des combinaisons de vibrations caractérisées par trois facteurs seulement : l'intensité, la fréquence et l'orientation des ondes. Par contre, la biologie des senteurs reste largement méconnue en raison de sa complexité. Elle ne se réduit pas à la simplicité du trois, ni même au chiffre cinq des saveurs.

L'épithélium nasal reçoit un monde riche et complexe qui reconnaît l'unicité. C'est ainsi que des molécules avec des structures chimiques très proches peuvent avoir des propriétés olfactives très différentes comme en témoignent les formules ci-dessous où le détail change tout :

---

[81] Xavier Yvanoff, *La Chair des anges : Les Phénomènes corporels du mysticisme*, Seuil.

118

Odeur de noix de coco   Odeur de menthe   Odeur épicée

Il est impossible d'expliquer une odeur par des concepts aussi simples que la forme de la molécule ou la nature de ses groupements chimiques. Il n'existe pas, à ce jour, de modèle théorique qui permette de prédire les senteurs à partir d'une molécule ou d'une combinaison de celles-ci. Mieux encore, la perception d'un odorant est parfois fortement modifiée en fonction de sa concentration. C'est le cas du thioterpinéol, un composé chimique qui offre la senteur d'un fruit tropical à faible concentration, une odeur de raisin à concentration plus élevée et qui devient franchement nauséabond à forte concentration[82].

« Unicité » et « spécificité » appartiennent au vocabulaire de l'égo. De même, le port d'un parfum a pour objectif, entre autres choses, de rehausser l'originalité du sujet. Le jus fonctionne comme une signature chimique. C'est une signature psychique pour celui qui « baigne dans son jus » ou encore une marque sociale si la senteur est concoctée par un spécialiste des odeurs.

Cette idée d'unicité est non seulement accentuée par la position de l'organe au milieu du visage mais elle l'est aussi par sa structure osseuse. Pas moins de douze os crâniens forment la cavité nasale. Le frontal, l'ethmoïde, le sphénoïde, les deux maxillaires supérieurs, les deux palatins, le vomer, les deux cornets et deux os plus spécifiques façonnent l'architecture

---

[82] Uwe J. Meierhenrich, Jérôme Golebiowski, Xavier Fernandez et Daniel Cabrol-Bass, *De la molécule à l'odeur : les bases moléculaires des premières étapes de l'olfaction* (C.N.R.S.).

119

nasale en offrant une étonnante « symétrie » numérique, puisque quatre d'entre eux sont pairs et quatre sont uniques. Par ailleurs trois os – le frontal, l'ethmoïde et le sphénoïde – appartiennent au « Temple » crânien et trois autres – le vomer, les palatins et les maxillaires supérieurs – participent à la construction du « Palais »[83]. Le nez est donc une totalité formée de douze parties qui a un pied dans le monde sacré et un autre dans la vie profane. Il reçoit l'encens offert aux dieux tout comme la pestilence des cadavres en décomposition. On ne saurait trop insister sur la position à la fois médiane et centrale de l'organe de la respiration !

D'un autre côté, lorsque la conscience se pose sur le nez, elle découvre un organe immobile qui véhicule du mobile. Son équivalent spirituel sera l'équanimité. Depuis cet espace psychique le méditant observe le va-et-vient du vivant, l'éternelle impermanence des choses et des êtres sans jamais les fixer ni les retenir. Seule une conscience parfaitement équanime a le courage d'observer sans s'émouvoir le grand jeu du bien et du mal, de traverser avec une même égalité d'âme les états extatiques comme les angoisses abyssales, de vivre ce qui surgit et d'accueillir ce qui meurt en restant exactement ce qu'elle est : un né aussi stable et profond qu'une montagne qui a déjà vu passer tant d'histoires !

Dans l'involution, le nez marque la force du né, sa volonté d'ego qui, à moins qu'il ne se casse le nez en rencontrant plus fort que lui, tente de prendre le pouvoir sur un espace physique, psychique ou même spirituel. Dans l'évolution, l'organe rend le service pour quoi la biologie l'a fait : recevoir les essences. Le sujet tourne sa conscience vers ce qui l'élève et ce qui s'élève : les parfums sur le plan mondain et l'encens qui monte de l'autel dans l'univers du sacré. Désir de réussite sociale puis *aspiration* à se tourner vers l'ineffable remplacent progressivement le

---

[83] Le Parchemin Magnifique Vol. 6 (en préparation).

besoin de contrôler un territoire. Dans la transvolution, le né s'installe dans l'équanimité. Il se mue en observateur silencieux du grand jeu de la vie et de la mort, un processus qui concerne inéluctablement toute projet, tout amour et toute civilisation.

L'organe nasal remplit trois fonctions : immunitaire, respiratoire et olfactive.

Immunitaire : se protéger

Le mucus nasal qui sort du nez lorsqu'on se mouche contient des immunoglobulines qui préviennent l'adhésion des bactéries et des virus sur les tissus. Le nez ressemble à un poste avancé contre les agressions extérieures puisqu'il participe à la défense immunitaire. Langue des oiseaux et biologie se rejoignent en présentant l'organe de la respiration comme une protubérance représentant un sujet fidèle à lui-même et résistant aux attaques extérieures. Le nez est un organe fixe, contrairement à la bouche dont la salive mesure les goûts et les dégoûts et aux yeux sans cesse en mouvement. L'organe nasal projette en avant quelque chose de stable : l'identité en tant que château fort défensif.

Respirer puis narguer le monde

Respirer fut le premier acte de notre histoire personnelle. C'est alors que nous entrâmes dans la vie. La mythologie grecque offre ce rôle à Athéna, la déesse qui naquit *de la tête* de Zeus et *insuffla la vie* aux hommes de glaise tournés avec art par Prométhée. Plus tard le Souffle se retirera de l'organisme qui se préparera à mourir, c'est l'expir. Il en va de même pour les civilisations. L'Esprit – le *pneuma* – est cette force mystérieuse qui entraîne les mondes dans les naissances, les épanouissements et les disparitions. Au gré de ses errances ou en réponse à des besoins de l'univers, qui le sait ? In*spir* et e*xpir* fonctionnent idéalement comme des *spires* mettant le corps en mouvement des pieds vers la tête, puis de la tête vers les pieds. Faut-il s'étonner que le mouvement de la vie ait adopté précisément la forme de la spirale, depuis la molécule d'A.D.N. jusqu'aux plantes en pleine croissance ? Même le système solaire avec ses planètes en révolution autour du feu central dessine une immense spirale céleste.

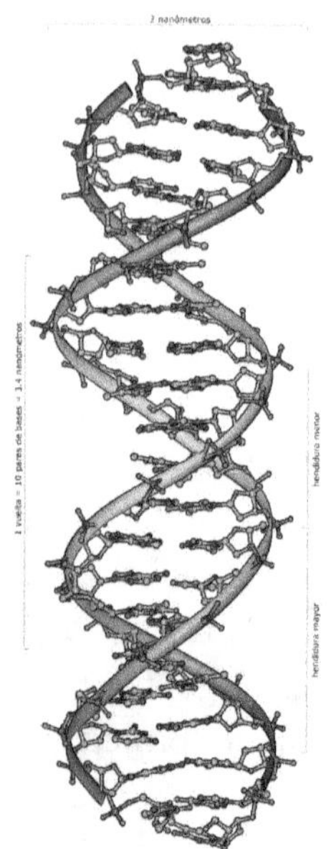

L'A.D.N. (à gauche, source Wikimedia Commons) comme la croissance végétale (à droite, bourgeon de tulipier, Source Pixabay) présentent un mouvement en spirale, en analogie avec l'inspir et l'expir de la respiration humaine.

Dans l'involution, l'organe nasal sera défensif et sur ses gardes, prêt à envoyer des missiles – pardon, des immunoglobulines – s'il flaire une menace sur son territoire intime de crainte de « manquer d'air » : sa survie et son espace vital lui semblent toujours en jeu. Le sujet met en avant sa force et son caractère au risque de paraître intransigeant. Un nez fort est un caractère fort. Dans la transvolution il adopte la posture d'Atlas, parfaitement immobile, disponible aux allées et venues du Souffle vital qui le traverse. Il utilise à présent la force de son caractère pour rester parfaitement stable. Il n'y a rien de mystique là-dedans car l'Air symbolique parle de la pensée et de la communication contrairement à l'Eau de la salive qui cherchait, dans la bouche, l'intimité amoureuse. La conscience de la bouche conjugue le verbe aimer sur une large gamme s'étendant de la gourmandise jusqu'au mysticisme, la conscience du nez élabore le mental sur une gamme allant du bavardage jusqu'au grand silence intérieur qui reçoit rythmiquement le Souffle de *l'anima mundi*.

À l'orée de sa quatrième naissance, le né s'apprête à devenir un « nouveau-nez ». Il reçoit *directement* l'Esprit/Souffle que le sang distribuera ensuite à l'ensemble de ses cellules. Ses balancements seront ceux d'une existence inspirée ponctuée d'expirs répétés. Ce sera une vie scandée de périodes de socialisation nourries par des retraites solitaires. Le nez, comme le cœur, est l'organe du juste rythme. Il s'affirme néanmoins comme un axe immobile au milieu du visage. Immuable, il maintient l'identité d'un sujet conscient de la vie qui traverse son organisme biopsychique, sachant accueillir la force vitale d'une manière égale dans la solitude comme dans le brouhaha des mondanités. Mais le nez au milieu du visage dit aussi notre acceptation de l'impermanence. Longtemps la personne humaine expérimente un équilibre délicat et sans cesse à reprendre entre son désir de vivre et son aspiration secrète à mourir dans l'espoir d'abandonner le poids de ses souffrances. Divers yogas proposent des exercices de respiration qui offrent au pratiquant une conscience nouvelle, élargie, subtile et légère. Tout se passe comme si l'observation de la respiration augmentait l'acuité de la conscience en favorisant le « dialogue » avec l'inconscient et le surconscient. Les barrières des habitudes et les lourdeurs des encombrements sont comme soulevées dans l'attention au souffle et s'y dissolvent. Le nez conscient de sa respiration prépare le réveil d'un nouveau-né.

En attendant la réalisation de cette promesse, la respiration et le sang vermeil conspirent à éveiller le guerrier *intérieur* âprement désireux de devenir ce que, toujours, il fut. Les combats héroïques du thorax demandaient une rencontre avec les peurs profondes, ceux du nez exigent l'immobilité et la conscience du centre. Il n'y a plus rien à traverser ni à transformer. Celui qui pénètre dans son nez assoit sa conscience au centre du vortex de tous ses troubles jusqu'à ce que ceux-ci s'évaporent comme autant de fumées en voie de libération de sa terre intérieure. Cela implique, comme le savent si bien l'ivrogne et le clown avec leurs nez rouges, de se moquer des apparences et de ne point craindre le ridicule. Ce « ridicule » est en vérité l'ensemble de la condition humaine, avec ses jeux de séductions et de territoires enfouis dans l'abdomen, avec ses passions héroïques espérant dans l'espace cardiovasculaire. Notre identité immobile se moque des apparences. Parfois le nez ose le montrer en lançant un vigoureux « pied-de-nez ». Cet appendice si cher à Cyrano de Bergerac ne craint pas de narguer son auditoire. L'homme pour qui le ridicule ne tue plus se souvient que le terme « narguer » est un parent de ses narines par le latin *naricare*. *Se moquer !* Quelle bénédiction pour celui qui l'applique à lui-même sans la confondre avec l'ironie mortifère. C'est la suprême réussite d'un guerrier capable de relativiser ses combats les plus attachants !

L'air pénètre donc dans les narines. Il est ensuite filtré, humidifié, réchauffé. Alors la vie devient progressivement disponible pour toutes les cellules biologiques. L'information (Air) née des mouvements de l'Esprit (le Souffle) est d'abord filtrée de ses scories inutiles et autres pesanteurs du passé. Puis la force vitale se lie aux sentiments grâce au processus symbolique d'humidification. Enfin elle donne sa part de chaleur à l'organisme pour qu'il serve les besoins du monde et de son intériorité. L'écoulement de l'air à l'intérieur des fosses nasales est un régime turbulent et instable : l'inspiration vivifiante et créatrice est d'abord perçue comme une force déséquilibrante qui descend dans la conscience du sujet. Sa tache sera de la filtrer, de l'humidifier puis de la réchauffer. Bref ! De l'humaniser pour que la communauté des cellules de l'organisme puisse la concevoir, la recevoir et finalement l'utiliser.

Manger consiste à absorber du vivant puis à le détruire. Inversant la proposition, le mystique s'absorbe en Dieu et se laisse « manger » par Lui. Une technologie dont nous avons développé les conditions et les conséquences en explorant le symbolisme de l'estomac. Par contre respirer en conscience revient à devenir solitaire-solidaire. Si le nez, en tant que nombril du visage, affirme l'identité d'une personne au prise avec ses rythmes de transformations qui oscillent entre l'enthousiasme vital et le frémissement devant sa mort, c'est aussi un organe plongé dans une mer de molécules. Le respirant les intériorise dans son corps puis il les redonne au monde noyées dans son haleine. *Nous respirons tous l'air des uns des autres sans haut le cœur.* Imagine-t-on ce qui se passerait si nous mangions de la nourriture déjà mâchée par nos compagnons de table ? L'air relie tous les vivants par leurs expériences intimes. Les molécules d'oxygène qui vitalisent les cellules de notre corps ont déjà connu *intimement* les arbres d'Amazonie, la voisine d'à-côté, Jule César mais aussi Caligula. Ce n'est pas une métaphore mais une réalité naturelle démontrée par le calcul. L'air qui entre dans nos poumons s'imprègne de l'histoire de nos cellules, de notre histoire, puis il est redonné au monde légèrement modifié par les travaux biochimiques de notre corps. Un homme conscient de ce qui traverse son organe nasal réalise qu'il est un sujet solitaire présent à la grande solidarité des êtres vivants. Comme l'exprime joliment Diane Ackerman, « lorsque nous respirons nous faisons passer le monde par notre corps, où il infuse doucement, puis nous lui rendons sa liberté, légèrement modifié du fait qu'il nous a connu[84] ». Notre simple présence au monde modifie objectivement la nature de celui-ci.

---

[84] Diane Ackerman, *Le Livre des sens*, p 19. Grasset.

Chaque sens est une porte d'entrée vers le temple crânien. La bouche choisit la jouissance de l'expérience mystique, le nez médite en observant le va-et-vient du Souffle, l'œil plonge dans le vide, dont l'anagramme forme les lettres du mot « Dieu[85] », l'oreille écoute les sons inaudibles et inouïs des mondes subtils, la peau se colore du dieu tutélaire du sujet et confirme ainsi la jonction Esprit-Matière.

Olfaction, sentir l'éphémère

L'Air qui s'introduit dans les fosses nasales est rarement pur. Il transporte des molécules odorantes que les 350 détecteurs de l'organe transforment ensuite en informations sur l'état du monde. L'appendice du milieu flaire merveilleusement *l'air du temps*. C'est l'organe qui renifle les modes et les changements à venir déjà si présents dans l'atmosphère ! Une personne qui « a du nez » perçoit mieux que les autres les enjeux du futur par voie purement intuitive. Elle sait quand investir en bourse et connaît le moment juste de ses grandes transformations intérieures.

L'olfaction est le fruit d'interactions complexes entre des composés chimiques volatils et les neurones olfactifs de l'épithélium situé dans la partie supérieure de la cavité nasale. Ces neurones baignent dans le mucus. Puis ils se prolongent à travers les petits trous de l'os ethmoïde pour atteindre les premiers relais de l'information odorante : les glomérules et les cellules mitrales. Ensuite l'information se dirige vers le bulbe olfactif pour être communiquée à différentes parties du cerveau comme le cortex olfactif, le thalamus, l'amygdale[86] – rattachée au système limbique qui gère les émotions – et le cortex orbito-frontal. Contrairement aux autres sens, l'information olfactive

---

[85] En ancien français le U et le V étaient confondus.
[86] L'amygdale est une petite structure localisée dans les profondeurs de chaque lobe temporal du cerveau. Elle attribue une signification émotionnelle aux stimuli sensoriels.

inonde le cerveau à l'exception notable de la zone du langage : nous savons en effet à quel point il est difficile de nommer les odeurs aux milles nuances. Si les couleurs ont des noms, les odeurs n'ont que des métaphores : celle du pin, de la rose, de la violette, de la voiture neuve, de la terre mouillé ou du papier froissé. Néanmoins un professionnel entraîné distingue jusqu'à dix mille odeurs distinctes, infiniment plus que le nombre de mots que nous utilisons dans le langage courant. Si nous pouvions donner du sens aux odorants comme nous en donnons aux mots, nous disposerions d'un langage extrêmement nuancé qui traduirait le mouvant équilibre du sujet dans son environnement physique, relationnel et social. Un langage qui illustrerait aussi ses grandes percées dans le monde spirituel lorsque, de son corps, émanent des effluves d'encens.

Chez l'homme moderne l'olfaction soutient l'hédonisme lorsqu'il apprécie par exemple les saveurs des aliments et des boissons. Le goût des nourritures dépend en effet du nez. Chacun sait par expérience qu'un nez bouché supprime les saveurs des aliments. Plus fondamentalement, la perception des odeurs évite de s'empoisonner en mangeant un plat avarié par exemple. De leur côté les animaux savent se soigner naturellement en pointant leur museau vers les plantes qui soulagent car l'odeur des aliments les informe sur ce dont ils ont vraiment besoin. Chez l'homme cette fonction naturelle est gâtée par l'éducation, la culture, la cuisine qui modifie les goûts des substances et l'industrie agro-alimentaire qui le gave d'aliments modifiés. L'instinctothérapie, initiée par Guy-Claude Burger en 1964, propose de revenir vers des modes alimentaires crus en suivant uniquement les informations olfactives fournies par le nez et les sensations du palais. Cela aurait pour mérite de soigner naturellement l'organisme de maladies graves[87].

---

[87] Guy-Claude Burger, *Instinctothérapie, manger vrai*, édition du Rocher (1990)

Afin d'explorer le sens symbolique de l'olfaction il convient de distinguer les odeurs selon leurs origines : certaines viennent de soi comme la transpiration, d'autres émanent de la nature comme les senteurs florales et l'odeur de la terre après la pluie. Enfin la civilisation moderne a créé des senteurs synthétiques comme les parfums artificiels et l'essence brûlée.

Les odeurs corporelles

La première odeur marquante fut celle que renifla le nouveau-né au contact de la peau de sa mère. Les plaisirs de la première tétée joints à l'odeur maternelle font basculer le né du côté du désir de vivre. L'incarnation devient attirante, pleine de promesses et de jouissances. Néanmoins – et les cellules du corps le savent bien –, entrer dans la vie c'est avancer chaque jour un peu plus vers sa propre mort. Bien sûr, ni le bébé ni l'être sur le chemin de l'involution ne peuvent entendre cela. Pour eux la vie est une longue jouissance hédoniste. La mort, même reconnue intellectuellement, semble inconcevable.

Puis l'odeur corporelle fonctionne comme une signature personnelle qui se modifie lentement au fil du temps puisque le métabolisme change en permanence en fonction de l'âge, mais aussi de l'humeur et de facteurs environnementaux comme l'alimentation et les relations sociales. L'odeur corporelle dit les milles nuances du né *en situation*. Et si nous ne voyons pas notre nez pas plus que notre ego nous ne percevons pas non plus notre odeur. Seul autrui en a une conscience vive.

Notre propre odeur nous conforte dans l'unité avec nous-même. S'entourer du halo de sa senteur, c'est faire écran à celle des autres et tenter de retrouver l'unité d'un moi menacé par la déstructuration due à une émotion forte par exemple. Les sueurs froides signent une tentative du sujet de retrouver son unité face à la peur déstabilisante. Une transpiration abondante sera une manière de reconquérir l'unité intérieure en cas de danger. Cette partie de soi qui manque de confiance en soi, ou qui n'a jamais reçu de confiance, se protège en créant autour d'elle un halo odorant censé mettre une distance entre elle et l'agresseur. Et la nature, dans ses milles jeux, a confié cette spécialité *au putois* qui en fait une technique de défense élaborée ! Sentir mauvais, c'est se protéger. La transpiration se déclenche encore sous l'effet de la chaleur produite par les rayons solaires. Elle surgit à nouveau à cause d'une agression qui perturbe l'équilibre thermique du corps.

L'odorat, si proche de l'animalité, est incapable de se fermer comme une bouche silencieuse ou des yeux clos refusant de voir un acte répréhensible ou une chose effrayante. En suivant l'exemple du clown et de l'ivrogne, les senteurs disent la vérité naturelle. Des vérités parfois puantes lorsque des émotions non digérées stagnent dans la psyché de la personne. Ces vérités désagréables parurent si insupportables que les civilisations inventèrent les parfums pour les cacher et le savon pour les blanchir. Le lavage qui supprime les odeurs corporelles rend la vie sociale plus facile, chacun renonçant à une partie de son territoire ontologique pour côtoyer celui des autres sans les offusquer. Se laver, c'est accepter de s'effacer en adoucissant son caractère pour se couler dans le grand fleuve des activités du monde. Se parfumer, c'est choisir de maquiller sa nature pour pénétrer dans jeu social.

S'étonnera-t-on alors du fait que l'organe qui reçoit l'air du temps soit le plus culturel de nos cinq sens ? C'est seulement à partir du Siècle des lumières que les populations occidentales commencèrent à trouver désagréables les senteurs corporelles et les masquèrent avec des parfums. *La vue* l'emportera alors sur l'odorat et le spectacle du monde détrônera la présence à soi.

John Trueman remarque que :

> « Les hommes de l'antiquité se lavaient et se parfumaient. Les Européens de l'Âge des Ténèbres ne se lavaient ni ne se parfumaient. Ceux du Moyen Âge et des Temps Modernes

jusqu'à la fin, environ, du XVIIe siècle se lavaient mais ne se parfumaient pas[88]. »

Tout se passe comme si, dans cette longue période historique chaotique qui commença avec la chute de l'Empire Romain d'Occident au Ve siècle jusqu'à la fin de la grande peste noire du XIVe siècle, les hommes eurent besoin de s'entourer du halo de leur propre odeur comme d'une seconde peau pour survivre dans un univers dangereux soumis à la guerre et à une économie de subsistance. Les habitants d'alors se sont protégés par leurs odeurs corporelles. Ils sentaient si mauvais que même les prédateurs refusaient de les dévorer. Les philosophes du Moyen Âge vantaient les bienfaits de ne jamais prendre de bain et conseillaient même d'éviter tout contact de l'eau sur la peau. Sauf en cas de pluie ou, à la rigueur, pour sauver une personne en train de se noyer. C'est à cette condition que, de leur point de vue, l'homme restait vraiment humain. Pourquoi ? Parce que l'odeur porte la vérité du sujet dans ses efforts pour se construire, dans ses processus de transformations incluant la traversée de ses zones pathologiques détestées. Lorsque le réel devint moins dangereux et les conditions économiques plus sereines, la Renaissance réintroduisit le lavage. Dans l'Antiquité, comme de nos jours, les odeurs corporelles sont remplacées par ces senteurs sociales que nous appelons les parfums : les classes aisées de la société défendent leur statut dans une culture où les impératifs financiers passent au second plan. Comme nous le verrons bientôt, signature odorante et gestion de la richesse vont de pair.

Aujourd'hui, plus l'histoire s'accélère, attisée par le feu des découvertes scientifiques, plus les odeurs naturelles des corps sont escamotées par des parfums artificiels. Tout se passe comme s'il fallait « aider » le né à réussir les adaptations

---

[88] John Trueman, *The romantic story of scent*, Aldus Books

rapides que lui impose un monde en transformations permanentes.

Les odeurs de l'environnement

Tous les sens informent le cerveau. Ce n'est pas l'odeur agréable ou désagréable en tant que telle qui importe mais l'information que la senteur transmet. Chez l'animal l'odorat lui est indispensable pour choisir les nourritures appropriées, être alerté d'un danger, communiquer avec ses semblables et détecter si un congénère est malade. On sait entraîner des chiens à flairer les pathologies qui se manifestent par des variations d'odeurs corporelles comme certaines tumeurs du foie, de la vessie et des poumons. Quant aux médecins du Moyen Âge, ils n'hésitaient pas à flairer les urines et la peau de leurs patients pour établir un diagnostic. Aujourd'hui, imagine-t-on un spécialiste flairer son patient pour rédiger une ordonnance ? Les professionnels préfèrent les images produites par le scanner et l'échographie. Pourtant l'odeur du corps est une conséquence directe de ses transformations métaboliques, elle offre une information fine et immédiate sur son état. Une pathologie devrait être sentie avant d'être confirmée par la vue. Le nez entraîné d'un médecin des siècles passés reconnaissait par exemple le typhus à son odeur de souris. Qui connaît encore l'odeur de la souris ? Les anciens manuels précisaient que le diabète sent le sucre, que la peste a des effluves de pomme bien mûre, que la rougeole rappelle celle des plumes fraîchement arrachées, que la fièvre jaune évoque la boucherie et que la néphrite pue l'ammoniac.

Les odeurs informent donc sur ce qui se passe lorsque le temps s'écoule. Elles disent les changements du monde. Grâce à ces informations, les hommes s'adaptent à leur environnement et le né grandit en maturité. Dans l'involution l'odorat conserve ses fonctions « animales » liées au choix de la « bonne » nourriture, à la préférence d'un partenaire sexuel[89] et à l'évaluation de l'état de santé physique et psychique de la personne. L'odorat et le goût sont impliqués dans le choix de la nourriture en produisant une sensation d'écœurement ou, au contraire, en stimulant l'appétit. Dans l'évolution, la respiration consciente soulève les puanteurs psychiques cachées dans les replis du tapis corporel. Il libère le sujet de ses lourdeurs et autres encombrements émotionnels qui obscurcissent son passage vers la transvolution. Cette ultime étape conduira l'homme à recevoir le Souffle, c'est-à-dire la vie pure et l'intuition fulgurante, ces octaves supérieurs du désir de vivre de l'animal si bien guidé par son flair. Le signe visible de cet ultime accomplissement sera l'odeur de sainteté, le plus souvent composée de senteurs de rose, de violette ou d'encens[90].

En attendant ces sommets de la fragrance, le bébé a besoin de son doudou pour se sentir en sécurité et il refuse avec vigueur que celui-ci subisse les avanies de la machine à laver. L'odeur de l'ours en peluche lui permet d'accueillir la séparation d'avec sa mère. Le bébé à qui l'on donne une écharpe ou un mouchoir portant l'odeur maternelle se rassure et s'arrête de pleurer. Les molécules odorantes maintiennent la relation tout en favorisant la nécessaire autonomie de chacun. Les odorants maintiennent du contact dans l'éloignement. La bouche gourmande cherchait la fusion. Elle tentait de dévorer l'autre en s'appropriant son monde. Le nez est plus subtil : il pense la distance qui sépare les êtres-au-monde. C'est grâce à cela qu'il maintient du lien.

---

[89]Aimer l'odeur de quelqu'un est le signe le plus sûr d'une bonne « chimie » amoureuse, d'un équilibre entre l'un et l'autre. On connaît la célèbre lettre de Napoléon à Joséphine où l'Empereur lui écrivit : « Chérie, ne te lave pas, j'arrive ! » Comme on le sait, cet équilibre s'installe rarement sur tous les plans. Il pourra nicher dans le désir amoureux ou signaler un accord affectif ou encore de fructueux échanges d'idées.

[90] Xavier Yvanoff, *La Chair des anges : Les Phénomènes corporels du mysticisme*, Seuil.

Plus généralement les senteurs du corps disent la place du sujet dans sa collectivité. C'est le langage subtil d'un né qui exprime son bien-être ou son mal-être au sein d'un environnement qui se transforme sans cesse, marqué par des vagues ininterrompues de substances odorantes.

L'odorat est le seul des cinq sens à être relié au système limbique qui gère les émotions et les pulsions fondamentales telles que la faim, la peur, le plaisir et la sexualité, ainsi qu'à l'hippocampe qui joue un rôle important dans la mémorisation. Que nous en ayons conscience ou non, une odeur n'est jamais neutre car le cerveau la transforme immédiatement en émotions ainsi qu'en rappels d'anciens souvenirs. Proust et sa célèbre madeleine ne nous démentiront pas.

Remarquons que les organismes malades ou en voie de décomposition émettent une odeur plus tenace que ceux qui sont en bonne santé ou en pleine croissance. Les signes du catabolisme explosent dans les narines alors que ceux de l'anabolisme restent discrets. Le souffle de vie privilégie donc la perception de ce qui meurt. Il invite à entrer dans le deuil des images, des représentations et des attachements affectifs. Le nez prépare l'acquisition de la pure conscience dans les yeux, là où brille la lumière.

Ce schéma idéal d'un sujet et d'une civilisation capables de s'adapter en permanence au temps qui passe et à la mort en marche n'est plus naturel, si jamais il l'a été un jour. Seule l'Égypte plurimillénaire pourra peut-être servir de modèle. Elle qui inventa l'embaumement des morts et organisa des fêtes grandioses où jaillissaient des geysers de parfums précieux. De l'eau de rose coulait des fontaines pharaoniques et agrémentaient les bains publics. Lorsque Cléopâtre accueillit Marc-Antoine dans sa chambre, le sol était recouvert de cinquante centimètres de pétales de roses. Pour assister à une fête une dame égyptienne posait un cône d'onguent sur le sommet de sa tête ; la cire fondait peu à peu en libérant sur son visage et sur ses épaules un mince filet parfumé. De nos jours, et depuis le Grand Siècle, la vue prime sur l'odorat. Le cadavre en putréfaction qui représente la fin de toute chair est relégué derrière les murs des hôpitaux et des cimetières. Nos villes modernes sentent plus l'essence brûlée que la rose. Les processus de transformation intérieure gérés par les odeurs sont confiés au travail privé pendant que des objectifs relevant de la (courte) vue sont imposés par toutes les entreprises du monde à leurs employés. Ce décrochage entre la vue symbolique et l'odorat illustre l'une des grandes difficultés du monde actuel. Il signe une existence pleine de projets, d'idéaux, de visions et d'espérances dans lesquels le sujet s'engage intellectuellement en se protégeant émotionnellement par des parfums synthétiques. À vrai dire, à force de ne rien sentir d'authentiquement naturel et de privilégier le spectacle du monde sur le vécu ontologique, des catastrophes nous pendent au nez. Inconscient de sa propre odeur et des besoins de la vie qui respire en lui, l'homme contemporain élargit le gouffre qui sépare son immédiateté intuitive de sa pensée rationnelle. Mais c'est aussi l'une des conséquences du processus d'hominisation puisque la posture verticale adoptée par nos ancêtres les grands singes favorisa le regard lointain sur la perception des odeurs. Les autres mammifères maintiennent leur museau au ras du sol. Pour eux les senteurs sont des indicateurs sûrs qui comblent leurs besoins en nourriture, assurent un partenaire sexuel et repèrent un congénère malade. Toutes ces fonctions sont aujourd'hui confiées à la vue *qui n'est pas faite pour cela*. Un bon plat est devenu synonyme de beau met, une personne attirante l'est d'abord plastiquement, une maladie est repérée par des examens qui « photographient » l'état de l'organe. L'odorat est pourtant un sens du temps alors que la vue est un sens de l'espace. La primauté du regard nous a conduit vers une société du spectacle où il est plus important de voir et de comprendre que d'accueillir l'éphémère en s'engageant à grandir au gré des séparations successives, toutes ces petites morts qui redonnent de l'élan au processus de maturation du psychisme. Pourquoi le nez est-il à ce point le symbole de notre engagement dans notre histoire, dans notre manière particulière de vivre le temps qui passe ? Parce que la respiration est un rythme qui réitère à chaque seconde le premier inspir de la naissance et le dernier expir de l'ultime abandon ; parce que les odeurs signent l'œuvre du temps qui élabore des formes biologiques et les détruit lorsque l'heure est venue ; parce que les molécules aromatiques stimulent le désir et l'impulsion d'aller de l'avant ; parce que l'odeur du doudou restitue à l'enfant la présence de sa mère tout en lui facilitant les deuils nécessaires ; parce que l'odeur est mémoire ; parce que cette saillie au milieu du visage maintient l'unité du moi qui voyage entre son passé et son futur, deux bornes qu'il tente sans cesse d'harmoniser par son souffle. Le nez aide le sujet à pénétrer pleinement dans son temps intime et les odeurs l'invitent *à vivre une expérience* infiniment plus qu'à développer une représentation. L'organe nasal assiste la bouche qui déclenche le désir de vivre et l'œil qui oriente dans l'espace.

Les molécules aromatiques naissent d'organismes occupés à croître, à se reproduire puis à mourir. L'odorat capte des essences d'expériences, ces traces laissées par le vivant engagé dans la grande aventure du temps qui passe. Les senteurs florales affirment l'apothéose du végétal, elles appellent les abeilles pour le renouvellement de leur vie ; l'odeur de putréfaction d'un cadavre signe la mort. Les molécules odorantes sont les indices du processus d'évolution et de transformation du sujet. Elles disent les émotions « puantes » qui stagnent dans sa psyché autant que les états de réalisation sublimes des saints enrobés de fragrances de rose et d'encens. L'odeur est bien une « ode heure », une ode à l'heure qui honore l'écoulement du temps. Un jour, dans la transvolution, la conscience-énergie se posera dans les narines. Elle accueillera, immobile, ce qui fut, ce qui est et ce qui devient.

L'odorat est le seul de nos sens qui soit actif en permanence. S'il s'arrêtait nous mourrions d'asphyxie et la vie nous quitterait. Les yeux se ferment à la lumière, les oreilles supportent des mains ou un casque, la bouche se clôt parfois… mais le nez ! L'obstruer ne dure jamais très longtemps car personne ne peut arrêter l'écoulement de la vie, ni le mouvement rythmique de l'*anima mundi* qui passe à travers nous.

Les senteurs artificielles

Dans les villes l'odeur de l'essence brûlée a remplacé celle des essences champêtres. Les émanations des machines ont chassé celles des plantes et de la terre humide. Que sont devenus les poètes des senteurs naturelles, ces thuriféraires du vivant ? Les Baudelaire et autres artistes maudits, hantés par la mort mais capables de vivre pleinement le mal pour en nourrir les fleurs les plus sublimes, se sont effacés au profit d'une armée de techniciens graissant des machines et mesurant des résultats.

L'odorat nous relie à la symphonie du vivant. S'il disparaît de plus en plus sous des niagaras d'arômes artificiels, c'est que la relation à la Nature et à ses instincts s'estompe dans la conscience du civilisé. A l'époque élisabéthaine, les amants s'échangeaient encore des pommes d'amour. La femme conservait sous son aisselle une pomme pelée jusqu'à ce que celle-ci fût gorgée de sa sueur et la donnait à respirer à son amant. La pomme joue ici le rôle du foulard que la mère avisée donne à son enfant. Elle permet d'assumer une distance sans rompre le lien affectif. Or, aujourd'hui, les parfums synthétiques issus de l'industrie se substituent aux senteurs naturelles qui nous informaient sur l'état d'un système vivant. Ils signent une position sociale bien plus qu'un état intérieur. Ils mesurent notre degré d'intégration au sein d'une civilisation artificielle ou, dans le meilleur des cas, en voie d'élaboration vers un nouveau pas du progrès humain.

L'administration de l'argent

Les hommes à l'éthique douteuse savent d'instinct que « l'argent n'a pas d'odeur ». Et s'il est vraiment trop sale ils chercheront des astuces pour le blanchir en le passant dans une machine à laver procédurière qui lui enlèvera toute traçabilité, toute mémoire. Même si c'est ici par la négative, l'odeur est associée à la finance. Pour le comprendre il faut se souvenir que la comptabilité fut inventée pour prolonger la mémoire. Par ailleurs nous savons que le signe astrologique du Taureau est à la fois relié au nez en tant qu'organe, à la mémoire des impressions sensorielles et affectives ainsi qu'à l'art de faire fructifier les biens matériels. La Vierge, second signe de Terre, mettra en ordre toute cette richesse en la comptant. Dans un ouvrage remarquable qui, à notre connaissance, utilise pour la première fois la pensée analogique dans une démarche scientifique, Philippe Roi et Tristan Girard ont développé une analogie très précise qui relie le premier système de comptabilité inventé en Mésopotamie vers - 3500 avec notre connaissance moderne des mécanismes olfactifs[91]. Ce sont ces travaux que nous allons à présent résumer, au risque de quelques simplifications[92].

Au quatrième millénaire, dans des systèmes sociaux qui se complexifient de plus en plus en raison de l'augmentation de la population, deux phénomènes nouveaux surgissent. D'une part les échanges explosent et d'autre part une organisation sociale hiérarchique devient nécessaire pour administrer les premières cité-états. La comptabilité supplée à la mémoire des hommes, devenue insuffisante pour se rappeler les contenus des nombreux contrats passés entre les individus. Dès cette époque l'organisation des finances se développa lentement grâce à

---

[91] Philippe Roi, Tristan Girard, *La théorie sensorielle, une archéologie de la perception sensorielle*, First Edition Design eBook Publishing, p. 70-82.
[92] Les articles universitaires sur la théorie sensorielle sont disponibles sur ce site : https://www.theoriesensorielle.com/analogie-entre-le-systeme-comptable-urukeen-et-le-systeme-olfactif/

l'invention géniale de la bulle d'argile. Il s'agit d'une enveloppe sphérique en terre dans laquelle sont enfermés des jetons appelés *calculi*. Sur sa surface des signes numériques rappellent son contenu. Livrée avec la marchandise, la bulle est destinée à être brisée en cas de litige afin de comparer le contenu de la commande avec les objets envoyés. Les analogies entre système olfactif et système comptable se modulent ainsi :

- Les bulles d'argile sont d'abord livrées avec les marchandises aux ouvriers, aux travailleurs esclaves et aux employés chargés de surveiller le bétail. De même l'odorat humain perçoit les molécules suffisamment petites qui peuvent être transportées (les « marchandises »). L'inspir les conduits vers l'épithélium olfactif situé à la base de la muqueuse nasale. Les molécules odorantes sont ensuite prises en charge par de petites protéines de transport dans lesquelles elles se lovent, appelées OBPs (*Odorant Binding Proteins*). Ces OBPs transportent les molécules de la senteur depuis le mucus jusqu'au bulbe olfactif à travers le crible de l'os ethmoïde. « À ce stade, une première comparaison peut être faite entre une protéine de transport renfermant des odorants et une bulle d'argile contenant des *calculi,* car l'une et l'autre ont pour fonction de garantir, lors du transport, la non-dépréciation de la qualité et de la quantité des éléments qu'elles contiennent ou qu'elles représentent ».

- Lorsque les employés mésopotamiens du royaume d'Uruk réceptionnent les marchandises, ils transmettent les bulles d'argile séparées, selon la nature des biens, à des contremaîtres spécialisés qui notent ces informations sur des tablettes d'argile. D'une manière assez similaire, arrivées à proximité des récepteurs olfactifs, les protéines de transport libèrent les molécules odorantes qui se fixent aussitôt sur de nouveaux récepteurs chimiques. Cette fixation dépend, non de la molécule elle-même, mais seulement de la géométrie de certains de ses atomes. Une molécule pourra se fixer sur plusieurs récepteurs qui ne recevront qu'une information partielle sur la nature de la molécule captive. C'est en confrontant les données émanant de plusieurs récepteurs olfactifs que le cerveau identifiera plus tard l'odeur. Le personnel urukéen des greniers, des magasins et des enclos compare les empreintes géométriques gravées sur les bulles d'argile avec la nature et à la quantité des marchandises livrées. Ces préposés ont une vue partielle du bien qu'ils réceptionnent et ne savent apprécier que les produits dont ils ont la responsabilité, exactement comme les récepteurs chimiques.

- Puis les tablettes sont regroupées dans des paniers et remises à un administrateur qui récapitule l'ensemble sur un document plus long. Ces comptes courant à long terme sumériens permettent de connaître la quantité de marchandise stockée dans la cité. De leur côté les informations olfactives fixées sur les chimiorécepteurs sont rassemblées et convergent vers le bulbe olfactif en formant des glomérules, de petites structures qui apparaissent au microscope sous forme sphériques. Situées à l'avant du cerveau, les glomérules sont très spécialisées et ne regroupent que les axones des neurones qui sont dotés d'un même type de récepteur. « Ainsi, l'information – qu'elle soit olfactive ou comptable – qui pénètre dans un glomérule ou chez un contremaître présente la même caractéristique de convergence ».

- L'information olfactive présente dans les glomérules est ensuite dirigée vers sa destination finale par l'intermédiaire des cellules dites « mitrales » – littéralement « en forme de mitre », le non du couvre-chef réservé aux évêques ! – et d'autres cellules appelées

« granulaires ». Les cellules mitrales compressent l'information olfactive pour la rendre lisible par le cerveau. « Une quatrième comparaison peut ainsi être faite avec le système comptable urukéen, puisque à l'instar des cellules mitrales et granulaires, les administrateurs et leurs élèves se chargent de transcrire les centaines de documents des contremaîtres pour ne conserver que la nature d'un produit ou d'une denrée, ainsi que leurs quantités, réparties sur la totalité des greniers, des magasins et des enclos de la cité. »

- L'administrateur en chef se charge ensuite de répartir les biens entre cinq hauts fonctionnaires chargés de la redistribution. L'information olfactive arrive à destination dans le cerveau, elle se répartit sur plusieurs aires : le cortex olfactif primaire, l'amygdale, l'hippocampe, l'hypothalamus et le thalamus. « Une cinquième comparaison peut-être faite avec le système comptable urukéen, puisque les comptes courants nous révèlent que l'administrateur en chef partage le stock des marchandises entre les hauts fonctionnaires, avec pour mission de redistribuer une partie des quantités aux personnes qu'ils gouvernent ».

- Enfin, le total général des comptes est remis *au roi* d'Uruk. Les messages olfactifs s'acheminent depuis l'un des noyaux du thalamus vers le cortex orbito-frontal qui permettra enfin au sujet de devenir *conscient* des odeurs. Notons que la mémoire olfactive, gérée par les cinq « hauts fonctionnaires », est inconsciente tant qu'elle n'a pas trouvé sa « madeleine » pour ressurgir à l'attention du roi, la conscience symbolique.

- Chaque étape du système olfactif rétroagit avec celui qui l'alimente. De même l'administrateur en chef peut engager des investigations pour obtenir plus d'informations sur une marchandise.

Si le système olfactif code *l'administration de l'argent,* il ne représente pas l'argent lui-même, symbolisé par le goût sucré. Même s'ils profitent parfois de leur situation les administrateurs ne sont pas des possédants. Nous avions naguère associé l'argent au sucre, plus précisément au glucose distribué dans l'organisme par le foie[93]. L'argent comme le sucre sont deux sources d'énergie, le fameux « nerf de la guerre » qui permet aux cellules, aux individus et aux nations d'accomplir ce pour quoi ils sont fait. L'administration de l'argent apparaît dans les systèmes comptables de toutes les entreprises, mais aussi dans les fluctuations des valeurs boursières aussi volatiles que des odorants. La bourse dit l'air du temps économique et, malgré son hyper-rationalité mathématique, les personnes qui ont du flair sont celles qui y réussissent le mieux. Dans une réalité sociale qui se mondialise la bourse fonctionne comme un système olfactif planétaire. Par analogie, une société qui introduirait le Revenu Universel rendrait son « foie » symbolique visible et actif, conséquence « naturelle » d'une nouvelle étape de l'évolution de l'organisme « humanité ».

Dans le zodiaque l'axe Taureau-Scorpion gère cette délicate cuisine.

Pathologies

Les problèmes de nez évoquent les difficultés du sujet à s'harmoniser avec son temps en accomplissant les métamorphoses nécessaires à sa croissance psychique ou spirituelle. Le passé retient, le futur inquiète. Le choc entre deux états de conscience – une contrariété amoureuse par

---

[93] Luc Bigé, *Prométhée, le mythe de l'homme,* éditions de Janus.

exemple ou un déménagement – est pris en charge par un nez qui coule. Georges Romey précise que lorsque le nez apparaît dans les rêves il y a une transformation du rapport du rêveur à l'image de sa mère[94]. En cas de douleur à l'organe nasal ou de chirurgie esthétique on pourra interroger l'insécurité du patient car, normalement, le sentiment de sécurité s'installe avec la première odeur de la peau maternelle. L'odorat est lié aux émotions et à la mémoire. Il « parle » de la manière dont la personne sensible et stable relie ses souvenirs d'hier aux changements de demain. Les allergies, devenues si fréquentes dans un monde qui change de plus en plus vite, signent la difficulté de relier les valeurs du passé avec les défis du futur. Le corps prend en charge les incapacités de la conscience de s'adapter sans cesse à un monde instable. Ces trente dernières années la fréquence des allergies a doublé, 10 % à 15 % des habitants des pays industrialisés en souffrent.

Allergies respiratoires (rhinites)

L'organisme sécrète des anticorps contre des substances pourtant inoffensives, comme le pollen, la poussière ou les poils de chat. Ces anticorps se fixent ensuite sur la muqueuse nasale, ce qui entraîne la libération de facteurs inflammatoires. Apparaissent finalement des symptômes comme l'écoulement de liquide et des picotements accompagnés d'une perte de l'odorat. Il s'agit donc d'une réaction de défense du psychisme *contre le sens symbolique porté par les allergènes* inoffensifs. L'allergie à la poussière suppose une défense contre ce qui « pousse hier », ces reste oubliés de l'agitation du monde. La poussière est en effet la trace laissée par les innombrables activités du passé. Cela peut dire une peur de la mort puisque notre destin à tous est de redevenir poussière. Il y a ici une crainte de grandir en faisant le deuil d'une situation antérieure jugée plus sécurisante qui, pourtant, est déjà « morte ». Les

---

[94] Georges Romey, *L'Encyclopédie des symboles*, éditions Quintessence

allergies au pollen conduisent vers une analyse inverse puisque ces fertiliseurs qui arrivent avec le printemps sont des semences d'avenir. Le nez qui refuse les odeurs du « premier temps », le printemps, craint un monde qui va trop vite, un monde où la conscience n'a pas le temps de faire les adaptations nécessaires, un monde saturé d'innovations. Est-ce par rapport au travail (le bouleau) ? À des transformations intérieures refusées (le platane) ? À la vie amoureuse (le charme) ? Pour aller plus loin il faut interroger l'arbre qui diffuse son pollen. Une fois sur deux l'allergie dégénère en asthme. « Il s'agit de sortir des systèmes de dépendance maternels protecteurs et nourriciers (le ventre) pour passer à la conscience des échanges et, surtout, trouver le courage d'affirmer sa quête héroïque en prenant l'espace dont on a besoin. Il existe un conflit entre l'idéal et la réalité, cette dernière étant vécue comme un étouffoir qui empêche le déploiement du courage du cœur[95] ». La crainte de ne pouvoir s'adapter aux innovations du temps présent entraîne un repli sur soi qui étouffe le sens héroïque de la personne.

Hyperstimulation de l'odorat

Le corps cherche à renouer avec une expérience ancienne en faisant appel au sens du souvenir : l'odorat. Il est difficile de se détacher d'un passé adoré ou sur-idéalisé.

Ronflement et apnée du sommeil

L'air inspiré qui s'engouffre dans les fosses nasales passe devant le voile du palais terminé par la luette. Puis il descend dans le pharynx et la trachée pour atteindre les poumons. Lorsque le corps est allongé les muscles de la langue se détendent jusqu'à caresser le fond de la gorge. C'est cet affaissement qui gêne le passage de l'air et entraîne le ronflement. Cela gène naturellement le conjoint mais pourra aussi conduire à l'apnée du sommeil. Il s'agit donc d'une

---

[95] Luc Bigé, *Le Parchemin magnifique Vol. 3*, éditions Réenchanter le monde.

question de communication intime puisque l'élément Air est le grand vecteur symbolique des échanges. « Intime » car le ronflement apparaît dans l'espace de la nuit, lorsque l'inconscient transmet des informations sans l'intervention du contrôle de veille. Tout se passe comme si le corps ronflant disait la nuit des choses qu'il n'osait ou ne savait transmettre le jour. Comme toujours le symptôme a des effets contraires au symbole. Le symptôme dérange les autres alors que le symbole espère un surcroît de proximité. Lorsque le sujet a peur de déranger en phase diurne le ronflement de la nuit se substitue à l'impossible chuchotement du jour. Cela suppose de traverser la peur de l'intimité et de la nudité de soi face à l'autre, car ronfler est aussi une façon de faire fuir ce qui pourrait entrer dans la caverne du Palais, dans la maison intime. Le ronflement est le moyen qu'a trouvé le corps pour libérer de ses contrariétés celui qui en a gros sur le cœur.

Le « nouveau-nez » attire l'attention car il espère la confiance et les confidences partagées d'une oreille attentive. Il dérange la nuit ceux qu'il n'ose pas déranger le jour !

Peut-être est-ce une défense archaïque des hommes et des femmes des cavernes qui, en émettant ces grognements collectifs désaccordés, se protégeaient des bêtes sauvages alentours. L'odorat est en relation avec la vie qui disparaît, avec la putréfaction des organismes vivants. Derrière le ronflement, il y a la crainte de se laisser aller et, ultimement, la peur de mourir en s'abandonnant en toute confiance. C'est peut-être la raison pour laquelle ce symptôme en entraîne un autre : l'apnée du sommeil, formée d'arrêts respiratoires de plusieurs secondes. Arrêter de respirer revient à se mettre en état de vigilance permanent face à l'ultime danger, celui de mourir.

Notons que les femmes sont beaucoup moins sujettes au ronflement que les hommes, la communication intime du jour leur est souvent plus facile, de même que l'accueil du mouvement. Notons aussi que ce symptôme s'accentue avec l'âge : s'accorder aux flux d'un monde changeant est de plus en plus difficile pour un « moi » ancré dans des valeurs qui passent inéluctablement avec sa génération. Notons enfin que le tabac renforce la stabilité du moi alors que l'alcool est un appel à sa dissolution. Ces deux facteurs aggravent le ronflement : ce sont des réponses matérielles contraires à la demande du né qui aspire secrètement à la communication intime, au chuchotement amoureux, au lâcher-prise pour l'accueil du changement et l'acceptation sans crainte d'une mort symbolique à son ancienne vie.

La lumière du feu chasse les bêtes sauvages comme la lumière de l'âme fait s'évanouir les angoisses. Alors le né qui ronfle par le nez, l'égo, est appelé à passer ses dernières résistances pour entrer dans le grand flux du vivant : il respire enfin !

Éternuement

Cela pourra être lu comme une tentative de séparation d'avec la mère en rejetant violemment son odeur, dans l'espoir de retrouver l'unité avec soi-même. L'ancien français *esternuder* se compose de « *ester* », « rester, demeurer, se tenir debout » et de *nuder*, comme dans « dénuder ». Cela suggère un désir de remettre à zéro les compteurs de son existence pour pouvoir repartir dans la vie nu comme au premier jour.

Nez bouché

Les événement de sa vie changent trop vite, si bien que le né n'a pas le temps de s'adapter aux changements affectifs qui l'accablent. Alors l'organe se bouche comme pour dire que là, il n'en peut plus. Le sujet a besoin de temps pour s'adapter profondément à une nouvelle situation émotionnelle. Renifler, c'est faire un effort pour retrouver l'harmonie avec l'air du temps ou le milieu dans quel on vit. Le nez bouché est un né bouché, un sujet qui n'a provisoirement plus de goût pour une vie qui passe sans lui. Le moi se protège d'un environnement psychique qui pourrait le déstabiliser, il bouche ses « trous » par où pénètrent les informations sensibles du monde, l'atmosphère psychique dans laquelle il vit. Le fait de ne plus rien sentir permet de se couper de son passé comme de ce qui se passe. Inversement une exacerbation de l'odorat est une manière de se relier à un passé révolu, dont on n'a pas encore fait le deuil. L'on pourra aussi s'interroger sur la nature de la relation intime entretenue avec l'autre, peut-être est-ce une manière de dire que « l'on ne peut plus le sentir », derrière le masque des habitudes et de la bienséance.

Nez refait

Il existe probablement des troubles de l'identité liés à la généalogie familiale puisque le nez est en lien direct avec les poumons et l'arbre généalogique. Peut-être faut-il trouver sa place en son sein. En tout cas il y a quelque chose à libérer afin que l'esprit de la famille et des ancêtres circule mieux dans sa vie et que le souffle transgénérationnel anime la vie *personnelle* du sujet.

Nez rouge

Le rougissement de la face signe l'acceptation de traverser les obstacles de la souffrance, de la honte et du mensonge, pour affirmer la force de son sang et renouer avec la joie de vivre de l'être psychique un temps immobilisé dans des comportements qui ne lui convenaient pas.

Nez fracturé

L'expression « se cassez le nez » parle d'un échec. Il s'agit d'une limitation brutale de la volonté d'ego qui s'est heurtée à une personne encore plus égotique, ou à une situation que le sujet croyait surmonter en se lançant en avant mais qui s'avéra trop coriace pour lui. Le né n'était pas suffisamment installé dans l'équanimité, cette posture de la conscience qui observe le monde tout en s'y engageant. On pourra aussi lire cela comme une seconde coupure du cordon ombilical. Une prise de conscience soudaine à propos de ses limites pour devenir plus autonome et réfléchi. La relation à la mère est questionnée. Troubles de l'identité possibles.

Rhume

Une perturbation affective déstabilise le sujet. Le rhume a pour fonction de négocier sa relation avec la réalité sensible de son entourage en lui offrant le temps de l'adaptation. La langue des oiseaux entend « hume-Air (R) » : revenir vers une pensée vivante et bien sentie alors que celle-ci s'est peut-être fourvoyée dans des concepts sans âme. Lorsqu'ils deviennent chroniques les rhumes signent une difficulté de se confronter à la réalité, du fait de la déstabilisation induite par de petits chocs psychiques difficiles à gérer nés, par exemple, d'une trop grande proximité psychique avec la mère pendant l'enfance. Un mode de fonctionnement fusionnel avec les proches est à soupçonner (avoir quelqu'un dans le nez).

Sinusite

La sinusite est une inflammation des muqueuses qui recouvrent l'intérieur des sinus. Ces cavités osseuses communiquent avec les fosses nasales grâce à de petites ouvertures où s'écoule le mucus. La douleur provient de son accumulation à l'intérieur des sinus lorsque le nez ne libère plus le liquide.

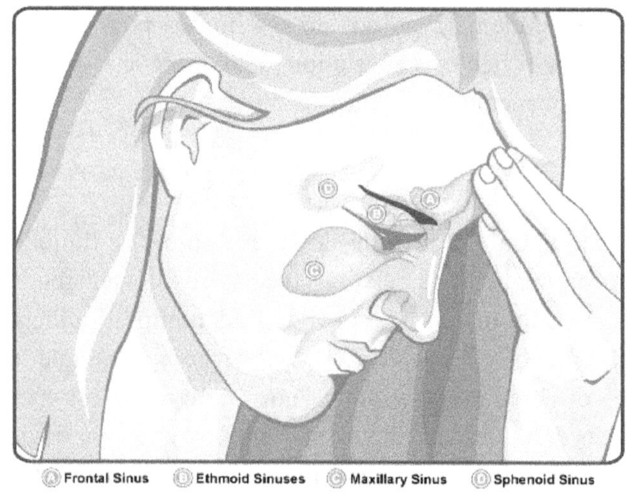

Une douleur, lue symboliquement, représente le dégagement d'une violence, voire d'une haine inconsciente prise en charge par le corps. Le mucus jaune, c'est-à-dire le rayonnement du « moi » est comprimé, d'où sa rage. Si la douleur est localisée dans le sinus frontal (A) c'est la liberté de pensée qui est engagée ; à la hauteur de l'ethmoïde (B) se sera son désir d'élévation et son idéalisme ; les maxillaires (C) qui se réfèrent aux mâchoires évoquent l'ambition du né qui se projette en avant dans une démarche volontaire ; quant au sinus sphénoïde (D), l'os-berceau du nouveau-né, il somatise toutes les pressions qui empêchent le sujet de changer de vie pour se rapprocher de lui-même. Ce sentiment d'étouffement suscitant une violence inconsciente pourra aussi trouver son origine dans une relation amour-haine à la mère pendant la petite enfance, rejouée ensuite dans la vie familiale ou professionnelle, notamment s'il s'agit d'une « Société-Mère » ou de l'une de ses « filiales ».

Sensibilité exacerbée aux odeurs désagréables

Il s'agit d'une peur de la mort ou de ce qui est mort en soi comme, par exemple, des vieilles mémoires émotionnelles qui ne veulent ou ne peuvent pas disparaître. La phobie des microbes pourra indiquer un refus et une peur de modifier une belle image de soi : propre, pure et sans tache.

Le récit du nez

L'odorat reçoit les expressions silencieuses de tout ce qui vit et meurt. Nous nous mouvons en permanence dans le brillant chaos des odeurs. Ces remous changeants portés par la brise accumulent une multitudes d'informations sur ce qui vit et, surtout, sur ce qui meurt à chaque instant. Si le nez qui respire capte la vie, il sait pertinemment qu'il participe à un monde en décomposition constante. Notre odeur est la trace spirituelle ou pathologique de notre passage sur Terre. Exister consiste à s'ouvrir à un monde en train de s'écouler, à un monde en train de passer, à un monde en décomposition constante. Dans nos narines la vie et la mort se mêlent comme l'air uni aux molécules odorantes qui signent la décomposition du vivant. D'abord de façon très intime, très « vécue ». De cette expérience du sentir va naître la pensée, la ruse d'abord, qui s'appuie sur les expériences de la vie ordinaires. Les allergies, devenues si fréquentes dans un monde qui va si vite, signent la nostalgie du passé ou la crainte du futur. Ces incertitudes ne sont vraiment supportables que par une conscience centrée dans le cœur qui reçoit le souffle. Celui dont la conscience cardiaque est encore fermée refusera de sentir sa propre mort et l'impermanence du vivant. Il préfèrera se boucher le nez. Seul le cœur possède la bienveillance nécessaire à la traversée des deuils successifs, tous ces petits et grands changements qui aident le né à grandir.

Le nez se dresse au centre du visage, à mi-chemin entre les yeux et la bouche. Au-dessus de lui veille l'organe qui reçoit la lumière du ciel et en-dessous se tient celui qui absorbe les fruits de la terre pour les envoyer vers l'enfer chlorhydrique de l'estomac. Les odorants, ce sont ces objets intermédiaires, des substances de médiation qui propulsent le désir de vivre entre le Ciel du destin accompli et la Terre du tombeau. Baudelaire, au nom prédestiné de « beau de l'Air », s'immergea dans le royaume des senteurs jusqu'à ce que son « âme s'envolât sur les ailes d'un parfum comme l'âme d'autres hommes s'envole sur l'âme de la musique ».

Rempli d'un Air passant, le nez contient la pensée fugace. Une pensée qui commence par la simple ruse, un terme poli pour dire le mensonge. Elle se poursuit avec la comptabilité qui gère la mémoire des contrats. L'organe s'occupe d'objets invisibles mais omniprésents comme les molécules odorantes, le monde des chiffres et les équations mathématiques emplies d'inconnues. C'est l'administration de ces « inconnues » qui décrit l'état d'un système : biologique avec les molécules odorantes, économique avec la comptabilité, physique avec des équations du second degré et des intégrales. C'est ainsi que l'organe qui s'occupe de la vérité et du mensonge fit d'abord ses classes en développant l'intelligence *abstraite* la plus simple : la ruse. Puis vinrent la comptabilité et l'algèbre. Quelle sera l'étape suivante ? Peut-être une réponse à cette question déjà posée par Platon puis reprise par des mathématiciens contemporains comme René Thom et Alain Connes : les données mathématiques sont-elles de simples conventions de calcul ou possèdent-t-elles une réalité objective abstraite ? Faut-il se baisser pour passer sous une équation écrite au tableau noir pour ne pas la prendre en pleine figure ? Si l'analogie avec les molécules odorantes est pertinente, on peut supposer l'existence objective de ces entités mathématiques comme le fit en son temps Kurt Gödel[96].

Trois organes reçoivent l'Air, ce symbole de la pensée : le nez, les poumons et le sang. Le nez, qui est en contact avec le monde extérieur des arômes, a la difficile mission de penser la réalité matérielle. Une réalité qu'il « humanise » pour la rendre

---

[96] Pierre Cassou-Noguès, *Les démons de Gödel*, Logique et folie, Points.

acceptable à l'organisme humain et aux sociétés. Le nez sent d'abord et « pense » ensuite : il pense ce qui est senti. Cela va du bon sens pratique jusqu'au développement d'une technologie capable de transformer l'environnement. Les poumons commencent à juger en séparant le bien du mal, conformément au symbolisme de l'arbre. Ils questionnent l'éthique ainsi que la relation au transgénérationnel si bien métaphorisé par l'arbre pulmonaire qui n'est autre qu'un arbre généalogique. Enfin le cœur qui fait battre le sang oriente l'intelligence vers le dialogue et la concorde. Ces trois relations à l'Air symbolique évoquent trois types d'intelligence : technicienne et pratique, philosophique et éthique, négociatrice et compatissante.

Les molécules odorantes dispersées dans l'air informent sur l'état d'un système, c'est pourquoi le nez associe si naturellement *la sensation avec la pensée* !

> Sentir les odeurs : percevoir les états changeants de la nature.
> Sentir l'air du temps : avoir l'intuition des états changeants des systèmes économiques, familiaux et sociaux.
> Sentir la présence des archétypes : accomplir la posture d'Atlas qui conduit vers la quatrième naissance de l'homme devenant un canal pour l'Esprit et ses contenus.

Quel que soit le niveau de lecture, le nez parle toujours d'un sujet solitaire conscient de sa solidarité avec son environnement, son groupe social ou le monde des archétypes. Pour rester stable au sein d'un monde toujours changeant l'équanimité s'impose. Celle-ci s'installe avec le calme de la pensée. Or l'agitation mentale dépend de la vigueur de la respiration nasale. Forte, elle pousse à l'agitation ; presque immobile, elle disparaît par enchantement en se dissolvant dans le calme profond de la paix intérieure.

Le nez symbolique est aussi l'espace psychique où la personne tente d'harmoniser ses visions avec ses pratiques, d'accorder l'esprit le plus lointain de ses idéaux avec ses pulsions au plaisir immédiat. En cet espace biopsychique l'âme et le corps dialoguent jusqu'à sentir peu à peu le rythme de leur harmonisation.

Enfin, l'organe de la respiration représente l'espace symbolique de notre quatrième naissance. La première fut celle du bébé qui entra dans le monde par le bassin. En marchant l'enfant entame déjà la conquête du monde symbolisée par les membres inférieurs. Puis, avec la maturité, vient la seconde naissance. Celle d'un sujet capable de se lier aux autres sans les écraser ni se soumettre. C'est l'œuvre symbolique du ventre. En chemin le sujet sera confronté à la tentation des sept péchés capitaux analogues aux sept viscères. Ceux-ci peuvent en effet choisir de « servir le vice » plutôt que de « servir la vie ». La société contemporaine, tellement fondée sur la production, la consommation, les besoins de plénitude du ventre, la peur du manque et la séduction suggère que l'état de conscience moyen de l'humanité est aujourd'hui focalisé dans le ventre et le petit bassin. Pour aller plus loin il faut envisager la possibilité d'une troisième naissance dans le cœur comme une nécessité commune. Mais créer une société de bienveillance, de respect et de partage ne suffit pas. C'est une propédeutique à la quatrième naissance proposée par le nez. L'organe identitaire, aussi immobile qu'une montagne, reçoit le plus instable des quatre Éléments. D'abord associé au souffle vital, l'Air devint le symbole de la libre pensée puis du *pneuma*, l'Esprit. Ce souffle n'est jamais pur. Il contient des myriades de molécules échappées des processus de croissance et de putréfaction des organismes vivants. Mais ces molécules métaphorisent le contenu de la pensée et de l'Esprit : nombres, idées et archétypes. Accueillant le grand jeu de la vie et de la mort, le nez reste immobile. Pas une grimace de dégoût ni un œil qui tourne. Cette parfaite équanimité de la conscience n'enlève rien à la capacité du sujet de s'engager dans le monde puisque le nez se porte en avant sur le visage et, lorsqu'il rougit, manifeste les qualités dynamiques du sang.

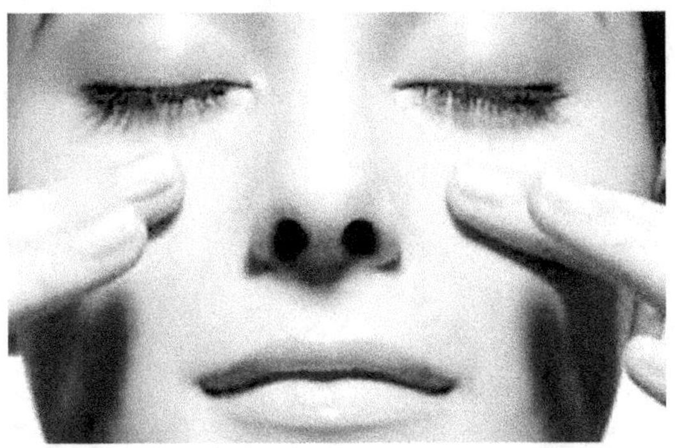

Les axes sémantiques

Immobilité	Identité.........	Impermanence
Vie (inspir)............	Existence......	Mort (expir)
Domination	Compétition ...	Soumission
Vérité	Se tromper	Mensonge
Passé	Présent.........	Avenir

Le nez est une saillie fichée pour moitié dans le temple crânien et pour l'autre moitié dans le palais de la bouche. L'identité est un équilibre fragile et toujours à rétablir entre l'immobilité et le mouvement, la vie et la mort, la domination et la soumission, la vérité et l'illusion. Ses pathologies signent la rupture de cet équilibre. Le nez se projette vers l'avant, il est tendu vers l'avenir tout en se fondant sur la source : l'odeur du corps maternel. Il représente exactement ce que nous sommes : des traits d'union entre le passé et le futur.

Les peuples asiatiques, chinois et japonais ont un nez comme en retrait du visage. Faut-il y voir la longue habitude culturelle d'effacement du moi au nom de l'harmonie collective.

Écouter avec les oreilles

La bouche unique et mobile reçoit le nourrir destiné à mourir, broyé dans l'acidité des sucs gastriques de l'estomac ; le nez immobile mais déjà séparé en deux narines accolées inspire l'air porteur d'informations pour le distribuer dans le système cardiovasculaire. Idéalement le goût stimule le « moi » pendant que les odeurs parlent au « dieu intérieur ». Ils alimentent en effet respectivement le ventre-nombril et le système cardio-pulmonaire.

La distance augmente encore avec les oreilles et les yeux bien séparés sur le visage. Les informations reçues par ces deux derniers organes sont immatérielles puisque le son comme la lumière se déplacent sous la forme d'ondes, sous la forme d'une pure géométrie dont nous connaissons les relations particulières avec l'âme[97]. Ces échos du monde dénués de matérialité n'informent plus l'estomac ou le cœur mais directement le cerveau. Le « moi » se densifie en absorbant des matières vivantes ; le Soi se délecte de parfums, ces essences dont les dieux sont si friands. Quant aux sons et à la lumière, si immatériels, ils « alimentent » la partie la plus sacrée de la

---

[97] Luc Bigé, *Le Parchemin magnifique* Vol. 1, éditions Réenchanter le monde.

constitution symbolique de l'Homme : son temple crânien dont nous explorerons prochainement le contenu.

L'écoute se tourne d'abord vers ces pensées silencieuses qui batifolent sans cesse dans notre tête. Cela semble si naturel que nous omettons généralement de le remarquer. La vision, l'odorat et le goût fonctionnent le plus souvent comme des sens tournés vers le monde extérieur. Ils captent la beauté d'un corps, l'odeur de la terre mouillée et les saveurs d'un met. Mais l'écoute commence par l'intérieur, celle des « sonorités » de nos pensées qui orientent nos pas. L'oreille nous propose *d'intérioriser* le monde *extérieur*. C'est pourquoi, comme l'intestin et le cerveau, elle s'affiche sous la forme d'un labyrinthe « initiatique » qui organise le passage entre deux mondes. C'est, de fait, le seul de nos sens que le vocabulaire qualifie d'*interne*. La vue, le goût et l'odorat contribuent à l'adaptation de la personne à son environnement. Ils lui évitent de se cogner contre un meuble, d'absorber une nourriture avariée ou l'aident à choisir un partenaire à l'odeur agréable. L'oreille va plus loin : elle déclenche l'immersion du sujet dans un univers invisible couronné par l'audition musicale. En langage théologique, « Dieu est Parole », il a donc l'oreille de l'homme.

Après tout, nous pourrions vivre dans un monde d'images intérieures aussi aisées à créer et à dissoudre que nos pensées. Rares sont les personnes qui, comme Mozart, *voient* les notes d'une composition musicale :

> « Même si elle est très volumineuse j'ai l'œuvre dans la tête en totalité, presque entièrement terminée, si bien que je peux la survoler d'un coup d'œil comme un beau tableau ou une statue. C'est un plaisir indescriptible ! »

Nous pourrions encore nous mouvoir dans un univers de senteurs immatérielles aux fragrances si subtiles que celles-ci nous suffiraient pour être au monde et communiquer. Mais nous existons *intérieurement* par la pensée bien plus que par les images et les odeurs. Ce sont des sonorités silencieuses qui habitent notre tête infiniment plus que des images, des parfums ou des goûts. L'éducation, en principe, nous apprend à penser. Nous pourrions cependant aussi imaginer un *cursus* scolaire qui nous enseigne à voir intérieurement ou même à sentir les parfums immatériels de la réalité secrète.

Aujourd'hui, à moins de pratiquer assidûment certaines techniques de méditation, il est exceptionnel de voir son cœur et totalement impossible de renifler l'odeur du sang qui l'irrigue. Par contre chacun a déjà entendu ses battements dans sa poitrine, en cas de grande frayeur par exemple. L'écoute partage ce lien particulier à la vie intérieure avec un autre de nos sens : le toucher sous la forme sensible du pressentiment ou du frisson inattendu qui étreint. Les sensations internes mobilisent la conscience *de soi* puis, plus tard, du Soi, au moins autant que les pensées. « Je sens donc je suis » a autant de pertinence que le célèbre « je pense donc je suis ».

La nature humaine a donc choisi *l'entendement* comme voie d'intériorisation du monde aux dépends des images, des odeurs et des goûts. Nous écoutons sans cesse le son des pensées silencieuses qui s'agitent dans notre tête, de manière encore très imparfaite pour qui tente de les ordonner en raisonnements logiques.

Étymologie et expressions

Au Xe siècle les Francs désignaient la partie visible de l'oreille par le terme *aurelia*. Il s'agit aussi du titre d'un célèbre ouvrage de Gérard de Nerval où le poète décrit son voyage intérieur vers sa folie puis sa rédemption. Le latin *auricula* nomme de manière égale l'oreille et l'auriculaire. Le dieu Mercure associé à ce petit doigt informe les trois mondes – divins, humains et chtoniens – des volontés de Zeus[98]. Quoi d'étonnant à ce que le doigt de l'intuition soit lié étymologiquement à l'oreille, l'organe qui rend le Souffle audible ?

Écouter suppose une mise à distance des choses car aucune substance ne rentre dans l'organisme. Cette distance autorise toutes les audaces, par exemple tromper le dieu de la Lumière pour lui soutirer l'autorisation d'appartenir à la communauté des Olympiens. Hermès/Mercure réalisa cet exploit douteux. Si le mensonge trouble un nez rougissant jusqu'aux pommettes, l'entendement l'érige en système et l'appelle ruse, théorie, système ou encore savoir. Tous ces termes s'appliquent à Mercure, le dieu juvénile qui inventa la lyre à trois cordes, une divinité que nous retrouverons bientôt dans la physiologie de notre oreille.

Sur le plan psychique, le nez/né était cet élément d'avant-garde tendu vers son futur et soucieux de la sécurité de ses origines, origines symbolisées par l'odeur du corps de la mère lors de la première tétée. L'organe de l'écoute ne s'impose pas de cette manière. Il reçoit les murmures qui s'élèvent du monde, ses rumeurs aussi. L'expression « avoir l'oreille de quelqu'un » signifie « avoir sa confiance ». L'organe de l'écoute reçoit la confidence lorsque l'auditeur et le locuteur partagent une même confiance. Sinon la parole reste en l'air et l'écoute flotte lorsque les mots « entrent par une oreille et ressortent par l'autre ». Les pathologies de l'organe de l'audition diront une confiance trahie. Et l'on sait à quel point une personne blessée « ne dort plus sur ses deux oreilles » puisque la méfiance l'emporte sur la confiance. À moins qu'elle choisisse de « ne plus bouger une oreille » si la peur l'emporte. Vieux réflexe de prudence animale en réalité. Les chats, les chiens et les autres

---

[98] Luc Bigé, *Le Parchemin magnifique* Vol. 4, éditions Réenchanter le monde.

mammifères maintiennent une oreille dressée, aux aguets, afin de ne pas se laisser surprendre par un prédateur. L'oreille est le seul sens qui ne se ferme ni ne s'endorme : l'organe assure la sécurité de la bête dans un monde brutal. Mais l'homme ? Son oreille lui murmure qu'un autre monde est possible si seulement il savait tendre son écoute vers lui. Un monde fait de confiance réciproque, d'écoute et d'entendement.

Notons que le coussin sur lequel nous reposons notre tête le soir avant de nous endormir en toute confiance, sachant que demain nous allons nous réveiller d'une mort quotidienne, s'appelle un *oreiller*.

Du point de vue astrologique deux signes sont sous la tutelle de Vénus : le Taureau et la Balance. Ils organisent respectivement l'odorat et l'écoute. Par ailleurs, la balance est l'un des grands symboles de la justice, une attitude qui sépare l'homme de l'animal. Vénus est aussi la seule déesse de l'Olympe à avoir connu la honte. Le phénomène commence avec un rougissement irrépressible des oreilles qui, bientôt, envahit tout le visage. Positivement cela signe l'intense besoin de s'affirmer dans un milieu silencieusement hostile où la confiance fait défaut. L'exaltation de Saturne en Balance rappelle que la justice est sous la tutelle de la loi, encore une distinction entre l'homme et la bête.

Au temps de Pline l'Ancien régnait une étrange coutume dont il nous reste aujourd'hui l'expression « se faire tirer les oreilles ». Ce geste était appliqué aux hommes dont on espérait le témoignage, à propos d'une transaction commerciale par exemple, afin qu'ils ne l'oublient pas car « au bout de l'oreille, est le siège de la mémoire, et quand nous en appelons au témoignage de quelqu'un, nous lui touchons le bout de l'oreille ». À l'époque il s'agissait de toucher le bout de l'oreille du témoin et non de la lui tirer pour le punir – une forme dégénérée de la loi – comme cela se pratiquera plus tard à l'école. « Se faire tirer l'oreille » est un rappel à la mémoire.

Écoute, confiance, confidence, justice, loi, entendement, musique et mémoire : l'oreille est bien l'organe de la socialisation et de l'humanisation.

La langue des oiseaux précise les mots de l'oreille :

L' « Oreille » lance des sonorités qui la rapprochent des « orteils ». Les orteils sont en fait les « oreilles de la Terre[99] » comme le précise le « t » qui s'ajoute au vocable. En se posant sur le sol, ils *symbolisent les besoins du sujet dans sa* relation *au féminin* représenté par Gaïa, la Grande Déesse qui pourvoit aux besoins matériels de tous les vivants. Inversement, nos oreilles *précisent nos avancées dans l'écoute du Souffle – de l'Esprit – qui se manifeste par nos voix intérieures.* Notons que les oreillettes, les « petites oreilles », appartiennent à la sphère cardiaque, là où naît la confiance.

Les Lobes qui terminent le pavillon de l'oreille offrent un rappel sémantique avec les lobes des poumons et du foie. L'on sait aujourd'hui que la présence d'un pli oblique sur le lobe de l'oreille est un marqueur des risques cardiovasculaires chez les sujets de moins de 50 ans[100]. Or, comme les lobes des oreilles, ces trois organes sont les espaces symboliques de la mémoire : généalogique avec les poumons et clanique avec le foie. La boucle d'oreille qui s'accroche sur le lobe auriculaire matérialise cette mémoire sous la forme d'un lien. La confiance encore...

Pavillons et *labyrinthes* expriment deux fonctions contraires. La partie externe est ouverte, « pavillonnaire » précisément puisqu'elle accueille tout sans jamais se fermer. La partie interne plonge dans un dédale le souffle qui a caressé le

---

[99] Luc Bigé, *Le Parchemin magnifique* Vol. 1, éditions Réenchanter le monde.
[100] Kirkham N, Murrells T, Melcher DH, Morrison EA. Diagonal earlobe creases and fatal cardiovascular disease : a necropsy study. Br Heart J. 1989 Apr ; 61(4) : 361-4.

pavillon. C'est cela l'entendement : écouter tous les possibles puis les organiser en systèmes de pensée complexes. L'image du labyrinthe appartient également au cerveau et aux intestins, deux zones intérieures riches en neurones.

Les Tympans se présentent comme deux tambours (du latin *tympanum*, « tambour ») qui appellent par leurs rythmes sonores les entités des mondes subtils. C'est l'outil du chamane qui désire entrer en transe lors d'une cérémonie. Qu'est-ce d'autre en effet qu'un « tym-pan » si ce n'est « tous (*pan*) les mythes (*tym/myt*) » qui habitent les mondes invisibles ? Il s'agit également d'une référence indirecte au thymus (*myth-us*, « l'usage des mythes ») dont nous savons qu'il se traduit par « âme » en grec. Quelque soit la manière d'aborder ce mot le passage de la conscience-énergie par les tympans la met en contact direct avec les habitants des mondes invisibles.

Les **osselets** se réfèrent aux chevilles puisqu'il s'agit de l'autre nom de l'astragale, là où pour la première fois l'homme écouta la voix de son destin.

Puis viennent le **marteau** et l'**enclume**, des termes qui évoquent le travail du forgeron martelant un **étrier**. Le verbe *forger* (anciennement *forgier*) avait naguère le sens de « créer » et, au figuré celui d'« imaginer », d'« inventer », accentuant à nouveau la puissance de représentation de l'oreille symbolique. Grâce à l'étrier le chevalier enfourche sa monture ! Grâce à la représentation imaginaire de sa quête il dirige la spontanéité de ses élans (le cheval) vers le lointain. Idéalement la quête chevaleresque sert les besoins de l'épiphyse, le « nouveau né » sagement assis sur la scelle turcique[101]. Par ailleurs « marteau » pourra se lire « aime (m) art haut », aimer le Grand Art, être fou de Dieu. Bref ! être « complètement marteau ». Il faut en effet une certaine dose d'inconscience et de foi pour oser chevaucher la chauve-souris, l'os sphénoïde

---

[101] Le Parchemin Magnifique Vol. 6 (en préparation).

qui s'épanouit dans l'Obscur. Le mystère de l'alchimie intérieure commence par l'oreille. L'ancêtre des alchimistes était un forgeron[102]. Héphaïstos, le mari de Vénus/Aphrodite fabriquait les armes des dieux et les bijoux des déesses.

La *cochlée* désigne un « coquillage ». Il s'agit d'un grand symbole d'exil sur lequel nous reviendrons en interrogeant le mythe d'Icare.

La ***trompe d'Eustache*** résonne avec une autre trompe présente dans le système génital féminin, celle « de Fallope ».

Ainsi commence à poindre l'importance des oreilles qui sont bien plus que de simples tissus spécialisés dans l'audition ! Elles traitent des trois situations difficiles que tout homme traverse au cours de son existence : la confiance parfois trahie, l'entendement qui protège de la folie et enfin le choix de la quête héroïque au risque de l'exil hors de sa communauté. La totalité du sujet est mis à l'épreuve puisque l'organe résonne par voie sémantique avec les orteils des pieds, l'astragale des chevilles, les trompes de Fallope du système génital, le labyrinthe des intestins, les lobes du foie et des poumons, le oreillettes cardiaques et la tête. C'est l'ensemble du corps qui réagit aux sonorités de l'écoute.

Nous savons également que les oreilles sont indispensables à l'équilibre du marcheur. Un équilibre tellement précieux pour oser la confiance en l'autre, développer son entendement puis passer le pied à l'étrier pour engager une quête !

---

[102] Mircea Eliade, *Forgerons et alchimistes*, Flammarion.

Biologie

Pavillon et lobe constituent l'oreille externe qui reçoit les vibrations sonores. La seconde partie, l'oreille moyenne, est une simple cavité remplie d'air, limitée par le tympan qui transmet les vibrations à la partie interne de l'oreille grâce à la chaîne des osselets : marteau, enclume, étrier.

L'oreille interne se décompose en deux parties : la cochlée qui transforme les vibrations acoustiques en influx nerveux et le vestibule avec ses trois canaux semi-circulaires chargés de veiller à l'équilibre du corps soumis à la gravitation.

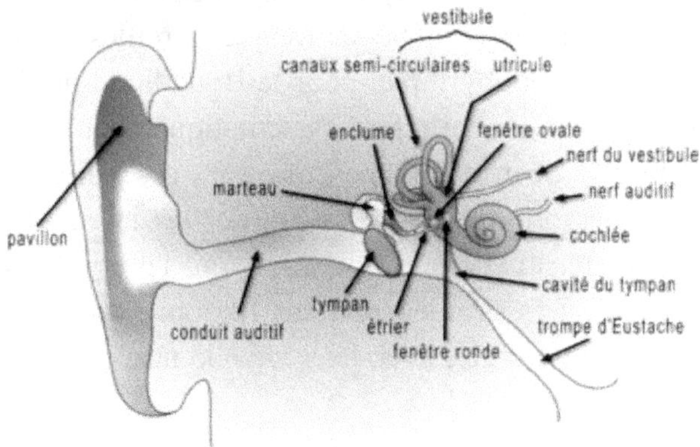

Les trois parties de l'oreille : externe avec le pavillon et le conduit auditif, moyenne à partir du tympan et interne avec la cochlée en forme de coquille d'escargot.

L'oreille est d'abord un pavillon qui reçoit tout. Puis elle devient une colonne d'air vibrante qui stimule le tympan et reçoit le battement de quelques un de nos mythes essentiels. Arrivé dans les osselets le chevalier attise son feu. Puis, dans le vestibule, il se prépare à pénétrer avec énergie dans le processus de transformation qu'évoque la forme spiralée de la cochlée.

Le pavillon

Le pavillon du gramophone amplifie les sonorités. Les grandes oreilles externes écoutent l'inaudible ou, si elles ne le savent pas encore, crient leur besoin immense d'entendre ce qu'elles n'ont pas entendu : des paroles d'amour, des compliments rassurants, une mélodie maternelle ou la voix de Dieu. Les mammifères comme l'âne et le lapin sont dotés d'oreilles semblables à une voilure, Bouddha également. Ces deux exemples disent sur des niveaux de lecture différents une commune vérité : l'intuition et l'instinct priment sur la raison, le pavillon l'emporte sur le labyrinthe, le sensible sur l'entendement. Les grandes oreilles suggèrent un retour vers la sagesse de l'instinct plus pertinente que la raison de l'homme enfermée dans le labyrinthe de ses représentations. L'intuition du Bouddha est infiniment plus ample que l'intelligence humaine occupée à analyser des noisettes de savoir. Néanmoins, pour les animaux à longues oreilles, le pavillon n'est pas encore un labyrinthe, pour le Bouddha il ne l'est déjà plus ! Le sage Sakyamuni refusa systématiquement de répondre aux questions doctrinales posées par ses disciples. Le bouddhisme des origines n'est pas un *corpus* intellectuel mais une pratique spirituelle de libération du labyrinthe de nos représentations. Les oreilles invitent l'homme à dépasser ses premières pensées surgies avec les sentis du nez.

Les grandes oreilles, l'un des signes de la boddhéïté
Source : www.publicdomainvecto.org

Dans nos écoles le bonnet d'âne sanctionnait l'élève incapable d'utiliser sa raison. Son entendement restait pavillonnaire, superficiel. Inversement, puisque tout est symbole, on comprend pourquoi les intellectuels sortant de l'E.NA. s'enferment si facilement dans le labyrinthe de leur entendement, incapables de l'écoute profonde des besoins du peuple. Alors ils se muent doucement en leur contraire, déjà nommé dans les initiales de l'école : des A.N.E.s incapables de s'ouvrir à leurs intuitions, à ces voix inaudibles qui crient à tue-tête de manière si irrationnelle les besoins des temps présents. L'intellectuel est l'homme qui a sauté l'étape du nez : il pense dans son labyrinthe sans oser renifler la vie avec ses myriades d'odeurs changeantes.

Les vibrations qui caressent le pavillon s'engouffrent dans le conduit auditif puis le labyrinthe de l'oreille interne. Cette morphologie dite « labyrinthique » évoque deux autres espaces corporels où règne une activité neuronale intense : le cerveau et les intestins. Symboliquement l'oreille est en relation avec la pensée et la digestion des expériences humaines. Les sons purs reçus dans le pavillon sont différenciés, analysés puis convertis en complexité dans la métaphore du labyrinthe. Au final, ce qui est entendu s'est transformé en entendement. C'est sur cette nouvelle aptitude que la conscience va se fixer pour enrichir ce que nous appelons notre « identité ».

Un autre contributeur à l'élaboration du sujet sera le narcissisme relayé par les yeux. Une troisième accroche sera l'expérience du plaisir relayée par le symbolisme du palais. Une personne centrée autour de son nombril utilise ses cinq sens pour assurer sa sécurité au sein d'un monde en perpétuelle transformation : l'entendement des oreilles, les plaisirs de la bouche, le désir d'être vu à travers les yeux d'autrui et l'affirmation égotique du nez. Mais des obstacles se dressent rapidement lorsque ces sens ne fonctionnent que pour assurer les besoins du « moi » : la raison se mue en une tour d'ivoire sourde aux appels du vivant, les paroles entendues « passent par une oreille et ressortent par l'autre » ; la bouche gourmande conduit vers une société de consommation qui grignote la planète et endort l'esprit chevaleresque ; les yeux n'aspirent qu'au spectacle et déréalisent l'expérience humaine directe ; et enfin le né pétri d'ambitions s'accroche, immuable, à ses avantages acquis.

Les pavillons de l'oreille ont inventé une technique de filtration que nous appelons « écoute sélective ». Lorsque des oreilles filtrent les paroles entendues elles tentent d'épargner un moi fragile. Cette distance distraite n'est pas un manque d'amour ni un défaut d'attention porté à l'autre mais un réflexe de protection. Il faudra alors se poser ces questions : « Qu'arriverait-il si j'écoutais vraiment ? Cette intrusion des pensées étrangères dans ma vie intérieure, est-elle vraiment si déstabilisante ? »

Dans les rêves éveillés,[103]

> « Les oreilles apparaissent lors d'épisodes paroxystiques de perte de confiance. Des « oreilles de lapin plus hautes que des arbres » expriment l'extrême sensibilité de la rêveuse à des opinions sans valeur, mais qui l'atteignent cruellement. Elles lui proposent de tendre son écoute jusqu'aux profondeurs d'un silence venu du ciel et qui contient la voix attendue par sa nature spirituelle. »

Le pavillon reçoit les sons sans les choisir, exactement comme l'estomac accepte les nourritures descendues du gosier sans en décider. Ces « informations » seront ensuite traitées dans leurs labyrinthes respectifs. L'ouverture du pavillon dit la sensibilité aux opinions d'autrui. À moins d'avoir la conscience d'un Bouddha capable de tout entendre, fermement posée dans une équanimité aussi profonde qu'une montagne, les opinions des

---

[103] Georges Romey, *Encyclopédie de la Symbolique des rêves : Le vocabulaire fondamental des rêves*, éditions Quintessence.

autres s'avèrent déstabilisatrices pour une oreille liée à Vénus, la déesse de l'amour. Par ailleurs la personne qui s'engage à réaliser ses rêves et à accomplir les mythes qui résonnent dans ses tympans a besoin de confiance. Elle espère entendre le murmure d'une voix qui l'encourage à aller vers sa vérité intime : celle de sa mère dans l'involution, de son intuition dans l'évolution et de « Dieu » dans la transvolution.

Le pavillon prend donc en charge les souffrances induites par le « qu'en dira-t-on » et les autres bavardages inconséquents. Les grandes oreilles disent aussi le besoin d'écouter son intuition lorsque la raison est devenue une protection qui rend sourd. Elles disent de tendre toute son attention vers la profondeur d'un silence intérieur où résonne la voix du Soi dans la cage thoracique. Écouter la voie du cœur ! Cela semble si important que les oreilles de la tête font écho aux *oreillettes* du muscle cardiaque. Ces « petites oreilles » proposent au sujet d'épanouir son entendement dans un espace de bienveillance et d'infinie simplicité. « L'oreille du cœur » sonne plus qu'une jolie formule. Elle dévoile l'espace naturel de l'écoute, là où la conscience s'installe lorsqu'un échange aspire à la concorde, bien loin des guérillas verbales. Le cœur et ses oreillettes n'aspirent qu'à entendre des paroles d'amour pour la réalisation du plus haut niveau d'expression de la langue : la louange.

En attendant la réalisation de ces espoirs secrets le pavillon reçoit tout : la cacophonie de la médisance comme les silences des paroles attendues mais jamais entendues, l'intuition qui bouscule les certitudes de la raison comme la voix d'un cœur ardent prêt à s'engager dans un combat héroïque. Sa taille, sa forme et ses particularités disent le degré de sensibilité de la personne aux paroles entendues et aux dits perdus. Elles trahissent le degré de confiance accordé à l'autre, à soi-même et à Dieu. Sur ce qui frappe ses oreilles, l'homme n'a aucun contrôle. C'est pourquoi il a un grand besoin de savoir si l'univers est bon. Au début il l'ignore. Alors il égrène une gamme d'attitudes allant de celui qui, méfiant, reste aux aguets à en perdre le sommeil jusqu'à cet autre qui n'hésite pas à s'abandonner sans condition au monde en « dormant sereinement sur ses deux oreilles ». Un exploit remarquable quand on songe à leur position de chaque côté du crâne.

Le conduit auditif

L'air qui caresse le pavillon pénètre par le fin canal auditif. Il atteint le tympan qui transmet les vibrations sonores aux osselets. C'est le canal de la quatrième naissance en Esprit, analogue au canal parturient par où passe le bébé lors de l'accouchement. Cet espace biologique dit si le sujet vibre intensément sur sa note spécifique, s'il est capable de maintenir cette vibration au milieu de la symphonie jouée par ses compagnons d'âme, s'il sait encore la conserver dans la cacophonie des voix contraires de tous ceux qui ne le comprennent pas. Trouver sa note en laissant vibrer ce que l'on est dans son cœur, écouter sa voix pour trouver sa voie sera l'enjeu de cette naissance qui passe par le conduit auditif.

Le tympan et la trompe d'Eustache

La membrane tympanique sépare l'oreille externe de l'oreille moyenne. Elle reçoit les vibrations sonores qui ont pénétré dans le conduit auditif pour les transmettre à la chaîne des osselets formée de quatre os : le marteau, l'enclume, l'os lenticulaire et l'étrier. Le tympan présente une forme de cône. Son sommet dirigé vers l'intérieur rejoint l'ombilic du marteau. Le marteau joue le rôle de la baguette du tambour, mais le système est inversé : les vibrations de l'air font résonner le tympan puis le marteau réceptionne l'information sonore. Alors que dans un tambour « normal » le marteau frappe d'abord la peau de l'instrument pour mettre l'air en mouvement et créer des sons.

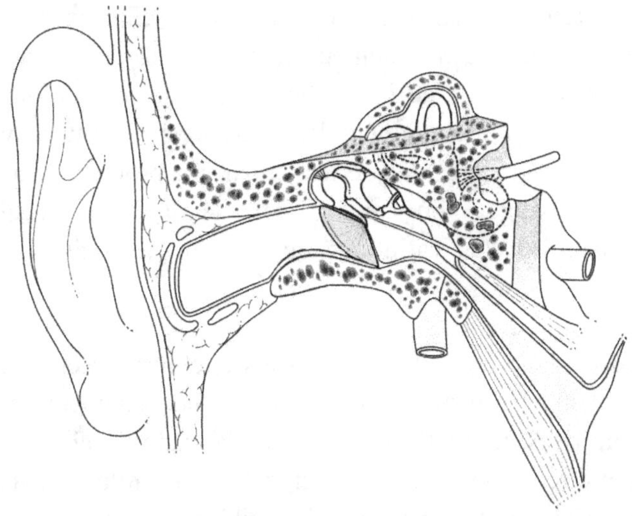

La place du tympan dans le creux de l'oreille. (Source : Wikipédia)
Le tympan reçoit l'air enfermée dans le conduit auditif puis transmet sa
vibration au marteau.

La note portée par le conduit auditif frappe donc le tympan : elle fait résonner un ou plusieurs mythes culturels. Est-ce le Progrès prométhéen ? Le Féminin et la Grande Déesse ? La création technique chère à Dédale ? La puissance du Serpent porteur de l'herbe d'immortalité[104] ? Les pathologies du tympan invitent la personne à se mettre en harmonie avec son destin par une adhésion confiante en ses intuitions qui la porte vers l'infini. Elle l'invite aussi a entendre l'appel d'une quête chevaleresque qui dépasse ses ambitions personnelles ou spirituelles. Entendre *vraiment* est profondément déroutant car cela perturbe notre entendement avant de l'enrichir. Cette difficulté est l'une des raisons symboliques de la surdité.

C'est alors que résonne le son étouffé de la *trompe d'Eustache*, l'instrument de musique qui suit le tambour tympanique.

---

[104] Dans l'épopée de Gilgamesh ou l'histoire de Glaucos. Mais aussi dans le tantrisme puisque le serpent est l'un des noms de la Kundalini.

Ce minuscule canal met en relation l'oreille interne avec l'arrière du nez. Normalement fermé, il protège l'organe de l'audition des bruits de la mastication, de la respiration et des paroles. Il draine également les sécrétions de mucus vers la gorge. C'est grâce à lui que le tympan est protégé au moment des atterrissages en avion car la trompe rééquilibre immédiatement les variations de pression de l'air dues à la baisse de l'altitude.

Curieuse trompe qui étouffe les sons et contrarie les variations de pression ! Un instrument de musique normalement constitué y perdrait ses notes. C'est que, dans la tradition chrétienne, la trompette reçoit le souffle des anges. Ces volatiles transmettent les sonorités divines, des sons inaudibles à l'homme ordinaire. Lorsqu'« un ange passe » le silence s'installe pour une écoute plus approfondie du temps qui, un bref instant, semble suspendre sa course. Alors ce que ce moment a d'impalpable, de lourd parfois, se dépose au cœur d'un silence immobile. Soudain le chevalier au caractère bien trempé dans sa forge tend l'oreille. Il perçoit le murmure inaudible d'un Appel, parfois d'un lourd silence empli de sous-entendus. Et cet appel vibre si fort dans son cœur qu'il réanime son « moi » profond. La personne redécouvre ses mythes fondateurs, se sent si ébranlée qu'elle n'a pas d'autre choix que de partir en abandonnant ses acquis antérieurs. Alors commence l'épreuve du labyrinthe.

La trompe sonne au moment même où le chevalier pénètre dans son monde intérieur labyrinthique. Le sujet abandonne ses repères intellectuels (évolution) ou, au contraire, il les élabore (involution). Apprendre à penser est une épreuve initiatique qui change l'étudiant, apprendre à se confier au Mystère en est une autre toute aussi difficile qui le transforme en disciple. Néanmoins l'involution précède toujours l'évolution. Celui qui se confierait au Mystère sans avoir élaboré son entendement ni adopté la posture équanime de son nez courrait droit vers la folie. Le labyrinthe souterrain de Cnossos illustre exactement ce paradoxe puisque « Cnossos » se traduit par « gnose ». Mais ce monde de l'entendement labyrinthique créé par un ingénieur, Dédale, est aussi la demeure du Minotaure, un monstre né des amours illégitimes de Pasiphaé avec un Taureau blanc. Thésée aura pour mission de le détruire. Son succès, il le dut entièrement à Ariane qui lui offrit un fil magique capable de le guider dans les couloirs tortueux de l'édifice souterrain. C'est grâce à sa confiance en la sagesse mystérieuse de son *anima* que le héros détruisit le monstre que *l'entendement labyrinthique* de Dédale avait fini par produire.

L'oreille interne

La troisième partie de l'organe de l'écoute inclut le marteau, l'enclume, l'étrier et le labyrinthe. Le marteau et l'enclume « forgent » l'étrier. Ils préparent l'entrée du chevalier dans le labyrinthe.

Tout commence par les osselets. Ils confirment les anciens choix de l'astragale qui n'est autre que l'osselet de la cheville. « L'astragale invite l'homme à des choix essentiels, à des prises de risque afin de vivre pleinement son existence et à s'engager sur le chemin de son étoile. Première grande charnière du corps, la cheville se manifeste parfois douloureusement au moment des choix qui engagent le destin individuel[105].» Les décisions idéalistes de la cheville étaient forgées dans l'espérance d'un monde meilleur que des démarches individuelles s'efforçaient d'accomplir. Aujourd'hui, après les espoirs romantiques du ventre et les grands combats thoraciques, le désir de transformer le monde s'est épuisé. La forge des osselets impose à l'homme de « se forger » lui-même et, pour paraphraser Gandhi, « de devenir le changement auquel il aspire dans le monde ». Il s'agit donc de se forger entre le marteau et

---

[105] Luc Bigé, *Le Parchemin magnifique* Vol. 1, éditions Réenchanter le monde.

l'enclume pour devenir un bon outil utile aux desseins de l'âme du monde : tel est l'enjeu de l'oreille interne. L'être humain *bien entendu* deviendra une arme chevaleresque sur la voie masculine symbolisée par Héphaïstos et une « flûte » inspirée par le souffle de la sagesse, le don d'Athéna sur la voie féminine[106].

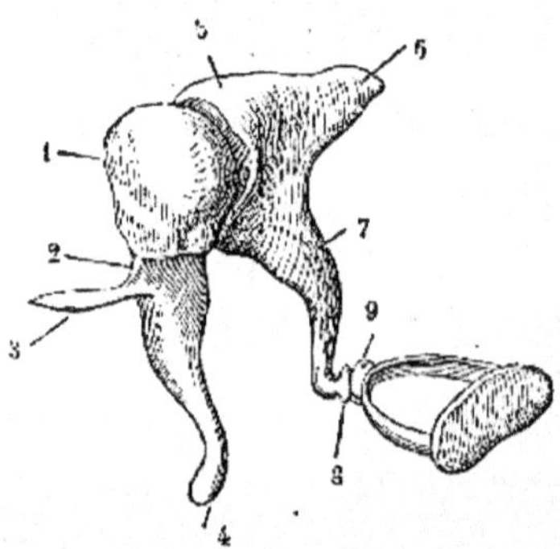

Fig. 787. — Osselets de l'ouïe dans leurs rapports réciproques (côté droit). — 1, tête du *marteau*. 2, son col. 3, apophyse grêle. 4, extrémité inférieure du manche. 5, corps de l'*enclume*. 6, sa courte branche. 7, sa longue branche. 8, son crochet (*os lenticulaire*). 9, sommet de l'*étrier*.

Les quatre osselets : l'étrier attaché au crochet est fabriqué grâce au marteau et à l'enclume. Source de l'image : wikicommun media

Les osselets parlent d'un processus de fabrication. Ils disent notre aptitude à nous « forger » un caractère qui soit à la hauteur des besoins de l'âme du monde, ce « souffle » qui agite tant les groupes humains et les transforme parfois en civilisations, mais aussi en guerres et en conflits interminables.

En frappant le marteau et l'enclume les vibrations reçues sur le pavillon quittent le monde aérien des oreilles internes et moyennes, elles entrent dans un milieu aqueux. Or l'Eau est l'Élément de l'engagement sensible. Si l'on se souvient que les osselets sont contenus dans la partie pétreuse de l'os *temporal* on comprend aisément à quoi se prépare un caractère bien

---

[106] Ces archétypes, Héphaïstos et Athéna, sont *représentés* par les deux os qui s'articulent sur l'astragale, respectivement le péroné et le tibia.

trempé : à sortir hors du temps des vivants pour réaliser une quête intemporelle, celle dont les mythes de toutes les traditions conservent à jamais le souvenir.

Le labyrinthe

Le labyrinthe comprend les trois canaux semi-circulaires, le vestibule et la cochlée. Les vibrations amplifiées par le tympan puis transmises par les osselets sont précipitées dans ce système qui les transforme en impulsions électriques interprétables par la conscience. Le *vestibule* s'est spécialisé dans l'équilibre du corps dans l'espace et la *cochlée* a pour fonction de transmettre les sons au cerveau.

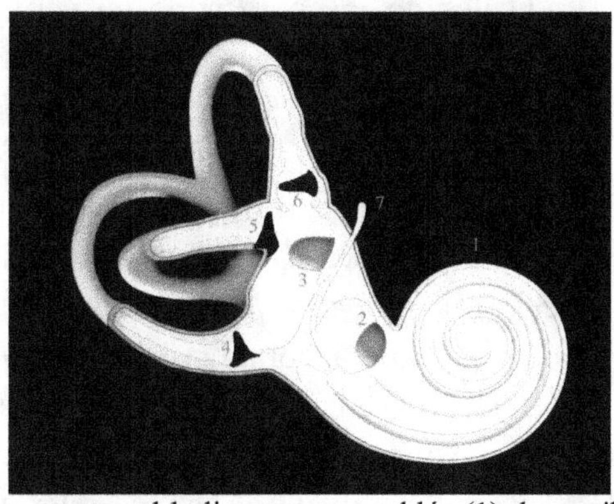

L'oreille interne comprend le limaçon ou cochlée (1), le vestibule qui inclut saccule (2) et utricule (3) ainsi que trois canaux semi-circulaires (4-5-6). 7 : Canalendolymphatique. Source : Wikimedia commons.

Depuis le pavillon jusqu'à sa cochlée, l'oreille invite à une intériorisation progressive, à une plongée libératrice des échos du monde. L'histoire de l'écoute commence par un pavillon grand ouvert, semblable à une feuille au vent. Puis le conduit auditif dirige l'air en mouvement vers le tympan qui entraîne une première sélection des bruits et reconnaissance de ce qui est entendu. La note extérieure rejoint la note intérieure bien mise à l'abri dans la trompe d'Eustache qui communique avec le né/nez équanime. Ce double Appel qui fusionne les bruits mondains avec les besoins du sujet est entendu par un caractère chevaleresque bien *trempé* qui atteint les trois canaux semi-circulaires en forme de lunes. Il pénètre ensuite dans le vestibule puis dans la spirale de la cochlée enroulée autour de la columelle, la « *colonne* » osseuse centrale du colimaçon. Et qui dit « colonne » dit « Hermès[107] », le porteur de messages ! Au terme de son parcours le Chevalier devient le Messager.

Les *canaux semi-circulaires* sont donc au nombre de trois. Ils se présentent comme des tubes creux en forme de boucles incomplètes, répartis dans les trois plans de l'espace. Ils imitent le symbole de la lune et évoquent un féminin sensible, ouvert dans toutes les dimensions de l'existence. Notre oreille interne nous rappelle que l'écoute profonde est tridimensionnelle. Antoine Augustin Cournot remarquait déjà que « l'une des imperfections radicales du discours parlé ou écrit, c'est qu'il constitue une série essentiellement linéaire[108] ». Les orateurs et les écrivains jouent sans cesse sur le style dans l'espoir toujours évanoui de redonner au texte la profondeur et la richesse naturelle d'une écoute profonde, tridimensionnelle et sensible.

Des amours d'Amphitryon « *qui encercle des trois côtés* » et d'Alcmène, « *de la puissance de la Lune* », naquit le héros à l'équilibre parfait capable d'accomplir douze Travaux réputés surhumains : Héraclès. Quels furent son art et son secret ? Inventer une nouvelle manière de tirer à l'arc en tendant la corde jusqu'à son oreille afin de ne jamais rater sa cible. En écoutant profondément il convoque les oreillettes de son cœur et pose sa conscience près de l'organe de l'harmonie, dans une posture équilibrée entre plaisir et déplaisir, tension et détente, amour et haine, force et faiblesse. C'est cette harmonie qui donna naissance à tant d'œuvres « héroïques » – qu'elles soient artistiques, scientifiques ou militaires – qui fondèrent les civilisations humaines ! *A contrario*, le jeune Icare qui refusa d'écouter la parole prudente de son père perdit l'équilibre en

---

[107] Robert Grave dans son ouvrage sur *Les Mythes Grecs* traduit Hermès par « cairn » ou « colonne ».
[108] Antoine Augustin Cournot, *Essai sur les fondements de la connaissance et sur les caractères de la critique philosophique*.

tentant d'atteindre le Soleil d'un Nouveau Monde. Il termina son aventure dans la mer tyrrhénienne, englouti dans le grand silence des abysses. Ces deux épopées nées de l'écoute soulignent l'importance de l'oreille avant d'oser la marche. Car écouter profondément garantit l'équilibre. Cela commence par une perception sensible et profonde des sons entendus, puis une disponibilité sans faille aux sonorités inaudibles jaillies des espaces intérieurs.

C'est donc avec une conscience très attentive à ses besoins (involution), à ceux de sa vérité intérieure (évolution) ou encore à l'âme du monde (transvolution) que le chevalier pénètre dans *le vestibule,* cet espace qui sépare les canaux semi-circulaires de la cochlée. L'endroit est tapissé d'étonnants petits cristaux de carbonate de calcium (CaCO3) nommés « otolithes ». Leurs oscillations maintiennent l'équilibre du corps lorsque la tête change de position, ce qui est assez fréquent. Un dysfonctionnement de ces cristaux auriculaires entraîne des vertiges. Vertiges des profondeurs et angoisse face à l'abîme des origines car le carbonate de calcium maçonna la coquille des premiers animaux marins. Les otolithes maintiennent le souvenir, dans l'oreille, du lieu où naquirent les premiers êtres vivants : l'obscurité des abysses océaniques. En ce qui concerne le sujet, l'eau océanique est la métaphore du liquide amniotique qui possède la même composition saline. Le vestibule de l'oreille interne propose donc à l'homme de s'arrêter un instant pour écouter le son profond et sourd de ses origines personnelles, phylogénétiques et métaphysiques. Le vestibule nous rappelle que le vivant naît dans les profondeurs des abysses. Ce son primordial que le fœtus entend dans l'océan amniotique, bien avant d'accéder au langage parlé, façonnera son futur entendement. Mais beaucoup plus tard, chez l'adulte, la parole voilera dans le discours rassurant du *bien-entendu* et de la raison ordonnatrice ces perceptions intuitives surgies du mystère de la nuit. Il faudra pourtant renouer un jour avec elles et tendre l'oreille vers l'inouï qui s'impose avec force, notamment lorsque le chevalier au caractère affirmé sait enfin ce qu'il cherche et s'apprête à entrer dans la cochlée, c'est-à-dire à reconnaître puis accepter son exil ontologique pour réussir sa dernière naissance.

Le coquillage, symbole de Vénus, symbolise le vagin, le principe féminin de la naissance (à gauche, conque), et un lieu d'exil volontaire comme en témoigne la coquille des pèlerins de Compostelle.

La *cochlée, localisée dans l'os temporal*, représente le véritable organe de l'audition car le nerf auditif y a son point de départ. Ce terme, emprunté au latin *cochlea,* « escargot », désignait alors tous les objets de forme spiralée. Nous utilisons également le mot « colimaçon » pour parler de la cochlée. La coquille s'enroule sur deux spires trois quarts. Son centre se réfère indirectement au dieu Hermès puisque « columelle » se traduit par « colonne ». Par ailleurs « *Coquillage Spiralé* » est le nom français de Cocalos, le souverain mythique de Sicile chez qui Dédale trouva refuge et mit fin à son long exil. Le mythe d'Icare rassemble de multiples allusions aux oreilles comme, par exemple, le déséquilibre de l'adolescent lorsque la « cire » qui attachait ses ailes fondirent car il ne sut pas écouter les conseils de son père, cette « cire » qui bouche les oreilles de l'homme ; le labyrinthe de Cnossos qui deviendra la prison du Minotaure et le roi Cocalos chez qui Dédale usera d'une dernière ruse pour tuer Minos qui le pourchassait inlassablement dans un autre labyrinthe, celui des Cyclades. Dédale se traduit par « ingénieux ». C'est plus exactement un ingénieur qui élabore son entendement rationnel dans le labyrinthe de son entendement. Icare, son fils, est d'une toute autre nature. L'adolescent aspire à sortir de l'intellectualité qui a si bien réussi à son père. Pourquoi cette folle tentative de monter vers le Soleil, vers une nouvelle identité de lumière ? Parce que l'intelligence de l'ingénieur repousse l'expérience vivante et, aujourd'hui, la vie elle-même. Icare échoua à créer un nouveau monde. Son échec est une mise en garde. Ne pas écouter les conseils de son père qui lui recommandait vivement de « voler à mi-hauteur entre ciel et mer » était en effet prudent car ses ailes n'étaient pas bien chevillées à son corps. Son désir d'élévation ne tient en effet que par de fines attaches de cire. Son envol vers les sommets de lui-même n'est pas *sin cera* (« sans cire ») : il n'est pas *sincère*. Les raisons qui le poussent hors des méandres labyrinthiques d'une vie complexe et sans horizons ne s'enracinent pas encore dans l'Appel chevaleresque de son cœur[109].

La forme spiralée de la cochlée, omniprésente dans l'histoire de Dédale et de son fils, rappelle son sens symbolique par une toute autre voie, celle des rêves éveillés[110] :

> « On notera que la dynamique du rêve éveillé utilise spontanément la spirale descendante, le tourbillon, l'entonnoir et l'escalier en colimaçon pour favoriser **l'abandon du contrôle mental** et l'accès à des plans profonds tels que la petite enfance du patient par exemple. »

Car la cochlée est le coquillage de nos fonds océaniques. Elle est maçonnée avec le carbonate de calcium des otolithes tapis au fond du vestibule. Ici le rêve utilise l'image de la spirale *descendante* pour revenir aux sources existentielles du patient : les plans profonds de sa petite enfance. Les faux entendements élaborés dans le labyrinthe auriculaire doivent être abandonnés.

Le coquillage cochléaire est une image du silence des abysses. Il signe la fonction première de l'écoute : tendre l'oreille vers

---

[109] Luc Bigé, *Icare, la passion du soleil*, éditions de Janus
[110] Georges Romey, *Encyclopédie de la Symbolique des rêves : Le vocabulaire fondamental des rêves*, éditions Quintessence. Les caractères gras sont de l'auteur.

les sons inarticulés de nos origines. Il s'agit de la voix de la mère pour le fœtus comme pour l'homme sur le chemin de l'involution. Dans la transvolution résonnera la voix de la Grande Déesse. Icare crut tellement que Dieu (le Soleil) rayonnait sur les hauteurs de lui-même qu'il perdit l'équilibre sans voir l'autre polarité du Monde, son origine féminine et océanique qui réside précisément dans ses pieds et que la mythologie grecque associe à Thétys, la compagne d'Océan.

Dédale est un technicien génial qui croit que l'univers est rationnel. Il se structure sur son intelligence et dira volontiers avec les thuriféraires de Descartes, « je pense donc je suis ». Icare, le fils indiscipliné, ne supporte pas la prison de la raison. Il tente de toutes ses forces une échappée-belle hors du monde labyrinthique dont nous avons conçu tant de métaphores : les voies de circulation routières et maritimes, les métros des grandes villes, les circuits administratifs kafkaïens, Internet avec son filet (« web ») aux milles nœuds... Mais la faiblesse de son « moi », métaphorisée ici par la jeunesse du personnage, le conduisit à expérimenter l'ivresse des hauteurs. Ses ailes se détachèrent de son corps lorsque la cire fondit. Déséquilibré, l'adolescent eut beau battre des ailes : il chut. Sa descente vertigineuse sera suivie d'une immersion fatale dans le grand Océan de l'inconscient.

L'histoire d'Icare et de Dédale invite à un autre questionnement essentiel. Notre monde est-il fondamentalement rationnel ou irréductiblement magique ? Et, s'il est bien fondé sur une « substance » irreprésentable, comme semble le dire la mécanique quantique, est-il, pour employer un langage théologique, créé par un Dieu patriarcal (solaire) qui s'est ensuite retiré de Sa création ou se fonde-t-il sur les Rêves fluides et sans fin de la Grande Déesse ?

La Nature est-elle rationnelle ? La tradition philosophique occidentale développée par Hegel puis Kant l'affirma, non sans de bonnes raisons expérimentales puisque ces auteurs connaissaient les travaux de Galilée et de Newton. Quelle merveille, n'est-ce pas, que de pouvoir prédire *uniquement par le calcul* la chute des corps et les mouvements des planètes ! Le ciel répond à des équations mathématiques ! Alors s'imposèrent les métaphores du Grand Horloger, du Grand Architecte de l'Univers et de l'Homme Machine. L'univers devenu raisonnable envoya dans les oubliettes de l'histoire le monde magique du Moyen Âge. Depuis ces jours heureux du rationalisme, la mécanique quantique est passée par là ainsi que deux grandes guerres mondiales. La raison, garante de la sécurité des sociétés, ne put imposer une compréhension claire du réel ni maintenir la paix dans le monde. À y regarder de plus près les biologistes, malgré des avancées spectaculaires, sont incapables de formuler un modèle mathématique qui rende compte du fonctionnement du vivant. Quant à la psychologie, elle tente vainement de rationnaliser des comportements humains erratiques ; la psychanalyse est contrainte de reconnaître la force des symboles et l'existence de phénomènes irrationnels relevant de la parapsychologie ; les économistes, qui prétendent à tort détenir une science exacte, révisent régulièrement leurs prévisions sans que personne ne s'en émeuve. Seule la physique a démontré que le monde des choses suivait de manière aussi précise qu'inexplicable la logique abstraite des mathématiques. Elle a pourtant atteint deux zones limites où ses résultats sont d'une précision remarquable mais où la raison humaine est incapable d'élaborer un discours *sensé* : la relativité et la mécanique quantique. Sans entrer dans une trop longue digression, il semble que plus la nature se complexifie plus elle acquiert des degrés de liberté et plus la rationalité est remise en question. L'atome, en raison du principe d'exclusion de Pauli, possède un seul degré de liberté. La cellule végétale s'adapte à son environnement. L'animal augmente cette liberté par sa capacité à se mouvoir et à changer d'environnement si celui-ci menace sa survie. Quant à l'homme, il a la possibilité de transformer de fond en comble son habitat, ce dont il ne se prive guère. Le hasard, dit-on, joue une part croissante dans ces processus d'évolution. Et les mathématiques l'expriment sous la forme de probabilités. Une autre alternative consisterait à voir que ce « hasard » résulte d'interactions constantes entre deux mondes : celui de la forme matérielle stabilisée par la claire rationalité des lois de la physique et le monde imaginal surgi des tréfonds de l'Océan, une métaphore de l'inconscient *et* du surconscient. Ce dernier parle une toute autre langue, une langue *vivante qui équilibre le langage abstrait des équations mathématiques*. Ses lettres se nomment « archétypes », ses mots dessinent des symboles et des dieux, ses phrases apparaissent sous la forme de mythes et de contes. Ce que nous appelons le Réel serait alors un îlot de rationalité, un archipel de conscience lucide surgie de l'immensité des abysses, un atoll dont les habitants se font régulièrement pêcheurs dionysiaques dans l'espoir de se ressourcer à la grande vie de leurs origines. Sinon quoi ? Sinon la forteresse de la lucide raison frénétiquement élaborée contre la peur des abysses et la crainte viscérale de la folie se transformera en une solitaire tour d'ivoire, puis en un cachot sec et cadenassé où l'âme humaine dépérira. Inversement, on se souvient que Van Gogh, emporté par une crise de folie, se coupa l'oreille. Peut-être, avec l'impressionnisme, était-il allé trop loin dans le sans-forme, dans l'effacement des repères fixés par la précision du trait. En se coupant l'oreille il dénonçait la perte de son entendement. Mais la naissance de l'impressionnisme fut à ce prix. Et que penser d'*Aurélia*, titre on ne peut plus évocateur de l'ouvrage de Gérard de Nerval, où le poète décrit minutieusement la perte de sa raison dans la folie amoureuse et mystique qui l'étreint ?

Tout se passe comme si le conscient raisonnable, identifié à l'intellect, naviguait sur une mer de symboles à l'impénétrable puissance. L'océan imaginal est la source des jaillissements dont s'empare la pensée pour élaborer de fragiles cathédrales. Or une oreille attentive entend le grand silence de ces origines. D'abord saisie d'effroi, elle s'accroche à un entendement plein de raison(s) pour ne pas se perdre dans la nuit. Beaucoup plus tard, elle résonnera avec les rythmes de son *alter ego* : le cœur. L'oreille d'une écoute attentive s'harmonisera avec les oreillettes cardiaques. Elle créera une *bonne entente* au nom d'une nécessaire concorde. Plus tard encore, la langue de l'homme se dirigera à pas sûrs vers la louange. Finalement l'oreille ne craindra plus les profondeurs du mystère des Origines. L'écoute sans jugement du psychanalyste annonce et symbolise déjà ce retournement de la conscience collective. Quelques spécimens de notre espèce consacrent leurs vies à écouter les voix nées des profondeurs de l'expérience humaine. D'autres lèvent leurs grandes oreilles paraboliques à l'écoute des ondes issues des arrière-plans du ciel. Ces signes disent que, en ces temps modernes, le coquillage cochléaire commence à perdre sa forme labyrinthique. L'intellectuel renoue avec les échos de la nuit, de sa nuit. Autour de la spirale cochléaire s'égrènent sans fin les sons inaudibles issus de l'Immense, générés par le puissant langage du Vivant moulés dans d'autres paraboles que nous appelons ici « les mythes ». L'oreille humaine « écoutera » un jour la langue silencieuse de la Nature comme elle écoute aujourd'hui les fréquences inaudibles nées dans les galaxies les plus lointaines. Il y a pourtant encore du chemin à parcourir. La surdité des idéologues de toutes catégories, qu'ils soient religieux, « libéraux », politiques ou laïcs, dirige toujours les destinées du monde. Et tous préfèrent les échos de leurs sermons à l'écoute profonde.

Il faudra un jour observer l'histoire des espèces vivantes sous l'angle des formes symboliques qu'elles révèlent progressivement au monde. On y verra peut-être la manière ascendante et rythmique qu'a choisi l'âme du monde pour entrer en contact avec la matière. Alors l'évolution des espèces ne sera plus interprétée comme une lutte où le fort l'emporte sur le faible mais comme un rituel de fiançailles préparant le mariage Esprit/Matière. La *boucle* d'oreille serait alors le signe de ces fiançailles. Si la bague au doigt dit l'engagement au nom d'une œuvre commune, dont la plus simple est la procréation, la bague à l'oreille élève cette création au rang d'une alliance fondée sur l'écoute de l'âme de l'autre, puis celle du monde.

Pourquoi l'écoute a-t-elle ce pouvoir de fissurer le cachot où s'enferme un sujet rationnel ? Parce qu'elle maintient, pour l'homme, la possibilité de vivre libre en élaborant un entendement qui s'élabore sans cesse en « forgeant » les richesses des deux mondes, ceux de la nuit du mystère et celui du jour de la lucidité. Le fœtus, bien avant d'apprendre la langue de ses parents, entendait dans son océan amniotique les gargouillis du ventre de sa mère. *En même temps* il était sensible aux voix assourdies en provenance du monde extérieur. Il écoutait dans son habitacle la voix de sa mère lune et, venue du lointain, celle de son père soleil. Bien sûr, il ne comprenait pas le sens des paroles énoncées mais il se nourrissait de leurs musiques comme de leurs silences. L'oreille est le seul de nos cinq sens qui connaît en *même temps* l'intérieur *et* l'extérieur du monde. N'est-ce pas cela le véritable « équilibre » exprimé dans la langue des oiseaux : « est qui libre » ? Seul celui qui pose son écoute à la lisière des mondes intérieurs et extérieurs est libre. Et cette posture suppose en effet un immense équilibre ! La folie pas plus que la raison ne représentent des postures équilibrées. Elles sont indignes du chevalier sur la voie de l'évolution qui enfourche sa monture en posant le pied sur l'étrier de son équidé.

Écouter la vie pavillonnaire mondaine et son brouhaha incessant tout en dressant l'oreille aux échos de l'indicible suppose un grand équilibre psychologique et un bon fonctionnement de ses otolites. Équilibré est celui dont la raison sait se désaltérer à sa folie, équilibré est celui dont l'entendement à des failles qui laissent passer la lumière, équilibré est celui qui écoute en même temps les voix du monde et les sonorités de son intuition, équilibré est celui qui se balance rythmiquement en sollicitant la droite et la gauche de son corps avec toutes leurs conséquences symboliques, équilibré enfin est celui qui marche sans chuter à chaque pas !

La physiologie de l'oreille nous rappelle donc cela avec sa zone pavillonnaire et, au plus profond de sa profondeur, la cochlée en forme de coquillage marin. Linda et René Gandolfi décrivent ce passage du « pavillon » vers la « cochlée » en termes issus de l'expérience psychanalytique :

> « Durant ce temps de structuration langagière l'enfant a accès à une vérité que nous ne pouvons soupçonner et qui se répercute essentiellement sur son fonctionnement corporel, le seul lui permettant d'amortir toute déviation par sa plasticité. La psyché, très perméable aux sonorités, va peu à peu, tout en s'ouvrant à une intelligibilité du langage, se refermer sur cette écoute sensible. C'est au prix de cette fermeture au monde des essences que le nourrisson accède à la parole, cette parole profonde qui traverse le langage et qui dit la vérité a, jusqu'à ce jour, été accessible grâce aux poètes qui retranscrivent par métaphore la nature de l'essence du monde. Cependant la vision anthropologique et l'accès au symbolique ouvrent une voie dans cette interprétation[111]. »

De rares personnes conservent, une fois adultes, un vif souvenir de l'écoute sensible du fœtus et du nourrisson attentifs aux essences du monde. Voici un témoignage que nous avons reçu :

> « L'expérience qui suit, pour être entendue, demande d'abandonner l'idée qu'un nourrisson ne peut avoir de réflexion puisqu'il ne maîtrise pas le langage, qu'il ne peut avoir de sensations d'espace, de temps, d'analyse et de regard « critique » sur le monde qui l'accueille puisque c'est un nouveau né. Oui mais voilà, ce n'est pas du tout le souvenir que j'en ai. Le nourrisson de quelques semaines que j'étais, bien installé dans son landau pour la sieste à l'ombre d'un immense platane, s'est littéralement abandonné à la beauté du jeu de cache-cache des rayons du soleil à travers le feuillage. Mon corps cherchait avec ravissement à voir au-

---

[111] René et Linda Gandolfi, *La maladie, le mythe et le symbole*, Le Rocher.

delà de cet immense feuillage la source de cette danse lumineuse, chaleureuse et si gracieuse. C'était une première révélation. Celle de la beauté. La seconde c'est que des « entités » qu'aujourd'hui je vais nommer informations, de cet espace infini, de ce ciel, se sont penchées à mon chevet pour me souhaiter la bienvenue dans ce nouveau monde en me présentant ma famille d'ici-bas comme ma famille adoptive et que maintenant c'était a moi d'entrer en jeu. Je voulais leur demander pour quoi faire et comment mais l'entrevue était terminée ! Cela m'a laissé un profond sentiment de sécurité de me savoir issue de ce monde non manifesté mais omniprésent, aimant et veillant tel que je venais de le percevoir, mais aussi le sentiment d'être mise en situation de réalisation sans mode d'emploi. Un défi avec la peur de ne pas être à la hauteur de leurs espérances, sans oublier l'étonnement de savoir cette famille adoptive laissée dans l'ignorance que ce bébé n'était pas le leur. Ma véritable naissance date de ce jour là.

Et depuis ? Et bien, je ne sais toujours pas que faire de cette mémoire. Plus exactement comment la servir sans la trahir. Elle se manifeste bien de temps à autre mais je reçois toujours sa présence comme un mystère non élucidé, aveugle que je suis. J'abandonne parfois l'explication pour préférer me baigner dans les sensations procurées, c'est tellement plus simple de ne rien faire quand on ne sait plus comment faire ! En tout cas, quand j'entends de plus en plus parler d'Intention, je ne doute pas de celle du "Ciel", mais je cherche encore à mettre un mot sur la mienne pour parvenir à incarner ce sens voilé. Recevoir c'est bien, mais sans pouvoir partager, quelle lourdeur et quel intérêt ? »

Le nourrisson, avant l'élaboration de la raison et de ses mots, écoute profondément les présences murmurantes des mondes métaphysiques. Quoi de plus originel que la beauté et que l'existence – déjà trop formulée – des anges et des fées, dont les contes devinrent les écrins nécessaires pour interpeller des adultes entrés en surdité ?

L'oreille est si importante pour assurer la sécurité de la marche du héros du cœur ! Les mots entendus développent l'entendement et l'unité du moi. Leur musicalité et les silences qui les entrecoupent ravivent la profondeur du monde imaginal dont le ventre maternel fut le premier espace chaleureux.

Deux modalités du langage accompagnent l'homme qui écoute ses origines : la poésie et la langue des oiseaux qui, si souvent, s'interfécondent. C'est dans cet espace intérieur où il accepte de perdre sa raison pour vaciller sous le poids de ses incohérences, que le locuteur découvre les pépites d'or qui enrichiront son « moi » psychique plus sûrement que n'importe quelle thèse universitaire. *À condition toutefois d'oser la labilité de ce « moi »*. Si la crainte l'emporte, la pensée rationnelle affirmera volontiers que tout cela n'est qu'enfantillages, voire de purs délires imaginatifs.

La musique

La musique[112] est une sonorité oublieuse du langage verbal. Elle recherche le discours inarticulé et universel d'avant la tour de Babel[113] et, pour l'enfant, les sons antérieurs à son premier babil. Babel et babil marquent la division des langues et retirèrent respectivement l'humanité et le bébé de leurs écoutes profondes. Comme l'oreille, la musique flirte à la lisière de deux mondes : celui de la rationalité acoustique qui la décrit comme des entrelacs d'ondes sonores dont on mesure aujourd'hui les fréquences, et celui de l'irrationalité imaginale capable d'entraîner un auditoire consentant dans des affres de tristesse suivis d'extases sans nom. Elle conduit le soldat à la mort joyeuse sur le champ de bataille et elle élève l'âme du croyant en communion avec son dieu. Ces deux expériences

---

[112] Nous ne nous lancerons pas ici dans la lecture symbolique des différents types de musique, pas plus que nous n'avons exploré le symbolisme des aliments à propos de la bouche. Nous nous contentons ici d'interroger le sens symbolique des organes sensoriels.

[113] Elle même élaborée sur le mode de la spirale. « Babel » vient d'un mot Hébreu qui se traduit par « brouillé ». Il est possible, mais sans certitude, que ce mythe soit d'inspiration sumérienne, en lien avec le fondateur légendaire de la cité d'Uruk.

extrêmes sont facilitées par la musique. Pourquoi ? Parce qu'elle est un puissant antidote à la peur. L'angoisse la plus vitale n'est-elle pas la perspective de la mort, que celle-ci s'accomplisse sur le champ de bataille ou en Dieu ?

L'un des effets biologiques de la musique consiste à bloquer le complexe amygdalien, un noyau gros comme celui d'une cerise, enfoui profondément dans le cerveau, qui, en cas de danger, met l'organisme en alerte. La musique a donc le pouvoir physiologique d'inhiber la partie du cerveau qui gère la peur. Elle favorise la grande affaire de l'oreille qui consiste précisément à maintenir la confiance. Les peuples à l'intense vie musicale comme les juifs et les tsiganes sont aussi des communautés humaines qui connurent, tout au long de leur histoire, la crainte viscérale de l'exil et du rejet.

La peur a des racines très profondes, presque insondables, liées à l'histoire évolutive exceptionnellement rapide d'*Homo sapiens*[114] :

> « Tout récemment encore, le genre Homo se situait au beau milieu de la chaîne alimentaire. Des millions d'années durant les êtres humains ont chassé des petites créatures et ramassé ce qu'ils pouvaient, tout en étant eux-mêmes chassés par des prédateurs plus puissants. Voici 400 000 ans seulement que plusieurs espèces d'hommes ont commencé à chasser régulièrement le gros gibier ; et 100 000 ans seulement, avec l'essor de l'*Homo sapiens*, que l'homme s'est hissé au sommet de la chaîne alimentaire.
>
> Ce bond spectaculaire du milieu au sommet a eu des conséquences considérables. Les autres animaux situés en haut de la pyramide, tels les lions ou les requins, avaient eu des millions d'années pour s'installer très progressivement dans cette position. Cela permit à l'écosystème de développer des freins et des contrepoids qui empêchaient lions et requins de faire trop de ravages. Les lions devenant plus meurtriers,

[114] Yuval Noah Harari, *Sapiens, une brève histoire de l'humanité,* Éditions Albin Michel.

les gazelles ont évolué pour courir plus vite, les hyènes pour mieux coopérer, et les rhinocéros pour devenir plus féroces. À l'opposé, l'espèce humaine s'est élevée au sommet si rapidement que l'écosystème n'a pas eu le temps de s'ajuster. De surcroît, les humains eux-mêmes ne se sont pas ajustés. La plupart des grands prédateurs de la planète sont des créatures majestueuses. Des millions d'années de domination les ont emplis d'assurance. Le *Sapiens*, en revanche, ressemble plus au dictateur d'une république bananière. Il n'y a pas si longtemps nous étions les opprimés de la savane, ce qui nous rend doublement cruels et dangereux. Des guerres meurtrières aux catastrophes écologiques, maintes calamités historiques sont le fruit de ce saut précipité »

La maîtrise du feu, il y a 300 000 ans, élargit encore le gouffre qui sépare l'homme de l'animal en offrant à *Sapiens* une force manipulable à volonté, alors que les animaux dépendaient totalement de leur adaptation à leur environnement. La peur et la puissance représentent certainement le plus dangereux des mélanges, un cocktail que nous n'avons jamais cessé d'enrichir jusqu'à aujourd'hui en produisant des armes sophistiquées qui dépassent l'entendement. La musique sera peut-être l'un des contre-feux qui limitera l'étendue de l'incendie.

Pour un spécimen biologique une oreille musicale ne représente *a priori* aucun avantage adaptatif. La vitesse, la force, l'agilité, la dissimulation, la ruse et la vigilance concourent tous à la survie des organismes. Mais la musique ! Quelle activité inutile synonyme de perte de temps et d'énergie ! Aucun *filum* d'évolution ne l'a retenue à l'exception d'*Homo sapiens*. Chez l'homme, contrairement aux autres groupes d'animaux, l'oreille est musicale. Probablement parce que la fragilité biologique et psychologique de notre espèce est exceptionnelle, faisant de la peur son défi quotidien. L'oreille humaine est tellement musicale que les premières civilisations ont très tôt inventé deux instruments qui imitent l'organe de l'écoute : le tambour avec sa fine membrane qui mime celle du tympan et la trompette, cette « petite trompe » qui transforme le souffle en notes sonores[115]. Cet ensemble musical est « amplifié » par le « pavillon », nom également donné à l'embouchure de la trompette. Les rythmes du tambour-tympan stimulent la jubilation du corps et l'air de la trompe-trompette offre une direction à l'énergie. C'est pourquoi *tambours et trompettes* – et pas autre chose – donnaient naguère du baume au cœur aux soldats en route vers la mort sur le champ d'honneur. Courage et sens : de quoi d'autre les soldats ont-ils besoin pour mourir dans la joie d'une mission accomplie ? Inversement « partir sans tambour ni trompettes » désigne une sortie aussi discrète que possible de ce monde. L'oreille musicale oscille entre une mission bien entendue et une retraite silencieuse. Quant à la musique de la fanfare, si détestable, elle rend l'homme *fanfaron* car elle parodie la guerre et se moque de la mort. Notons que tympan et trompe fonctionnent dans notre oreille à l'inverse des instruments qu'ils représentent. La peau du tympan stimule la baguette du marteau et la trompette du canal auditif étouffe les sons de la mastication. Cette inversion signe une intériorisation. Le vrai chevalier ne meurt pas pour des idéaux extérieurs comme le soldat, le vrai Prophète ne promet pas des apocalypses de terreurs comme le Clairon des armées. Pourquoi ? Parce que celui qui sait écouter vraiment devient un homme libre, désolidarisé des modes et des idéologies, au service du Souffle.

La théorie sensorielle développe des analogies fonctionnelles entre le métier à tisser vertical utilisé en Mésopotamie au quatrième millénaire et le vestibule de l'oreille interne. Sans entrer dans les détails anatomiques et techniques remarquons

---

[115] Les premières trompettes de l'Antiquité furent fabriquées dans des cormes et des coquillages (la cochlée). La trompette naturelle, sans piston, est constituée d'une embouchure, d'un tube et d'un pavillon. Seules les notes de l'accord parfait sont restituables facilement. Pour comprendre pourquoi la musique est si équilibrante pour l'homme rappelons ses trois caractéristiques : le rythme qui stimule le corps, la mélodie qui éveille le psychisme et l'harmonie qui ouvre les portes vers le monde spirituel. La nature du discours musical sera fonction de la proportion entre ces trois caractéristiques.

simplement que tous les deux reposent sur la verticalité et la gravitation[116] :

> « Chez l'homme, la perception de la pesanteur et la notion de verticalité résultent de l'interaction de plusieurs capteurs sensoriels : les récepteurs vestibulaires – spécialisés dans la détection des déplacements statiques et des accélérations linéaires et angulaires –, les propriocepteurs musculaires et articulaires et les capteurs visuels. L'ensemble de ces informations sensorielles informe le système nerveux central sur la position de la tête par rapport au tronc et aux membres, et au-delà, sur la stature et le déplacement de l'organisme par rapport au vecteur gravitationnel. Sur un plan conceptuel, des similitudes apparaissent entre le mode de fabrication d'une étoffe à l'aide d'un métier à tisser vertical et le mode d'acquisition de l'information vestibulaire, responsable de la notion de verticalité chez l'homme. Le tissage d'un textile par les Mésopotamiens ainsi que l'acquisition et le traitement d'une information vestibulaire emploient, en effet, un même élément moteur : la force de gravité terrestre. »

Ces auteurs, Philippe Roi et Tristan Girard, décrivent très précisément une série de six analogies entre le fonctionnement des premières harpes fabriquées en Mésopotamie dans la cité d'Uruk et la cochlée[117].

---

[116] Philippe Roi, Tristan Girard, Jean-Daniel Forest, Christian Chabbert, avec la contribution de Catherine Breniquet : « Le métier à tisser vertical et le système vestibulaire. »
https://www.theoriesensorielle.com/analogie-entre-le-metier-a-tisser-vertical-et-le-systeme-vestibulaire/
[117] Philippe Roi et Tristan Girard, « Les analogies entre la harpe urukéenne et le système auditif »
https://www.theoriesensorielle.com/analogie-entre-une-harpe-urukeenne-et-le-systeme-auditif/
Ajoutons la flûte qui n'appartient pas au symbolisme de l'oreille mais à celui du tibia, un terme qui se traduit précisément par « flûte ». C'est l'un des emblèmes d'Athéna, la déesse qui naquit du crâne de Zeus. Le plus vieil instrument de musique identifié est une flûte à cinq trous en os de vautour. Elle date de plus de 35 000 ans. Deux autres flûtes découvertes au même endroit et de la même époque sont en en ivoire de mammouth et en os de cygne.

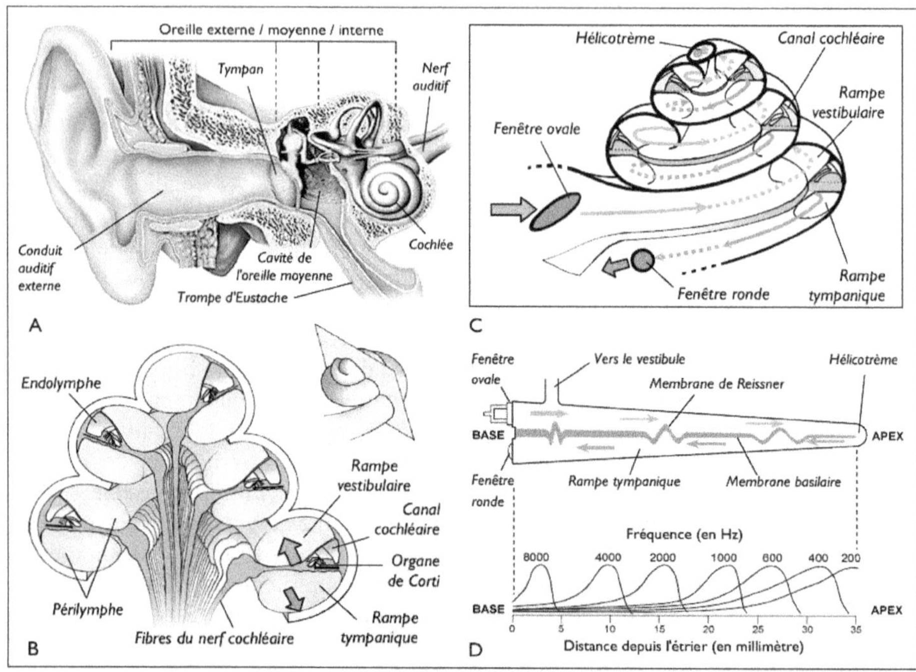

A) Coupe longitudinale de l'appareil auditif humain ; B) coupe schématique de la cochlée ; C) les vibrations engendrées par la fenêtre ovale suivent la rampe vestibulaire du canal spiral de la cochlée jusqu'à son apex en faisant onduler la membrane basilaire (trajet en bleu). Puis elles redescendent (trajet en rouge) et ressortent par la fenêtre ronde ; D) schéma de la cochlée déroulée. Les différentes fréquences des ondes de pression dans la rampe tympanique font onduler certaines parties de la membrane basilaire stimulant l'organe de Corti qui repose sur elle. © 2013. La Théorie Sensorielle.

Source de l'illustration : www.theoriesensorielle.com

La musique est un langage universel qui renforce la cohésion des groupes et précise leurs identités, leurs « notes » spécifiques. Chaque peuple et chaque époque a « sa » musique. Celle-ci réunit des individus séparés pour créer une atmosphère de concorde. Les sonorités agissent sur les affects des auditeurs et « adoucissent les mœurs » pour minimiser les risques de conflit. Or le terme mésopotamien pour « harpe » s'écrit *ban.tur* et se traduit par « petit arc » ! L'instrument était associé à Inanna, la grande déesse sémitique de l'amour, de la sexualité et de la guerre qui a aussi pour emblème la planète Vénus. L'étoile du Berger, la harpe, le tambour et la trompette adoucissent les violences martiales qui naissent des *malentendus* et des *désaccords*. L'ouïe est un sens aux aguets

190

dont l'un des rôles est de déjouer ces tensions cachées qui dégénèrent si facilement en conflits. L'entendement comme la musique s'élaborent sur la crainte de l'effroi. Effroi de la solitude, effroi de l'autre, effroi du Mystère. La cochlée, ce coquillage qui symbolise l'exil [118], conjure la crainte de l'isolement, la peur de l'autre et l'angoisse du Grand Inconnu.

C'est peut-être parce que Nietzsche était un musicien si périlleusement placé entre deux mondes qu'il créa le personnage de Zarathoustra. L'ouvrage commence par la parabole d'un funambule avançant en équilibre sur une corde. L'auteur finit, comme son héros, pris de vertige puis de folie. Entre-temps, que d'échos volés au monde du mystère qui résonnent encore après plus d'un siècle d'histoire ! Et que de dépoussiérages de cet entendement bien pensant qui fit les drames des XIXe et XXe siècles[119] !

Pourtant, aujourd'hui, la musique a bien souvent un effet inverse puisque les hommes n'écoutent plus que ce qu'ils ont envie d'entendre. De surcroît, les sons en mp3 sont compressés et perdent leurs harmoniques, c'est-à-dire toutes les résonances inaudibles qui ouvrent précisément le conscient sur monde du Mystère. La musique qui entraîne joyeusement le militaire sur le champ de bataille, le chevalier dans sa quête et le croyant vers son dieu, émousse aujourd'hui les oreilles et ne produit plus qu'une vitalité appauvrie, juste bonne pour guider les auditeurs dans les linéaires des supermarchés. « Cette dénonciation de la dégénérescence psychique et organique de l'audition n'est pas neuve. Elle prend racine dans la physiologie de l'art par laquelle Nietzsche s'est alarmé des effets sanitaires

---

[118] Le terme « ostracisme » vient du grec *ostrakizein*, un dérivé d'*ostrakon* qui désignait le coquillage sur lequel étaient écrit les noms des citoyens bannis de la cité. Leur identité est marquée sur la « cochlée », la partie de l'oreille qui transforme les vibrations en signaux électriques que le cerveau lira comme de la musique. La question de l'exil est développée dans notre ouvrage *Icare, la passion du soleil*, éditions de Janus.

[119] F. Nietzsche, *Ainsi parla Zarathoustra*, édition Rivages poche. Et c'est sans doute le philosophe qui suscita le plus grand nombre de malentendus !

de la « décadence » nihiliste de la civilisation moderne européenne, comprise comme la promotion d'une « vie appauvrie », une culture du « vouloir-mourir, (de) la grande lassitude[120] » au sein de laquelle le règne des nerfs se substitue à celui de la chair[121] ».

Il faudra un jour revenir vers une oreille sensible à l'inouï pour honorer l'organe de la lisière.

Bien sûr, le symbolisme de l'oreille suggère que les sons ne servent pas qu'à conjurer la peur. Car écouter vraiment c'est découvrir, c'est aller bien au-delà de ce que l'on sait et pense déjà. Alors l'esprit devient libre, acéré et pétillant. Il sort enfin de la petite routine du connu. L'homme au pavillon bien ouvert entend le son, son esprit résonne d'une curiosité nouvelle qui fait écho avec les valeurs profondes de son « âme ». Alors il s'engage en enfourchant symboliquement son cheval, l'animal de la conquête du lointain. Son oreille se dresse encore et il écoute le murmure de l'âme du monde. Il traverse la peur de l'exil et de la solitude. Et sans qu'il ne s'en rende compte il a déjà changé, habité par l'immense et douce profondeur des Origines. Et ses horizons s'élargissent jusqu'à des entendements inouïs.

Mythopathologies

Les pathologies de l'oreille tournent autour de l'entendement, de la confiance, de la peur et de la réaction à cette dernière : la toute-puissance. Elles disent comment nous accueillons nos contacts avec l'inouï, avec l'univers des intuitions déstabilisantes et les mondes obscurs qui menacent la sécurité de notre raison.

---

[120] Friedrich Nietzsche, *Le Cas Wagner*, trad. J.-C. Hémery, Paris, Gallimard, 1974, pp. 17-18.

[121] Florian Gaité, Jérémie Nicolas, *L'Oreille émoussée. L'épuisement de l'expérience acoustique à l'ère industrielle* Projet LP Weapon, sous la direction de Nicolas Gimbert.

Acouphènes

Nombreux furent les personnages historiques qui souffrirent de ce symptôme : Pline, Ovide, Martin Luther, Toynbee et Rousseau. Mais aussi Goya et Vincent van Gogh qui traduisirent leurs tourments sur leurs toiles. Van Gogh se coupa une oreille pour ne plus entendre le tintamarre dans sa tête. Les acouphènes résonnent comme un Appel héroïque sans cesse réitéré. Ils désignent le sentiment d'exil de celui qui ne se sent nulle part chez lui car, comme Icare, il a compris intensément la possibilité d'un nouveau monde. La langue des oiseaux décode « a-cou-phène », « ne pas vouloir entendre des sons violents ». Il est possible que l'enfant ait ressenti des peurs profondes en raison de violences verbales au sein de son entourage, agressions qui ont perturbé son équilibre, alors l'oreille sonne comme pour effacer les sons extérieurs. Elle somatise la peur des autres et de leurs paroles blessantes. D'où sans doute le proverbe « ses oreilles ont dû lui siffler » qui consiste à « parler beaucoup de quelqu'un en son absence ». Lorsque la confiance en l'autre est blessée les oreilles entendent des sons normalement inaudibles pour ne point se laisser surprendre à nouveau par la critique. Aigus, ils viennent d'en-haut, du monde de l'intuition. Ce sont les appels sonores du monde métaphysique et de son représentant symbolique : le père-soleil. Graves et bourdonnants, ils viennent d'en bas, de l'univers des fonds marins. Ils attendent la parole rassurante d'une mère aimante ou de l'archétype qui la fonde, la grande déesse.

Otite

Ne plus supporter des vérités contradictoires, par exemple un enfant qui est pris en otage entre les versions contraires de ses parents lors d'un divorce. En général il s'agit d'une *otite moyenne aiguë* qui rougit le tympan : l'image des parents, qui étaient jusqu'alors des « mythes » – idéalisés – est blessée. Une *otite externe* est une infection du conduit auditif lorsque le cérumen, la cire, ne joue plus son rôle protecteur. Or la cire est précisément ce qui attachait les ailes d'Icare à son corps. Il faudra alors se poser la question de sa sincérité : « suis-je en accord avec les idéaux qui m'animent, mes ailes ascensionnelles sont-elles bien chevillées à mon corps ? ». Parfois du liquide stagne derrière le tympan et empêche les osselets de bouger normalement. C'est une *otite séreuse* qui peut entraîner une baisse de l'audition. La forge avec son marteau et son enclume est grippée, « je ne me sens pas capable de mettre en œuvre l'œuvre qui résonne dans mon cœur ». La langue des oiseaux entend « O T IT », « ôter I.T. ». Il s'agit du même IT final que dans le mot « vers IT », vérité, « vers le I placé sur le T » afin de dessiner la croix de l'ici et maintenant. Le corps somatise une incohérence impossible à verbaliser entre les paroles entendues et la réalité vécue, l'impossibilité de se fier à une vérité sincère.

Surdité

Il faudra bien sûr en déterminer la cause physiologique avant toute analyse symbolique. La langue des oiseaux dit « sur DI T » que l'on peut entendre de deux manières : « j'ai dit trop souvent la même chose sans jamais avoir été entendu » ou, avec « sur déité », « je suis enfermé dans mon labyrinthe intellectuel, ma raison me place au-dessus du monde du mystère et de Dieu. »

Le récit de l'oreille

C'est d'abord autour de la confiance et de la peur que se noue le symbolisme de l'oreille. Ces deux sentiments contraires nous sont nécessaires. La confiance suscite la confidence et tisse du lien. La crainte impose une distance génératrice de respect. Par ailleurs l'apeuré pourra toujours se rassurer au sein d'un espace « amniotique » sécurisant où il développera son entendement, une île de rationalité rassurante, stabilisée au milieu de l'océan des incompréhensions et, plus tard, du nuage d'inconnaissance.

Mais une écoute stressée par la peur enfermerait la personnalité dans son entendement car elle ne saisirait plus que les voix qui confirment ses pensées logiques et ses croyances consolantes. L'entendu deviendrait un superficiel « bien entendu ! » ou même un « malentendu » qui refusait toutes les perturbations au nom de la préservation de ses opinions. Lorsque la pensée se confond avec des jugements de valeurs elle maçonne insensiblement un *corpus* idéologique. Et le sujet se piège lui-même dans le savoir labyrinthique qu'il utilise pour parer à l'inouï. Que d'informations essentielles entrent alors par une oreille pour ressortir par l'autre ! Pourtant Dieu sait si l'inouï est le moteur de l'évolution. À sa décharge il est vrai qu'une écoute profonde est très déstabilisante. « Écouter l'inouï » ne fonctionne pas comme une formule contradictoire mais comme un haïku suscitant un sursaut de conscience. Fœtus et nourrisson ont emmagasiné dans leurs mémoires corporelles les intonations, les timbres des voix, les silences soudains et les glouglous de la nature. L'adulte maintient au fond de ses cellules les souvenirs de ces origines biologiques comme les traces de Dieu et celles de l'histoire de l'univers. C'est au creux de cette matrice emplie de significations désordonnées que naquirent les langues du monde. Même toutes réunies elles n'exploreront jamais les infinis potentiels du parler. C'est dans ce *no man's land* que gît une « vérité absolue » rétive à l'entendement.

À côté de *l'écoute flottante* de celui qui se mure dans sa raison il y a *l'écoute fragile* qui dégaine sans hésiter le bazooka d'une parole réactive. Elle signe un moi instable qui se protège derrière une muraille de mots pour ne point se sentir envahi par les subtilités du réel. La personne se coupe des autres en usant des paroles comme autant d'armes défensives. Entre écoute flottante et écoute fragile le héros de la pensée se tient à la lisière. Là, il accueille les voix contraires et se forge une conscience libre. Entre folie et raison il génère de la beauté et du lien social car il abandonne ses opinions et reconnaît la légitimité des positions opposées. Il comprend la nécessité des extases collectives dionysiaques comme le besoin de solitude né de la lucidité apollinienne. *L'homme qui écoute s'humanise,* il vit libre dans le brouhaha du monde comme dans les grands silences des azurs limpides. Nous sommes donc condamnés à écouter le multiple pour nous entendre.

Comment, dès lors, transgresser les cages où s'enferme notre entendement ? En posant doucement nos oreilles sur nos oreillettes cardiaques, car le cœur ne bat que pour entendre la voix de l'amour partagé. Écouter à partir de cet organe, c'est se donner une chance de retrouver l'expérience de l'unité avec l'autre, avec la communauté ou avec la transcendance. Les adeptes du Livre savent que Dieu parle. Les croyants sont donc des oreilles à son écoute. Pourtant les aspirants à l'audition des sonorités divines deviennent souvent des lecteurs qui privilégient le sermon sur l'écoute et la langue sur l'oreille. Ils appauvrissent alors « la parole de Dieu » car la lecture d'un texte ne se substituera jamais à une écoute profonde tridimensionnelle. Dieu se révèle dans les échos du monde qui s'engouffrent dans la spirale de notre cochlée.

Aujourd'hui, dans un univers saturé de raisons jusqu'à la folie, il ne nous reste qu'à reproduire ce geste sublime de l'enfant qui écoute la mer en posant un coquillage au creux de son oreille, ou encore à nous laisser porter par l'inspiration des poètes qui surent prolonger leurs écoutes jusqu'aux grands silences immaculés.

Un jour, dans la transvolution, ce sera le corps entier qui écoutera et percevra la vibration. L'oreille est en effet un reflet du corps. Sa constitution évoque bien des parties du corps : l'oreille et l'oreillette ; le « pavillon » qui reçoit les ovules ; la trompe d'Eustache qui évoque la trompe de Fallope ; l'osselet est l'autre nom de l'astragale de la cheville ; le tympan que la langue des oiseaux rapproche du thymus et le labyrinthe de la cochlée qui reprend les images du cerveau et des intestins.

196

Seuls le vestibule et les canaux semi-circulaires appartiennent en propre à l'organe de l'écoute. L'équilibre est sa grande spécialité !

Les axes sémantiques

Forger une conscience libre entre deux extrêmes fécondants. Lorsque cette conscience n'est pas suffisamment stabilisée dans le cœur, elle est sujette au vertige ou à l'angoisse. Si la bouche est l'organe de la convivialité, le nez celui de l'identité, l'oreille sera celui de l'intériorité.

Les abysses	*L'île*	*Le Ciel*
Entendre les bruissements de ses origines	S'entendre (cœur)	Écouter sa note ou la « voix de Dieu »
Folie	Entendement (raison)	Intuition (*auricula*, auriculaire)
Peur (Tympan et trompe)	Musique Communion	Confiance,

Involution : s'écouter soi-même, être attentif à ses besoins, apprendre à penser pour développer son entendement.

Évolution : écouter l'âme du lieu, être attentif aux besoins du monde. Napoléon, à l'entendement bien affûté, écrivit « je fais le plan de mes batailles avec les rêves de mes soldats endormis ». C'est pourquoi il ne ratait jamais sa cible.

Transvolution : Le son inaudible résonne dans le corps. Celui-ci se dégage de ses encombrements et libère ainsi l'intelligence naturelle du vivant.

Signe astrologique : la Balance qui développe l'écoute de l'autre précisément parce que, au fond d'elle-même, elle a peur. Les oreilles et les reins, tous deux en forme de fœtus, appartiennent au symbolisme de ce signe.

Voir avec les yeux

La bouche touche l'intimité du réel, le nez reçoit les odeurs, ces essences qui trahissent le passage du temps. Divisé en deux narines, l'organe plonge notre conscience dans la durée en l'ouvrant aux rythmes de la naissance et de la disparition dont témoignent les odorants. L'oreille est l'organe qui écoute la profondeur de la nuit, là où tous les repères s'effacent comme autant de mirages pour ouvrir la conscience de l'écoutant à l'inouï. La vue est, au contraire, le sens de la surface qui reçoit la lumière. Elle fait briller les évidences au moment même où « ce que l'on conçoit bien s'énonce clairement ». Les yeux sont présents au présent : ils voient ce qui est.

Oreilles et yeux sont largement séparés sur le visage, comme pour rappeler qu'il y a toujours deux écoutes possibles pour bien entendre et deux points de vue à adopter pour voir profondément. L'audition et la vue osent plus que le nez car ils spatialisent nos perceptions dans les trois dimensions de notre univers : *sa hauteur*, sa largeur et *sa profondeur*. Ces sens, pour celui que a « des yeux pour voir » et « des oreilles pour entendre », libèrent le sujet de la linéarité du langage et de la variation des rythmes du temps.

Si la bouche ressemble à une caverne, si le nez adopte la forme d'un conduit double, si l'oreille cache un labyrinthe, l'œil offre la forme d'un globe. L'espace vide du palais se fit double voie dans le nez puis devint un dédale à l'intérieur de l'oreille. L'œil, enfin, opte pour la sphère. La géométrie des organes des sens commence par un néant et s'achève sur son remplissage. En remontant le long du visage apparaît d'abord une conscience vide et avide, remplie par les aliments et la convivialité. Puis vient le sens du temps qui s'égrène au rythme des inspirs et des expirs. Ce temps intériorisé aida à l'élaboration de l'entendement au creux du labyrinthe auriculaire. L'œil promet à présent la traversée du miroir des images du monde, une traversée si magnifiquement mise en scène par le cristallin qui inverse les images des choses vues. La géométrie de l'oreille interne se terminait par une structure en spirale, la cochlée, centrée autour d'une colonne, la columelle. L'œil, à nouveau, va plus loin. Il contient ce centre autour duquel s'enroulent les spires de notre entendement. Un espace de conscience « non-né », sans parents, – la *pupille* – est bien au centre du tourbillon des nombreuses représentations élaborées à partir de nos écoutes profondes. Dans le langage ordinaire cet espace est joliment métaphorisé par « l'œil du cyclone » !

L'oreille recèle en son centre l'Hermès-columelle, l'axe central de la cochlée. C'est pourtant au milieu de notre œil que brille la parèdre du dieu des échanges : *Iris,* dont le symbole est l'arc-en-ciel. La mythologie grecque associe en effet à chaque divinité une contrepartie de sexe opposé comme, par exemple, Zeus et Héra, Héphaïstos et Aphrodite, Hermès et Iris.

Avec l'iris, la vie se colore. Elle offre entre la zone noire de la pupille et le blanc de l'œil une infinité de tonalités lumineuses dont le vivant rend compte en permanence. Entre la sombre pupille et le blanc de l'œil s'intercale une messagère qui relie les opposés.

Les habitudes vestimentaires modernes qui privilégient, surtout chez les hommes, le costume noir et la chemise blanche, suggèrent que le regard profond, joyeux et pétillant, sachant voir et jouer avec les contraires sans les opposer est encore bien balbutiant dans notre culture issue de la Réforme et du siècle des Lumières qui engagèrent le processus de désenchantement du monde.

Expressions et étymologies

Le mot « œil » vient du latin *oculus*. Le terme « occulté » nous rappelle que tout ce qui n'entre pas dans l'œil de la conscience reste caché.

Deux locutions évoquent la vigilance et son contraire : « ouvrir l'œil et le bon » et « fermer les yeux sur quelque chose » en feignant l'ignorance.

Une personne qui avance en toute confiance « les yeux fermés » se souvient peut-être des acquis de ses oreilles symboliques. Car il faut, pour réussir, un grand équilibre intérieur. Si cette confiance née de l'écoute profonde n'est pas conquise, l'« œil du maître » – aujourd'hui celui de Big Brother ou de la N.S.A – surveille ceux qui sont jugés incapables de « voir de leurs propres yeux » les « évidences » que la société cherche à leur imposer. Ces récalcitrants se fourrent alors « le doigt dans l'œil » en transgressant les règles communes. Car l'organe qui s'affirme si facilement comme le dépositaire de la « vérité », une métaphore de la lumière, cherche à « dessiller les yeux » des autres en leur montrant ce qu'ils doivent voir, parfois de manière autoritaire en exigeant d'être obéi au « doigt et à l'œil ». Seule une écoute profonde pallie à ce type d'excès dominateur.

Positivement, il s'agit d' « avoir le compas dans l'œil », d'observer avec exactitude la poutre dans son œil et la paille placée dans celle du voisin. L'objectivité de l'organe est encore accentuée par l'expression « mon œil ! » qu'oppose l'incrédule face à une affirmation saugrenue. L'œil ne laisse pas la place au doute, pour le meilleur et pour le pire. Ah ! La tyrannie des évidences !

Mais l'organe de la vision est aussi un joyau d'une immense valeur qui « coûte les yeux de la tête ». Par ailleurs, tout un chacun est capable de pures folies pour de beaux yeux. Et, en cas d'échec, que reste-t-il d'essentiel lorsqu'il n'y a plus rien, si ce n'est « nos yeux pour pleurer » ? La prunelle en représente la partie la plus précieuse, chérie entre toutes.

L'organe de la vision transmet des émotions. Suivant les circonstances, il apparait provoquant, langoureux, attendri, jaloux, inquiet ou hagard. L'« œil est le miroir de l'âme » humaine ou, plus exactement, le reflet de ses trois âmes décrites par la philosophie : vitale, sensible et intelligible. Les yeux « transmettent » l'énergie vitale (« tourner de l'œil »), les émotions (« cela me sort par les yeux ») et sont les miroirs des forces lumineuses et obscures de notre âme : l'œil clair et le « mauvais œil ».

Dans ses yeux, l'homme vibre de l'autorité de ce qui l'anime (*anima*, âme) profondément. De larme ou de lumière, le regard exprime aussi clairement que possible ses états intérieurs. Regarder quelqu'un dans les yeux est un signe de franchise car l'organe qui capte la lumière est incapable de tricher, de cacher ou de mentir.

La langue des oiseaux précise pourquoi cet organe a tant de valeur :

Comme dans les mots « cœur », « œuf » et « Œdipe », dont on connaît la cécité, le mot « *œil* » s'écrit avec un « E dans l'O ». Une personnalité entière (E) pénètre dans le tout (O), ou simplement dans ses émotions profondes (eau), puis s'affirme comme une île (IL) ». La bonne santé de l'œil, du cœur, de l'œuf et d'Œdipe dépend de l'environnement dans lesquels ils baignent. « S'unir au tout » pour devenir « comme une île » n'est pas sans dangers ni sans paradoxes. L'atmosphère d'un lieu pourra « pourrir » le cœur mais aussi abîmer la vue. La physiologie de l'organe répète le même message puisqu'il se présente comme une sphère au sein d'une autre sphère : la tête. C'est un « petit tout » au sein d'un « grand tout », une île posée dans l'immensité du temple crânien. Les liens du cœur maintiennent l'amour qui réunit, l'œuf contient en germe la totalité d'un système et Œdipe se creva les yeux car il ne put se dégager des liens du clan familial.

Plus précisément encore, l'« OEI-L » qui regarde diffuse sur la terre (L) trois des cinq voyelles, trois des cinq souffles de l'Ineffable : le O du panthéisme, le E de l'homme debout en contact direct avec le sacré et le I de l'inspiration créatrice née d'un contact avec la transcendance[122]. L'œil *n'est que du sacré* manifesté sur la Terre. L'organe biologique est très méticuleusement surmonté par les *sourcils* qui se lisent comme étant la « source du IL » : le germe dans l'œuf, le foyer dans maison, l'Esprit qui féconde le cœur.

L'organe de la vision est fragile. Heureusement, la **paupière** le protège. Mais aveugle volontaire serait celui qui les rabattrait trop longuement sur ses yeux. Ce geste est souvent justifié par l'éblouissement né de la rencontre avec une lumière trop intense, celle du Soleil ou de son analogon : Dieu/D'yeux. « Paupière » s'entend encore « peau-Pierre » et rappelle l'apôtre du même nom qui, par trois fois, renia le Christ en baissant les yeux. Les paupières se lisent enfin « peau-prière » : alors le « moi-peau » s'agenouille dans l'humilité d'un regard baissé pendant que le voile de ses paupières cache ses prunelles. Elles sont si simples à comprendre ces paupières ! Elles protègent la conscience humaine d'une lumière prématurée et

---

[122] Sur l'analyse symbolique des lettres voir notre *Petit dictionnaire en langue des oiseaux* aux éditions de Janus.

honorent « d'yeux » par la génuflexion d'une prière intérieure lorsque le temps de la Vision est venu. Elles réitèrent en conscience le premier abandon des genoux.

Les paupières se prolongent par les *cils*, par un « savoir (c/sait) sur « IL » ». Dans l'évolution, en remontant le schéma corporel, la conscience-énergie qui se pose dans l'œil et fait l'expérience de « d'yeux » est protégée par les cils des paupières, puis elle remonte vers les sourcils. Le sujet en posture de « peau-prière » dispose d'une connaissance *sourcée* du sacré car il a « vu d'yeux en face ». Alors il comprend les mille manières de formuler cette expérience intime, les nombreuses branches théologiques de « dieu » : les cils.

Notre « œil de d'yeux » (une expression qui ressemble tant à un pléonasme !) se décompose étrangement : il inclut un « *Christ à l'Un* » ; une *cornée* pour que renaisse Son corps de Résurrection (corps-né) ; une *pupille* sans parents et donc sans causes, de « conception immaculée » et, enfin, un *Iris* dont l'emblème est l'arc-en-ciel, ce signe biblique de l'Alliance entre Dieu avec son peuple[123]. Pourquoi l'iris symbolise-t-il une alliance ? Parce que l'arc-en-ciel est l'enfant de l'Eau et du Soleil. C'est le fruit clair et ordonné d'une association de l'*anima* avec l'*animus*. Arc-en-ciel et Iris réunissent le monde sensible où nous vivons (la Lune, l'Eau) avec son principe créateur, le « ciel » (le Soleil, le Feu).

Le terme « *orbite* », du latin *orbis* « cercle », désignait d'abord la course fermée décrite par un corps céleste autour du soleil. Ce n'est que plus tard que ce mot, d'abord réservé au cosmos, prit le sens de « cavité oculaire ». Dans notre orbite biologique loge la sphère de la vision qui capte les informations lumineuses en provenance d'une autre sphère autour de laquelle

---

[123] La Bible propose une image assez proche, quoique plus militaire, avec « l'arc dans la nuée ». Les « nuées » sont des petits cyclones de sables formés par le vent dans le désert.

nous orbitons : le Soleil. Sans cette secrète connivence entre l'organe et l'étoile nous serions privés de lumière.

La *pupille* capte la lumière. Peut-être a-t-elle déjà entendu la parole du Christ qui invita ses disciples à abandonner père et mère[124], à devenir semblable à des pupilles, libres des liens familiaux, pour être adopté par le Plus-Grand-Tout : la Nation dans l'involution et le « Royaume de Dieu » dans l'évolution[125] ?

Notre œil s'ouvre le matin au réveil, cela jusqu'à l'instant inattendu de l'ultime Éveil où la conscience se reconnaîtra Elle-même en se posant dans Sa Vérité, dans l'immense Vacuité dont le trou de la pupille est le symbole biologique. Rappelons que « Dieu » est l'anagramme de « Vide » puisque, en ancien français, le U et le V étaient confondus.

Enfin, comme le suggère son anagramme, la **rétine** « retien(t) » la lumière sous la forme d'une image visuelle. Elle fonctionne comme un filet (*rêt*) intérieur (*in*). Elle mémorise toutes les identifications de la conscience aux diverses et innombrables formes extérieures qui ne sont en vérité que pure lumière.

L'œil sémantique invite le sujet à créer un lien si profond avec Dieu et le Cosmos ! Aveugle serait celui qui ne voit pas cela lorsque le moment est venu. Nos yeux font tant de clins d'œil sémantiques au christianisme dont le « jour de gloire » est précisément le Dimanche, *Sunday*, le jour du Soleil !

---

[124] « Et quiconque aura quitté, à cause de mon nom, ses frères, ou ses soeurs, ou son père, ou sa mère, ou sa femme, ou ses enfants, ou ses terres, ou ses maisons, recevra le centuple, et héritera la vie éternelle. » Matthieu 19 : 29.

[125] La Nation est l'analogon du Royaume de Dieu. Le Roi en était naguère le représentant et, à ce titre, avait le pouvoir de guérir les écrouelles par simple contact. Dans la république française ce rôle est dévolu à la sécurité sociale.

Les oreilles recevaient les vibrations de l'Immense dans le corps. Les yeux développent la pleine conscience des informations portées par les sons reçus de l'au-delà et de l'en-deçà.

Les expressions qui associent la conscience avec la lumière sont pléthore. Elles rappellent naturellement la fonction biologique de l'œil. Dans l'involution l'œil est d'abord l'organe de l'objectivité qui ne « croit que ce qu'il voit » ; dans l'évolution la conscience humaine commence à voir ce qui transparaît derrière ce qui paraît, notamment la lumière cachée des choses et des êtres, leurs qualités de cœur. Puis, dans la transvolution, la Lumière est perçue sans habits d'apparats, le voile du vêtement et la prière disparaissent. « Dieu se révèle dans d'yeux » lorsque la conscience réalise sa vraie nature.

L'œil est décidément un miracle sémantique ! C'est aussi, comme nous allons le voir en explorant le symbolisme de l'organe de la vue, le lieu de tous les paradoxes.

Biologie

Les fonctions et les mécanismes qui nous permettent de voir la lumière nous éclairent-il sur les processus qui consistent à nous aider à « voir dieu en face » ? Ce sont eux que nous allons interroger comme autant de lanternes sur un chemin sans chemin, car la voie est toujours une spécialisation bornée du voir.

L'organe de la vision se situe au milieu du visage.
La position médiane évoque toujours un lien entre l'Esprit situé en haut et la Matière postionnée symboliquement en bas. Le cœur était au centre du thorax, à ce titre il réunissait deux archétypes contraires, Apollon le Lucide qui tua le serpent Python et Dionysos le Terrible, le grand ami des reptiles. Le

206

nombril trône au centre de l'abdomen, l'espace biologique du « sujet » qui honore ses liens *d'assujettissement* à son environnement. Les genoux prennent cette place dans les membres inférieurs, ils réussissent le grand combat de la génuflexion qui consiste à abandonner ses certitudes figées pour laisser tourner la roue de son destin. En un mot les paupières se ferment lorsque les genoux plient dans la prière et que le cœur jubile en se tournant vers l'Immense.

Si l'on applique cette organisation tripartite au visage :

> En haut - Le nom de l'os placé au-dessus des yeux, le « frontal », se traduit par « devant l'autel ». Il évoque le voile derrière lequel se retranche l'Ineffable.

> \- Au milieu - Les yeux si mobiles manifestent deux types d'émotions fondamentales : les pleurs de la souffrance et les larmes de la joie qui disent respectivement les vérités sensibles du « moi » et du « Soi ». Les pleurs pourront manifester du pathos ou de la compassion ; la joie sera, selon les circonstances, l'expression d'un « égo-centre-isme » aux désirs satisfaits ou la conséquence naturelle d'un allocentrisme, d'une ouverture de la conscience à l'Immense. Nos yeux souffrent ou débordent de joie pour « soi » comme pour l'« âme du monde ». Tout dépend bien-sûr de l'orientation de la conscience. La peur, cette troisième émotion fondamentale véhiculée par les yeux, renseigne sur le degré de préparation d'un homme qui a choisi d'ouvrir la porte de son ciel tout en reconnaissant la mystérieuse profondeur de ses instincts.

> \- En bas - En-dessous, la bouche est soutenue par le « menton », un terme qui se traduit par « montagne ». Cette partie du visage parle de la terre, de la volonté, des instincts, de la demeure de la Grande Déesse toute puissante.

L'amoureux est toujours transi dans les points médians de son corps. Dans l'involution, le coup de foudre commence par un regard, puis le cœur bat la chamade. Alors le Narcisse qui sommeille dans le nombril se sent aimé, c'est-dire reconnu. Ses genoux tremblent. Il est prêt à « s'agenouiller », à abandonner sa chère autonomie pour vivre en couple. Mais l'amour suscite aussi son élan contraire : la peur qui pétrifie. Amour et crainte favorisent la perte des certitudes pour que débute le grand retournement évolutif qui commence par une génuflexion. Physique d'abord dans les genoux qui acceptent leur finitude et renoncent à leur solitude, puis psychique au niveau du nombril par l'abandon des idiosyncrasies égotiques. Ensuite vient l'ouverture du cœur et cette foi vivante qui appelle à une confiance absolue en Dieu, en l'autre ou en la bonté de l'univers. L'ultime génuflexion symbolique se fera dans l'œil : pour voir l'Ineffable en face, pour que sa Lumière pénètre notre conscience, nous baissons les paupières et devenons aussi vide qu'une pupille.

Les points médians du corps parlent d'amour. Il s'agit de l'état amoureux en descendant le schéma corporel. Dans la remontée, le symbolisme évoque l'amour de « Dieu » qui conduit le sujet vers l'extinction totale de son état d'humanité pour devenir « tout-autre » dans une expérience innommable.

L'œil distingue les formes et les couleurs. Les formes et les couleurs ! Deux évidences de la vie ordinaire qui noient pourtant la réflexion dans des abîmes de perplexité.

Les formes

Nous avons déjà noté comment, en suivant Platon et Aristote, les formes représentent les essences des choses et des êtres[126]. En Inde Aryadéva le Brahmane écrivit dans *La Grande*

---

[126] Luc Bigé, *Le Parchemin magnifique* Vol. 1, éditions Réenchanter le monde

Explication en vers de la Prajnâpâramitâ[127], datée du IXe siècle :

> « La forme est vide, le vide est forme
> Là où il y a forme, il y a vide
> Là où il y a vide, il y a forme »

Prajnâpâramitâ se traduit par « Perfection de la connaissance ». Rappelons que, en Orient, le terme « connaissance » n'a pas le même sens que dans l'univers de Descartes. Il peut se transcrire par l'expression « conscience de la nature de l'Esprit ». C'est l'état d'être du yogi et de la yoginî dégagés des réalités relatives. Ayant atteint la connaissance, leur esprit repose entre les « sourcils[128] » dans la source des manifestations mentales (les pensées), psychiques (les dieux et les démons) et physiques (les choses). En un mot : dans la grande Vacuité.

D'après cette philosophie, la forme est produite spontanément à partir de la Vacuité, une conception à vrai dire très proche des idées développées par la mécanique quantique sur la naissance de la matière qui émerge spontanément du vide quantique et y retourne. La Vacuité produit directement les choses sans être ni vide ni matière. Cette conception contourne deux écueils philosophiques : le nihilisme et le matérialisme. Voilà un grand mystère qui échappe à l'intellect ! Comment concevoir la vacuité ou même simplement sa métaphore ? Ce vase posé sur mon bureau n'est pas défini par sa matière car je pourrais changer celle-ci sans modifier sa forme, en l'imaginant fait de granit, de verre ou de papier. Mais ce n'est pas non plus un pur espace car, dans ce cas, il n'existerait plus. Si la forme n'est ni espace vide ni matière, qu'est-ce alors ? Et comment l'exprimer

---

[127] Le texte complet est traduit dans l'ouvrage de Jérôme Edou, *Machick Labdrön femme et dakini du Tibet*, éditions du Seuil.
[128] Plus exactement encore entre les deux sourcils, dans le centre Ajna.

autrement que par ces termes paradoxaux : la forme est vide, le vide est forme » ?

Laissons la parole à Jérôme Edou qui décrit cet inconcevable dans les termes de la philosophie du bouddhisme tibétain :

> « La Vacuité se manifeste en tant que formes dans toute choses, matérielles ou imaginaires, et elle ne se trouve pas ailleurs que dans ces phénomènes. Ainsi le Bodhisattva ne peut se satisfaire de la seule contemplation de la Vacuité, la vérité absolue, mais il doit développer les qualités de générosité, de discipline, de patience, de persévérance et de méditation (les cinq perfections transcendantes, pâramitâ, qui permettent de réaliser la sixième, la Prajnâpâramitâ, la perfection de la connaissance).
>
> Le deux premiers vers expriment l'indissociabilité de ces six perfections, l'inséparabilité de la Vacuité et des apparences, l'union de la vérité absolue et de la vérité relative : la Vacuité ne nie ni ne contredit la forme, de même la forme ne nie ni ne contredit la Vacuité.
>
> Cet enseignement de la Prajnâpâramitâ est appelé le Madhyamaka ou « Voie du Milieu » car il établit que les phénomènes ne sont ni existants (la forme est vide) ni non existants (le vide est forme). »

Seuls nos yeux savent la voie du milieu et perçoivent les potentiels du vide. Les autres organes des sens perçoivent la matière avec des degrés de subtilité croissants : la bouche entre en contact direct avec les substances, le nez reçoit ses parties les plus volatiles, les oreilles débutent le processus de dématérialisation car l'onde sonore est un déplacement d'air dont le principe actif est une pure géométrie. Quant aux yeux, ils explorent l'espace, ce vide qui fonctionne comme une toile de fond où dansent les choses et les êtres. Symboliser revient, nous l'avons souvent rappelé, à faire de l'extérieur un intérieur afin de transformer l'expérience objective en un élargissement de conscience. Symboliser la fonction biologique des yeux revient à poser sa conscience dans l'Espace[129], dans la grande Vacuité. Revenue à sa source la conscience s'identifie alors à la Grande Clarté, libérée de la confusion des pensées, des souffrances, des émotions et des résistances physiques. C'est seulement à partir de ce point des « sourcils» qui surplombe le regard que les « démons » sont enfin démontés et les mirages déjoués[130] :

> « Les moyens authentiques pour réaliser cet esprit
> Consiste à unir la conscience et l'espace
> Quand tu les unis ainsi, la saisie de notions
> Telle que réalité ou caractéristique, réfutation ou affirmation
> se purifie d'elle-même
> Et tu demeures dans la réalité de la nature des phénomènes
> Libre de la conception d'un sujet et d'un objet
>
> Lorsque ton corps et ton esprit demeurent sans artifices,
> Une conscience nouvelle s'élève qui s'étend aux confins de l'espace vide.
> Reste absorbé dans cet état sans contrainte et sans limites.
> Alors tu expérimenteras un état de conscience libre de support et de fondement :
> Cette connaissance ne repose sur rien, ni sur les cinq agrégats[131] ni sur les objets extérieurs »

Le yogi et la yoginî absorbés dans une méditation profonde laissent se nouer et se dénouer naturellement les niveaux

---

[129] Et non dans le vent, cette métaphore de la pensée. C'est le rôle des oreilles et de l'entendement que de donner une forme au Souffle à travers des théories, des idées et des concepts. L'Air « qui parle » est néanmoins un « produit » direct de l'espace, de la grande Vacuité. « Ouvrir les portes de l'espace » par un transfert de conscience pour entrer dans la Vacuité est l'une des grandes techniques d'Éveil proposées par le Chöd des soutras – pour plus de détails voir l'ouvrage de Jérôme Edou, *Machick Labdrön femme et dakini du Tibet,* éditions du Seuil.

[130] Aryadeva le Brahmane, La Grande Explication en vers de la Prajnâpâramitâ.

[131] Les cinq agrégats sont : 1- l'agrégat de la matière (notre corps, le monde qui nous entoure) 2 - l'agrégat de la sensation (ce qu'on ressent, physiquement ou émotionnellement; agréable, désagréable, ou neutre) 3- L'agrégat de la perception, qui passe par les 5 sens: vue, ouïe, odorat... 4 - l'agrégat des volitions, ou formations mentales: nos pensées (liées au cerveau) et 5 -

d'existences relatifs que nous appelons le monde des dieux et des démons, ainsi que les réalités ordinaires :

> « Si tu veux aider quelqu'un par la pratique du Chöd,
> Développe ta compassion puis réalise que toi-même,
> Le malade, le démon et la maladie êtes Vacuité, dénués d'existence propre
> Effectue les moudras appropriés et médite sur la Vacuité
> Puis couche le malade, la tête tournée vers toi »

C'était, en théorie, à partir de ce point de conscience que le Roi guérissait les écrouelles. C'est aussi à partir de ce point de conscience qu'apparaissent spontanément les prodiges, ces pouvoirs que nous croyons « surnaturels » comme la marche rapide, la création *ex-nihilo* de matière sous la forme d'une poudre (la *vibbûti*) ou même la matérialisation d'objets, la bilocation, la parole prophétique, la vision des vies passées et futures ou encore la possibilité de commander aux nuages. Les textes bouddhistes appellent pourtant ces manifestations « des pouvoirs ordinaires » car, *in fine*, ce sont encore des « démons » qui détournent le yogi de sa grande et ultime absorption dans la Vacuité.

Lorsque la conscience-énergie atteint les yeux elle métamorphose la « réalité », guérit les malades et éveille la conscience des proches[132]. Nous le savons intuitivement mais faiblement lorsque nous comprenons que c'est notre « vision » du monde qui crée notre réalité. Nous le savons encore lorsque nous réalisons que c'est le regard que nous portons sur autrui qui crée sa réalité. Les enseignants qui aiment leurs élèves le savent bien et les résultats des étudiants le prouvent. Quant au yogi installé dans la transvolution, il identifie sa conscience à l'espace et à la grande lumière de la Vacuité. Il accompagne secrètement les transformations de l'ordre du monde en arrêtant

---

l'agrégat de la conscience : la capacité qu'a notre conscience à se dire par exemple "je suis untel", et donc à saisir un objet, différent d'elle même.
[132] Shaktipat, la transmission de l'Éveil spirituel par le regard.

la pluie ou en chassant les démons de la maladie. L'homme sur la voie de l'évolution utilise sa vision intérieure, un mélange de clarté d'esprit et de foi idéaliste, pour réaliser des objectifs enchevêtrés où se mêlent réussite personnelle et souci du bien commun. Sur la voie de l'involution la vision n'est pas encore de l'imagination mais seulement de l'imaginaire. Le sujet désire et obtient simplement ce qu'il voit. Une aubaine pour les commerçants, qui savent d'instinct qu'un simple « plaisir des yeux » non symbolisé suscite immédiatement l'acte d'achat.

Les couleurs

L'organe de la vision distingue les formes nées du Vide. Il révèle aussi les colorations de la Lumière. La morphologie de l'œil illustre exactement ces deux fonctions puisque la noire clarté de la pupille qui garde le secret de la Vacuité est entourée d'un iris « arc-en-ciel ». Le canal obscur où s'engouffre la lumière se ceint de polychromie, le vide se pare d'un halo multicolore :

> « Le rêve éveillé (…) exprime par toutes les couleurs une liberté d'être, de ressentir, qui ne veut être soumise à nul ordonnancement. Le temps de la multicoloration n'est pas le temps d'un choix, c'est celui de la révélation, de la découverte des potentialités. C'est le temps d'une ouverture multidirectionnelle. Bien des fois, au fil de l'imaginaire, le rêveur accompagnera l'expression de toutes les couleurs par celle de tous les sens. Une psychologie qui se déploie dans la profusion colorée se veut libre d'investir toutes les directions de l'espace, et même de « créer tous les êtres, même ceux qui n'existent pas sur la terre » ! »[133]

Étonnante référence spontanée du rêveur à l'enseignement d'Aryadeva qui vécut pourtant au IXe siècle ! L'iris est le tissu biopsychique d'où surgit tous les possibles. Cette émergence est

---

[133] Georges Romey, *Encyclopédie de la Symbolique des rêves : Le vocabulaire fondamental des rêves*, éditions Quintessence.

naturelle pour celui qui pose sa conscience dans la Vacuité (transvolution), dans son être essentiel (évolution) ou dans le « moi » (involution). La force, l'ampleur et l'utilité de la création sera conditionnée par sa source : Vacuité, Soi ou égo. L'interprétation proposée par G. Romey concerne bien sûr le processus d'évolution. La multiplicité des couleurs invite le rêveur à rétablir une connexion avec ce qui est le plus fécond au centre de sa psyché. Les coloris ravivent les potentialités du Soi qui ne demandent qu'à être composés dans la vie active. Lorsque l'œil pétille de lumière il dit la joie du joyau, il révèle la liberté d'être de celui qui exprime ses richesses en offrant au monde ses valeurs profondes. Et l'œil humain différencie près de huit millions de nuances !

L'organe reçoit donc les formes et les couleurs. *Celui qui symbolise ses yeux devient conscient de son essence et active ses potentiels de réalisation.* Il a l'intuition directe de ce que pourrait-être quelqu'un s'il était au *summum* de sa lumière. Alors l'œil, devenu réel, envisage le trajet de l'existence humaine comme les pas variés d'une danse chamarrée, bien loin des lignes droites appelées « plans de carrières » ou « C.D.I. ». Peu de carriéristes s'habillent en effet sur les tons de l'arc-en-ciel. Ils préfèrent le blanc et le noir, les deux teintes du deuil. Seuls les jeunes enfants, pas encore sur les rails de la socialisation, conservent ce regard ouvert et lumineux. Mais ils sont rapidement soumis aux ravages d'un « œil critique » qui, sous prétexte de bonnes mœurs, actionne une langue normalisante, quand ce n'est pas de vipère, avec ses « tu dois » et « il faut que ». C'est pourtant à l'écoute d'être critique, pas au regard ! L'entendement pense tout ce qui peut l'être et laisse humblement le reste au Mystère de « d'yeux ». L'œil plonge dans la Vacuité et ses immenses possibilités loin des chemins battus empreintés par la gnose – et parfois par la simple glose – du labyrinthe.

Même éphémère, l'expérience de la vacuité offre au sujet l'opportunité d'imiter le Christ en inversant les images reçues du monde commun. Lorsque notre conscience-énergie se pose dans le cristallin, elle voit le monde à l'envers. Elle renverse nos systèmes de représentation. « Regarder à l'envers » est parfois la source d'une nouvelle vision ! Un jour la secrétaire du Jung lui apporta un monceau de lettres :

> « Un jour il manifesta son déplaisir avec une force particulière : c'était un jour noir pour lui puisqu'il avait à répondre aux lettres ! Le messager étant, comme chacun sait, identifié à la nouvelle qu'il apporte, quelques éclaboussures de sa mauvaise humeur tombaient sur moi, ce qui eut pour effet d'assombrir ma propre humeur. Jung s'en aperçut et me fournit un de ces échantillons de langage figuré qu'il chérissait et qui lui donnaient à mes yeux quelque chose d'un vieux maître Zen. (…) Pendant que je rassemblais mes affaires pour repartir, une fois fini ce "jour noir", je vis à mon grand étonnement Jung se baisser et regarder le lac d'en bas comme font les enfants quand ils veulent voir "le monde à l'envers". Là dessus il m'invita à l'imiter. Je n'étais guère en humeur de le faire, pourtant je m'exécutai et je vis à mon tour le paysage renversé. Et Jung de s'étendre sur la construction de l'œil. Il revenait souvent sur les raisons pour lesquelles une telle "vision à l'envers" permettait de voir les choses plus justement et mieux[134]. »

Surtout, l'œil introduit la lumière et ses coloris *dans le corps* comme le fait la bouche pour les aliments et le nez pour l'air du temps. Le mécanisme biologique de la vision va-t-il nous éclairer sur la manière de procéder pour intérioriser cette clarté ?

Le mécanisme de la vision

Nous savons par expérience que les rayons pénètrent dans l'œil depuis une source lumineuse ou par réflexion sur des objets. Le Soleil et les étoiles sont les sources premières de toutes les

---

[134] Barbara Hannah, *Jung, sa vie et son œuvre,* éditions La fontaine de pierre.

lumières. Or le cœur humain est associé au Soleil, quant aux étoiles elles sont métaphorisées par les tissus situés sous la voûte crânienne : les neurones et les astrocytes.

Il existe donc une lumière *humaine* qui fonde notre nature et une lumière *inhumaine* qui la transcende. Ajoutons à cela la lumière *réfléchie*, fruit de notre pensée.

Le cœur de l'homme est la source de la lumière humaine. Nous avons montré ailleurs en quoi l'organe cardiaque est le repaire biologique du dieu solaire [135] . Même si nous associons spontanément l'intelligence avec la lumière en parlant, par exemple, d'une personne « brillante » nous avons oublié que cette qualité s'enracine dans une conscience cardiaque plus que dans une particularité anatomique du cerveau. Toutes les traditions de l'humanité à *l'exception de la nôtre* associent le cœur à l'intelligence. L'organe cardiaque tisse les pensées dans le désir de concorde bien plus que dans l'acidité de la critique. Aimer et penser relèvent du même organe. Peut-être est-ce cela la définition de la sagesse ? Quoiqu'il en soit, c'est la lumière d'Apollon qui pénètre chaque jour dans notre œil. Cet œil lucide et fou d'amour qui joue l'alternance entre les deux. Un jour il réunira la grande clarté de la lucidité avec la compassion. L'œil et le cœur sont indissociables. C'est pourquoi une blessure de l'un aura des effets pathologiques ou transformateurs sur l'autre[136].

La lumière traverse d'abord la cornée, puis elle pénètre dans le vide de la pupille. Elle atteint ensuite le cristallin qui se comporte comme une lentille en inversant l'image de l'objet observé. En poursuivant son chemin, le rayon lumineux touche la rétine qui la fixe pendant quelques millisecondes, le temps

---

[135] Luc Bigé, *Le Parchemin magnifique* Vol. 3, éditions Réenchanter le monde. À l'époque d'Homère il s'agissait d'Hélios qui fut progressivement remplacé par Apollon.
[136] Ajoutons le foie qui est le soleil des viscères.

nécessaire pour que des millions d'influx nerveux se forment et aillent stimuler le cortex visuel placé à l'arrière du cerveau, dans la zone occipitale. Interrogeons un à un ces éléments biologiques de la vision.

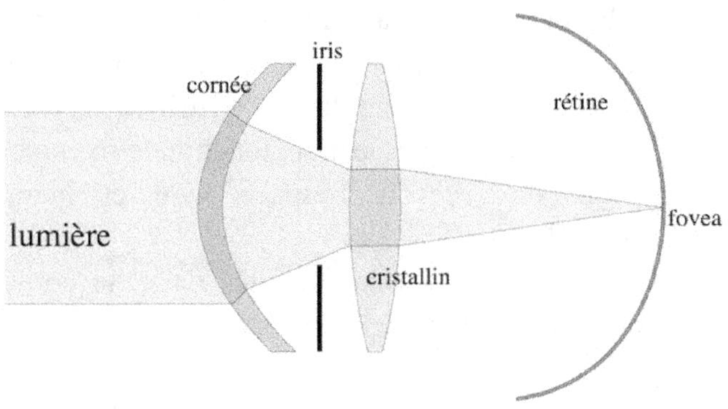

La cornée

Le « corps né » reçoit la lumière. Le bébé qui sort de l'obscur océan matriciel reçoit en effet trois aliments qui seront les énergies de sa vie future. Dans l'ordre de réception : la lumière, l'air et le manger. La première sensation qui suivit la naissance ne fut pas celle de la tétée qui remplit le ventre, ni même celle de l'inspiration qui dilate les poumons mais un choc de lumière car les yeux voyaient déjà clair, même si la vision était encore très floue et efficace seulement sur de courtes distances. L'acuité visuelle était alors d'environ 1/20. Une suite symbolique que la conscience-énergie de l'homme en chemin vers lui-même va remonter. Les nourritures solides et liquides stimulent d'abord l'estomac et le monde des viscères magnifié par le nombril, elles confortent le « moi » ; l'air inspiré sera ensuite semblable à une grande bouffée de liberté pour qui commence à penser et à aimer par lui-même en s'engageant dans sa quête héroïque ; enfin la lumière caressera l'ensemble de la surface corporelle et préparera le sujet à l'expérience de la pure conscience. Nous naissons en rencontrant un choc de lumière, nous nous accomplissons avec un autre choc de lumière, la fameuse « illumination ».

Recevoir la lumière suppose donc une préparation du corps, l'esquisse d'un nouveau « corps né ». Il s'agit d'élaborer un corps qui puisse recevoir le vide de la pupille. Le moment est venu pour celui qui aspire à la pure conscience de préparer sa matière à pénétrer en « dieu », dans ce vide sans attache ni représentation. Le sujet accomplit sa quatrième et dernière naissance lorsque son corps entier fonctionne comme une surface capable de recevoir l'espace vide et lumineux, l'immensité de « dieu ».

Arrêtons-nous un instant sur les qualités de cette cornée, si importante pour la réception de la lumière.

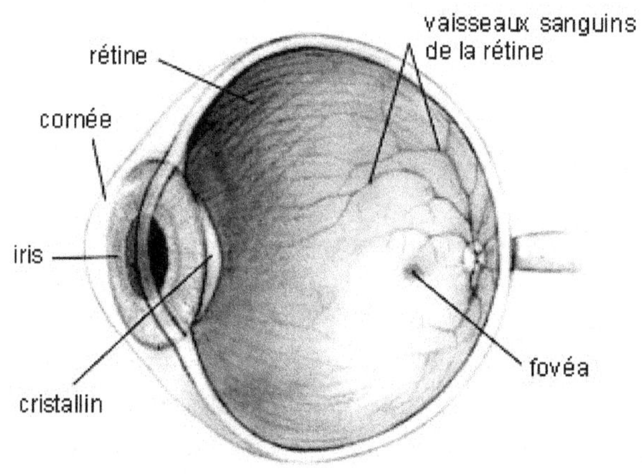

Coupe de l'œil avec sa cornée (source : Wikipédia)
La partie antérieure du globe oculaire a la forme d'une calotte
sphérique transparente.

La transparence sera la première qualité du futur nouveau-né. Que signifie-t-elle et comment l'acquérir ? La biologie de la cornée suggère quelques pistes de réflexion. Son tissu n'étant pas vascularisé par les capillaires sanguins, les cellules de la cornée sont nourries par l'oxygène contenu dans les larmes et les nutriments stockés derrière elle. Le nouveau-né est loin d'être insensible et détaché du monde puisque ses larmes contiennent son oxygène. Néanmoins les combats héroïque du cœur sont bien loin puisque le sang rouge n'irrigue pas l'œil, sinon il altérerait la transparence de la cornée. Il ne reste plus qu'une sensibilité intense aux souffrances et aux joies du monde. Contrairement au héros, il sait à présent qu'il n'y a rien à changer par quelques engagements dans des combats sociaux ou des évolutions intérieures.

Dans l'involution, « le monde » se limite d'abord au couple parental et à l'environnement familial. La cornée, si sensible et si transparente, décrit *par ses défauts* leurs impacts subtils sur le psychisme. Elle précise comment le corps de l'enfant jusqu'à ses six ans[137] entre en résonance avec les informations présentes dans son environnement. Par exemple des situations sources de peurs intenses au point de paralyser momentanément le corps pourront marquer la cornée et produire de l'astigmatisme. « Transparent » s'écrit alors « trans-parent » : tout ce qui traverse (*trans*) les parents sera reçu de plein fouet par le « corps né » et malléable du jeune enfant.

Dans l'évolution, le terme « transparent » désigne l'art de laisser passer les informations sans se les approprier. Il s'agit de perdre la mémoire pour ne retenir que des essences d'expériences. Pourquoi est-ce possible ? Parce que l'étape du dessaisissement de la Pomme d'Adam au milieu du cou fut accomplie avec succès. Est transparent celui qui a quitté le rouge héroïque de ses vaisseaux sanguins. Il se place symboliquement au-dessus de son cœur et « perd » les qualités attribuées à l'organe central : la mémoire, l'intelligence, le courage et la volonté. Est sans mémoire celui qui se laisse féconder par le monde du sens sans le colorer de ses souvenirs ; est sans intelligence celui qui laisse œuvrer l'intelligence du vivant sans jamais lui faire obstacle ; est sans volonté celui qui s'ajuste au vouloir de la Vie et accueille sa danse spontanée.

---

[137] Âge auquel l'œil humain arrive à maturité.

Alors sont définitivement dénoués les liens « parentaux » quelles que soient leurs formes : les parents de chair qui soutiennent et encouragent les grandes ambitions des membres inférieurs ; un « Autre » privilégié, support d'un amour romantique dans l'abdomen ; la recherche du Soi dans l'espace cardiaque et même le sens de la fraternité supportée par les épaules. C'est pourquoi ces paroles du Christ préparent si clairement l'arrivée de la lumière sur son (presque) éponyme biologique, le cristallin :

> « Et quiconque aura quitté, à cause de mon nom, ses frères, ou ses sœurs, ou son père, ou sa mère, ou sa femme, ou ses enfants, ou ses terres, ou ses maisons, recevra le centuple, et héritera la vie éternelle. » (Matthieu 19 : 29)

L'Ancien Testament n'est pas en reste :

> Car mon père et ma mère m'abandonnent, Mais l'Éternel me recueillera. (Psaumes 27 : 10)
> Ceux qui connaissent ton nom se confient en toi. Car tu n'abandonnes pas ceux qui te cherchent, ô Éternel ! (Psaumes 9 :10)

L'Éternel se situe, comme son nom l'indique, hors des rythmes du temps, au-dessus de la fonction symbolique du nez. Il *ne peut* abandonner car il s'agit de la source de la manifestation.

Le tissu de la cornée, le stroma, est pour l'essentiel composé de kératocytes, des cellules quiescentes, c'est-à-dire « au repos », « qui n'agissent pas » ! Le terme *stroma* vient d'un mot grec qui désigne un « tapis » ou une « couverture ». La posture intérieure pour accéder au « corps né » consiste donc à rester sur un tapis dans le non agir ! Dans l'involution la personne ferme les yeux et se repose, dans l'évolution elle médite les yeux clos, dans la transvolution elle s'identifie à la Lumière. En approfondissant ce non-agir, que découvre-t-elle dans les replis les plus intimes de son corps ? Elle dé-couvre l'endothélium cornéen formé d'une seule couche de cellules qui dessinent un motif en cire d'abeille. Ces cellules ne se régénèrent pas. Elles sont, à leur manière, éternelles dans la vie d'un homme.

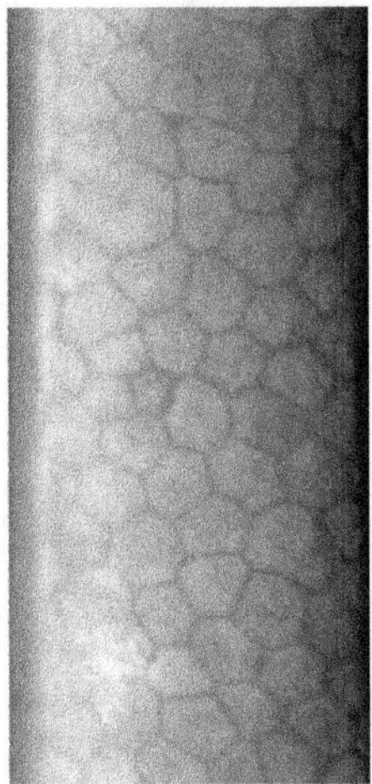

L'endothélium cornéen humain en microscopie spéculaire
Source : Wikimedia Commons)

Nous savons que le miel, couleur de soleil, est le symbole d'un surconscient lumineux traversé par des puissances que nous nommons « dieux », « archétypes » « anges » et « démons ». Le nouveau corps de l'homme ressent directement la présence du Mystère dans chacune de ses cellules grâce à sa transparence, à son immobilité dans le non-agir, à l'abandon des valeurs héroïques du cœur et à son immense sensibilité à l'état de l'âme du monde. Il libère parfois par des larmes purificatrices les terribles mémoires que l'Histoire a déposées en son sein.

Une cornée souple, transparente et arrondie focalise donc les rayons lumineux en direction de la pupille.

La pupille

Si la cornée métaphorise un nouveau corps aussi transparent que possible, ce n'est pas encore le vide de la pupille ! La transparence est l'aurore du vide.

La lumière pénètre dans l'œil par un vide. L' « expérience du Rien » offerte par le cou est enfin stabilisée dans la conscience de la Vacuité sur la voie de l'évolution. Seul celui qui est vide de tout vouloir, de toute représentation, de tout désir, de tout attachement et de tout sens du « moi » reçoit un Rayon de transcendance. Alors ses yeux honorent leur hauteur naturelle : le temple de l'homme, son crâne. Il est si difficile d'évoquer le vide autrement que par la négative du fameux « ni ceci, ni cela ». La « conscience de la pupille » est admirablement décrite par Shardza Tashi Gyaltsen[138] :

> « Le maître interpelle l'étudiant et dit : "Oh! Noble fils, y a-t-il un observateur ou une chose qui soit observée ? Où cette chose va-t-elle ? Et où ne va-t-elle pas ?" Vous ne pouvez trouver d'objet à observer ou d'observateur. À ce moment, tout devient comme le ciel. Ne changez rien, ne faites rien. Cette nature est inexprimable. À cet instant, il n'y a plus de noms ou de concepts de clarté, de vacuité ou d'unification.
>
> Vous ne pouvez pas montrer cela par un exemple ; vous ne pouvez le vérifier ou le reconnaître par des pensées. Vous êtes incapable de le faire disparaître, et cependant cela ne part jamais. Il n'y a pas de racine – c'est vide. Quand vous êtes dans cet état, la clarté est présente continuellement, pure sans entrave. La clarté se manifeste elle-même, il n'y a pas d'antidote. Elle sera toujours dans la félicité. Toujours nue, elle ne peut être leurrée. Vous ne pouvez décrire ce que vous avez vu, bien que ce soit toujours brillant. Sa nature est incessante. C'est la nature inexprimable de la sagesse immuable. »

Dans l'involution, les expériences d'abandon affectif préparent le sujet à devenir aussi vide que sa pupille pour, un jour lointain, accueillir la Lumière – l'amour compassionnel – sans jamais la retenir. Les liens familiaux, même au sens large, n'ont plus lieu d'être. La pupille est plus que « trans-parente » : c'est une orpheline choyée par le plus-grand-tout : la Patrie dans l'involution et l'Espace dans l'évolution. Si les couleurs et les formes de l'iris représentent les potentialités profondes du sujet,

---

[138] Shardza Tashi Gyaltsen, *Les sphères du cœur*, Ed. Les Deux Océans.

la pupille centrale représente l'espace intérieur de la Vacuité qui reçoit si simplement la Lumière de l'Espace.

Naturellement, nos yeux servent le plus souvent les autres parties du corps. « Exorbités », ils prennent une signification phallique ; « plus gros que le ventre » et « pétillants », ils servent un nombril avide de sécurité et de reconnaissance. D'autres fois, ils offrent l'ample amour d'un cœur palpitant. Les promesses de l'œil humain codées dans son mécanisme biologique restent encore très largement inaccomplies chez l'homme moderne.

Sur le thème astrologique, la pupille correspond à la position de la Lune Noire moyenne que nous avons appelé ailleurs « Licorne », porteuse de l'hyperconscience et de l'exigence ontologique du sujet[139].

Ce vide qui reçoit la lumière s'entoure d'une farandole de couleurs.

L'iris

L'arc-en-ciel oculaire relie le blanc de l'œil avec le noir profond de la pupille. Selon les personnes, il se teindra en bleu, vert, marron ou noir, plus rarement en rouge ou en jaune.
Qu'est-ce qu'un arc-en-ciel si ce n'est un pont entre le ciel et la terre ? C'est pour cela qu'Iris est, dans la mythologie, la parèdre du dieu Mercure/Hermès, le porteur de messages. Déesse dite « aux ailes d'or » et « aux pieds légers », elle incarne la contrepartie féminine du dieu des échanges, sans l'ambiguïté qui le caractérise. Nul ne sait jamais en effet si Hermès ruse, plaisante, raconte une histoire ou s'il est fidèle dans son rôle de messager. Dans la mythologie, la messagère d'Héra est toujours porteuse de bonnes nouvelles. Elle est pure lumière,

---

[139] Luc Bigé, *La Lune Noire, un vertige d'absolu*, éditions de Janus.

contrairement à son mari très ambivalent qui naquit dans l'obscurité d'une grotte.

Iris, dont l'emblème est l'arc-en-ciel, en compagnie de sa contrepartie technique matérielle, le fil téléphonique.

En termes psychologiques, Iris est la figure la plus lumineuse de l'*anima* dans son rôle de guide entre le conscient et l'inconscient. D'où les surnoms d'*Aeria*, « aérienne » et de *Roscida*, « vaporeuse » qui lui sont attribués. L'iris est en effet si aérien et si humide qu'il est impossible de le toucher sans qu'il ne se dérobe. Comme l'arc en ciel.

En termes théologiques l'arc-en-ciel fonda la première alliance entre le peuple hébreu et son Dieu. Une alliance établie non sur la vitalité et la circoncision, comme cela fut le cas ensuite, mais sur la conscience. Il est intéressant de comparer ces deux textes :

Après le Déluge, l'Éternel propose à Noé le signe d'une alliance qui concerne *tous les êtres vivants* :

> « Et Dieu dit : C'est ici le signe de l'alliance que j'établis entre moi et vous, et tous les êtres vivants qui sont avec vous, pour les générations à toujours : j'ai placé mon arc dans la nuée, et il servira de signe d'alliance entre moi et la terre. Quand j'aurai rassemblé des nuages au-dessus de la terre, l'arc paraîtra dans la nuée ; et je me souviendrai de mon alliance entre moi et vous, et tous les êtres vivants, de toute chair, et les eaux ne deviendront plus un déluge pour détruire toute chair. L'arc sera dans la nuée ; et je le regarderai, pour me souvenir de l'alliance perpétuelle entre Dieu et tous les êtres vivants, de toute chair qui est sur la terre. Et Dieu dit à

> Noé : Tel est le signe de l'alliance que j'établis entre moi et toute chair qui est sur la terre[140]. »

Puis vint une sorte de réduction de la portée du symbole qui se limita à la descendance d'Abraham :

> « Lorsque Abram fut âgé de quatre-vingt-dix-neuf ans, l'Éternel apparut à Abram, et lui dit: Je suis le Dieu tout puissant. Marche devant ma face, et sois intègre. J'établirai mon alliance entre moi et toi, et je te multiplierai à l'infini. Abram tomba sur sa face ; et Dieu lui parla, en disant : voici mon alliance, que je fais avec toi. Tu deviendras père d'une multitude de nations. On ne t'appellera plus Abram; mais ton nom sera Abraham, car je te rends père d'une multitude de nations. Je te rendrai fécond à l'infini, je ferai de toi des nations; et des rois sortiront de toi. J'établirai mon alliance entre moi et toi, et tes descendants après toi, selon leurs générations: ce sera une alliance perpétuelle, en vertu de laquelle je serai ton Dieu et celui de ta postérité après toi. Je te donnerai, et à tes descendants après toi, le pays que tu habites comme étranger, tout le pays de Canaan, en possession perpétuelle, et je serai leur Dieu. Dieu dit à Abraham: Toi, tu garderas mon alliance, toi et tes descendants après toi, selon leurs générations. C'est ici mon alliance, que vous garderez entre moi et vous, et ta postérité après toi: tout mâle parmi vous sera circoncis. Vous vous circoncirez; et ce sera un signe d'alliance entre moi et vous. A l'âge de huit jours, tout mâle parmi vous sera circoncis, selon vos générations, qu'il soit né dans la maison, ou qu'il soit acquis à prix d'argent de tout fils d'étranger, sans appartenir à ta race. On devra circoncire celui qui est né dans la maison et celui qui est acquis à prix d'argent; et mon alliance sera dans votre chair une alliance perpétuelle. Un mâle incirconcis, qui n'aura pas été circoncis dans sa chair, sera exterminé du milieu de son peuple : il aura violé mon alliance.[141] »

Dans l'évolution l'alliance, d'abord fondée sur l'organe du désir génésique, s'efface au profit de « l'arc-en-ciel dans la nuée » métaphorisé par l'iris. Puisque les mythes décrivent le

---

[140] Gen. 9 ; 9-17.
[141] Gen,17 ; 1-14.

plus souvent des processus d'involution, le second texte apparaît dans la Bible *après* le précédent. Dans sa remontée vers l'Origine le sujet passe d'abord par la circoncision et la promesse tribale d'une descendance florissante (Gen,17 : 1-14) puis il crée, avec l'arc-en-ciel, une autre alliance où le sujet indivualisé devient sensible aux destins de tous les êtres vivants (Gen. 9 : 9 -17).

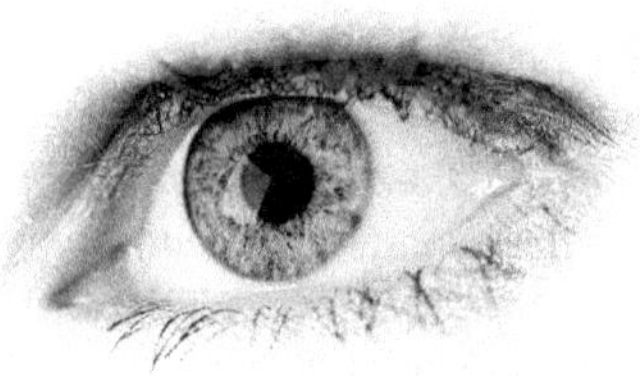

Georges Romey en parle ainsi dans son Dictionnaire de la symbolique[142] :

> « L'eau, l'étoile, l'anima… l'arc en ciel déployé dans le rêve conduit du soleil à l'étoile, du feu à l'eau, de l'esprit à l'âme, de la volonté à l'espérance. Il signe l'avènement du règne de l'anima, l'intégration des valeurs d'accomplissement dans la voie humide. L'arc en ciel est une manifestation éphémère dont l'origine et l'aboutissement se confondent dans le mystère d'inaccessibles horizons. Il est, en cela, une splendide représentation de la vie, mystérieuse par sa cause, éblouissante pas ses potentialités, limitée dans sa durée, énigmatique par sa destination. Ainsi l'arc-en-ciel onirique est-il un pont jeté entre le monde de la terre et l'autre monde. Les couleurs déployées dans l'arc sont fréquemment associées aux cercles concentriques de la pupille d'un œil. »

Dans la nature, dans les rêves et dans la Genèse, l'arc-en-ciel brille toujours après l'orage, au moment éphémère où les rayons solaires rencontrent les gouttelettes d'eau du ciel. Fruit d'un improbable mariage entre le Feu et l'Eau, le pont de lumière affirme l'heureuse conclusion d'un combat impétueux

---

[142] Georges Romey, *Encyclopédie de la Symbolique des rêves : Le vocabulaire fondamental des rêves*, éditions Quintessence.

où s'affrontèrent d'abord vigoureusement les contraires : l'orage empli d'éclairs. Qu'y-a-t-il de plus contraire que l'Eau de la pluie et le Feu de la foudre ? Contre toute attente l'Eau n'éteint pas le Feu, pas plus que le Feu ne fait bouillir l'Eau hors de ses gonds. L'harmonisation de ces opposés dans l'arc lumineux révèle soudain la beauté des anciens combats mis au service du vivant[143], elle dévoile les immenses potentiels de création d'un sujet immobile dans une lucidité solaire qui, néanmoins, accompagne pleinement les mouvements fluides et imprévisibles du devenir. L'arc céleste est bien un signe d'alliance ! L'ultime combat héroïque au cœur de l'orage dégage un pont qui conduit le guerrier vers les rives de l'Autre Monde, vers l'œil de la nuée ou du cyclone, vers sa pupille.

Rappelons que le contact de l'homme avec ses potentiels de lumière se traduit par une variation du diamètre de sa pupille. En effet, les mouvements involontaires des muscles de l'iris modifient le diamètre de la pupille qui s'ajuste ainsi à l'intensité lumineuse. En milieu très clair, l'iris se contracte, entraînant une fermeture partielle de la pupille pour limiter l'entrée des rayons solaires dans l'œil ; si, au contraire, l'endroit est sombre, l'iris se dilate pour augmenter l'ouverture du centre de l'œil. Mais l'arc-en-ciel de notre œil réagit aussi aux émotions. Une personne amoureuse trahit ses sentiments par la dilatation de sa pupille, comme si elle sentait à travers ses sentiments la possibilité encore aveugle d'élargir ses potentiels de vie, de beauté et d'énergie. Inversement, j'ai vu à l'occasion d'un voyage en Inde un maître spirituel guérir une patiente qui semblait avoir perdu la raison simplement en la regardant. L'espace d'un instant l'iris du guru s'élargit et prit une teinte jaune lumineuse ; puis il redevint normal.

Dans l'involution, l'iris s'élargit lorsqu'il prend en charge les relations amoureuses, toutes ces tentatives ordinaires pour réunir l'*anima* de l'un avec l'*animus* de l'autre. Les amants qui

---

[143] Le terme grec « *bios* » désigne à la fois l'arc et la vie.

se regardent les yeux dans les yeux dépassent le narcissisme du ventre et les craintes de flancher sises dans les genoux : ils observent dans le regard de l'autre l'immensité de ses potentiels colorés. Dans l'évolution, l'iris devient un arc, l'arme des combats de l'homme qui apprend à servir sa vérité intérieure pour offrir à la terre les débordements de sa pupille, pour offrir ce qui surgit de cet « espace vide » qui contient une immense liberté d'être, capable de créer au moyen des autres sens « tous les êtres, même ceux qui n'existent pas sur la terre » comme le fit remarque le rêveur guidé par G. Romey. Dans la transvolution, l'iris active le potentiel créateur du Vide pour répondre aux besoins de l'environnement terrestre. Dans l'évolution il nous invite à la grande liberté d'être par où se révèlent nos potentiels spirituels multicolorés. Dans la vie ordinaire, il clame l'espoir d'un amour clair et profond qui réunisse *anima* avec *animus*. Si l'« amour rend aveugle », c'est à la banalité du monde car il plonge l'homme et la femme dans l'espace énigmatique de l'extraordinaire.

Mettre en mouvement les muscles de l'iris pour adapter la pupille à l'intensité de la Lumière ! Quel programme !

Les iridologues associent l'iris à la roue du zodiaque[144] qui n'est autre que le cercle que dessine la Terre autour du Soleil. C'est une autre manière de dire que cette zone biologique colorée exprime, sous douze facettes signifiantes, les potentialités solaires du sujet.

La Lumière de la pure conscience a donc touché la cornée, puis elle a pénétré dans le grand vide de la pupille et mis en mouvement les couleurs de l'iris. Son voyage intérieur n'est pourtant pas fini. Elle atteint l'étape que la langue des oiseaux

---

[144] L'histoire de l'iridologie, qui remonte à la plus haute antiquité, est résumée ici : http://www.ref-formations.fr/reflexotherapies/iridologie.php

228

écrit « Christ-à-l'Un » : l'Homme qui a personnalisé l'Unique et réalisa des miracles en compagnie de ses douze disciples[145].

Cristallin, macula et fovéa

Étonnante géographie corporelle ! Si le cristallin évoque le Christ par voie sémantique, il code aussi trois des principales étapes de son existence terrestre :

- L'organe transparent fonctionne comme une lentille qui inverse l'image des objets : il renverse notre « manière de voir », c'est-à-dire nos valeurs.
- Puis la Lumière atteint la *macula lutea*, la « tache jaune » : elle se colore des « péchés du monde ».
- Et se fixe enfin un instant sur la *fovéa*, la « fosse » : elle descend au tombeau.

Voyons ce « mécanisme » plus en détail.

Nombreuses sont les citations des évangiles qui prennent le contre-pied des valeurs admises dans la société juive. Le respect de la prostituée, l'évacuation des marchands du temple, l'amour du prochain, « les premiers seront les derniers », « rendre à César ce qui appartient à César » en séparant les vanités du pouvoir du Royaume de Dieu, abandonner sa famille et les siens, valoriser les pauvres aux dépens des élites, faire confiance en la bonté de l'univers en imitant les petits oiseaux,

---

[145] Les systèmes symboliques fondés sur le douze comme le zodiaque, les tribus d'Israël et les apôtres évoquent la manifestation de la totalité d'un système de représentation. Ce chiffre apparut d'abord dans le duodénum avec son idéal de pureté, puis dans le cœur engagé dans la synthèse des univers apolliniens et dionysiaques, il ressurgit ici avec l'iris qui ne conserve que la lumière des essences. Dans son ouvrage *Le Zodiaque : Clef de l'ontologie appliquée à la psychologie* (aux éditions Traditionnelles), Marcelle Sénard développe remarquablement l'analogie entre les signes du zodiaque et les douze tribus d'Israël.

la non-violence… que de thèmes révolutionnaires qui demandèrent aux premiers chrétiens le courage de leur foi !

L'homme dont on décida au concile de Nicée qu'il était « le fils unique de Dieu » symbolisa au cours de sa courte existence le principe biologique du cristallin qui inverse l'image qu'il reçoit. L'organe fonctionne comme une lentille : La personne que je vois en face de moi est inversée par le cristallin de mon œil qui la représente la tête en bas. C'est dans cette position bizarre que les cônes visuels de ma rétine me montrent mon voisin. Le cristallin est une lentille biconvexe qui modifie sa courbure sous l'action du muscle ciliaire pour former une image bien nette sur la rétine quelque soit la distance de l'objet. La « vérité de la lumière » n'a rien de dogmatique ni de figé, elle s'adapte aux circonstances. Le Christ, pas plus que Bouddha ou d'autres êtres éveillés, n'a jamais développé de théologie, c'est-à-dire un système qui « expliquerait » l'Inconcevable. Ce sont les prérogatives de l'oreille symbolique qui a besoin d'élaborer des doctrines d'entendement pour se protéger de l'Immense.

Le cristallin est comme la cornée. Il est *dénué de vaisseaux sanguins*. Ses cellules ne possèdent pas *de noyau ni aucun autre organite* comme les mitochondries ou l'appareil de Golgi. Disposées « en pelures d'oignon », en couches enroulées les unes autour des autres, elles sont réduites à la plus grande simplicité biologique avec seulement une membrane et un cytoplasme. Leur unique fonction consiste à transmettre la lumière en la « retournant » et en l'ajustant. Elles suggèrent à leur manière ce qu'est « l'état christique » : focaliser la Lumière dans une *personne* unique (la cellule) sans jamais être *personne* (sans contenu).

L'histoire n'est pourtant pas finie !

La Lumière, focalisée et retournée par le cristallin atteint ensuite la macula, la « tache » jaune dont le nom s'apparente à

« maculer », salir[146]. Cette petite zone de la rétine possède une concentration maximale en cônes, les cellules responsables de la vision diurne, fourmillante de couleurs et de détails. Dans l'involution la lumière de la conscience est encore fragile : elle a besoin de l'obscurité de la tache pour se révéler. Tout se passe comme si les injustices, les inégalités et les souffrances que nous connaissons si bien avaient pour seule fonction de raviver la précieuse Lumière que chacun porte dans son œil. Le « mal » sert alors de faire valoir au « bien ». Dans l'évolution, le Christ ouvrit de nouvelles possibilités. C'est sur le Golgotha – le « lieu du crâne » – qu'Il « racheta les péchés du monde » et métamorphosa les taches sombres de l'histoire humaine que nous appelons souffrances. Ce fut son dernier acte avant Sa mise au tombeau... dans la fovéa, la « fosse ». La fovéa est entièrement composée de cônes serrés les uns contre les autres. Elle permet *la vision de nuit* lorsque les objets du monde ont perdu leur pouvoir de fascination.

Mais la fosse n'est riche en résurrections que pour celui qui sent dans son nouveau corps, dans sa cornée, l'infinie souffrance portée par l'âme du monde. Il est devenu aussi vide et clair qu'une pupille et, en dépit de tout, continue d'offrir au monde sa joie en agitant les couleurs de son iris. Il sera alors légitime pour porter le flambeau d'une révolution qui retourne les valeurs du monde, comme le fait si merveilleusement sa lentille cristalline. Cette posture le conduira au tombeau, sa dernière épreuve.

Naguère, le miroir si cher à Narcisse inversait aussi les images, mais seulement en croisant la droite masculine avec la gauche féminine au risque d'une confusion des genres. L'Adolescent séduisait en effet les jeunes hommes autant que les jeunes femmes. Mais le cristallin de notre œil *échange le haut avec le*

---

[146] « *Macula* » est un terme latin qui désignait à l'origine une « tache » ou une « souillure » sur le corps ou sur un vêtement.

bas. Il imagine la possibilité grandiose d'une Terre Céleste et d'un Corps de Résurrection. La profondeur de la rétine, avec la macula et la fovéa, est vascularisée par la choroïde. Ce terme emprunté au grec désigne « une membrane de fœtus et une membrane de cerveau[147] ». L'homme qui s'accomplit dans la fosse de ses yeux renaît comme un bébé dans un univers de pures informations. Il a construit son « corps de gloire ».

Ajoutons enfin que le centre visuel se situe *derrière* le crâne dans la zone occipitale, affirmant ainsi sa proximité avec l'Esprit.

Bien sûr, en ce qui nous concerne, les yeux servent souvent à autre chose que la mise au tombeau d'un sujet qui laisse pénétrer la Lumière dans sa pleine conscience.

L'image ci-dessous est extraite d'un ancien tarot. Elle représente le Diable avec des yeux posés sur sa poitrine, son ventre et ses genoux. Le personnage est toujours caractérisé par la complexité car il ignore comment « faire simple » : il n'a pas encore développé les qualités du cœur symbolique. Tant que la lumière est extérieure ses yeux lui servent à objectiver les espaces corporels de mise en relation : les genoux dédiés au sens de l'intimité ; le ventre où naît une personne sensible à l'interdépendance sociale et le héros du thorax qui commence à relier en conscience le monde des dieux avec sa nature humaine[148].

---

[147] http://www.cnrtl.fr/definition/choroide

[148] Un héros est le fruit des amours d'un dieu avec une femme ou d'une déesse avec un homme. Il porte dans son code génétique la part divine de l'un de ses parents qu'il va s'efforcer de reconquérir et la nature humaine de son autre géniteur. Toujours mi-humain mi-divin, il porte l'appel d'un ciel à conquérir.

Le Diable avec des yeux sur sa poitrine,
son ventre et ses genoux

Dans les genoux la lucidité du regard sert les ambitions des membres inférieurs. Le diable étant peu enclin à la génuflexion, ses yeux sur ses genoux désignent l'orgueil d'un personnage figé dans ses certitudes et incapable d'intimité.

D'autres fois les yeux servent le sexe. Georges Romey décrit ainsi le sens symbolique des yeux exorbités chez les rêveurs :

> « La dynamique onirique fait appel aux **yeux exorbités quand elle a besoin d'une image substitutive du pénis**. Souvent associés, dans le rêve, au canard, aux pieds palmés, les yeux exorbités placent la traduction dans le champ des contenus sexuels de la problématique et plus particulièrement de leur résonance avec **le sentiment ou l'angoisse de castration**. Les yeux sortis des orbites, qu'ils restent ou non reliés à ceux-là par quelques fils ou ressorts, ont la même signification dans les scénarios produits par les hommes et dans les rêves féminins[149]. »

---

[149] Georges Romey, *Encyclopédie de la Symbolique des rêves : Le vocabulaire fondamental des rêves*, éditions Quintessence. Les caractères

L'œil est alors l'organe de la projection du désir. Les boutiquiers le savent d'instinct lorsqu'ils invitent le chaland à pénétrer dans leur antre « pour le seul plaisir des yeux ».

Sur l'image ci-dessus, le ventre est le seul à recevoir l'image de tout le visage. Rappelons que lorsque le visage sert le ventre le nez remplace son analogon, le nombril ; la bouche se positionne sur le petit bassin et son analogon, le système génital. La figure du diable pose alors le temple crânien dans l'espace biologique de la consommation. Il utilise les peurs *viscérales* des individus pour maintenir son emprise sur les sociétés humaines. Naît une société manipulée où le besoin narcissique individuel d'être reconnu, voire célèbre et célébré, l'emporte sur toutes les autres considérations. L'échec est garanti car pour « être soi », il faut « être seul », comme le suggère le diaphragme qui se traduit par « se mettre à part pour naître ».

Lorsque les yeux du diable utilisent les qualités du cœur ils confondent hallucination avec imagination. Ce qui est normal chez le jeune enfant. Parfois les personnages imaginaires qui accompagnent les premiers pas du nourrisson restent présents chez l'adulte qui ne s'est pas encore « mis à part ». Ils se nomment « romantisme » et « idéologies ». Ce sont des systèmes de croyances arbitraires, non fondés sur les réalités du monde imaginal, non sourcés à des mythes fondateurs. Lorsque ces « personnages » recontactent la Source, l'hallucination naturelle des premières années se transforme en visions prophétiques. Les yeux acceptent et reconnaissent alors tout ce qu'ils voient sans rien rationnaliser ni filtrer. Il s'agit de renouer *en conscience* avec le regard du nouveau-né, si bien décrit par R. et L Gandolfi :

> « On peut ainsi imaginer que la vision du nouveau-né, qui ne semble pas pouvoir s'arrêter sur des formes très définies, est

---

gras sont de l'auteur.

davantage sensible aux signes plastiques fondamentaux sous-jacents à ses formes, et que la vision qu'on leur attribue est forcément de l'ordre d'une appréhension essentielle des choses et des êtres qui l'entourent. Plongé dans une relation unitaire avec le monde, le nourrisson serait capable de capter l'image d'une réalité « intégrale », non déformée par ses propres projections. La vision du monde serait alors le résultat de la perception d'un monde irréfléchi venant informer le nourrisson de sa propre réalité esthétique[150]. »

L'image du tarot qui représente le Diable avec les yeux de la conscience répartis sur son corps souligne à quel point le personnage est brillant. Mais sa lucidité intellectuelle inhibe ses échanges intimes dans les genoux, son sens de l'unité du clan dans le ventre et les visions prophétiques de son cœur. À tout cela il répondra comme à son habitude par la négation critique et impérative d'un « ce n'est que cela ! ». L'intellect devient manipulateur pour protéger les certitudes figées des genoux, pour assouvir ses désirs de sécurité et de richesses dans le ventre et jouir de la victoire dans le thorax, l'espace biologique des Dieux Forts. C'est que les étapes du processus d'évolution ont dramatiquement failli sous les coups de boutoir d'une intelligence éclairée.

Nous savons à quel point il est facile de passer des découvertes nées d'une raison prométhéenne vers la toute puissance faustienne. L'extraordinaire Siècle des Lumières s'est achevé sur le régime nazi où la loi, la science et la pensée servirent le pire. Ne nous leurrons pas, nos sociétés modernes maintiennent en elles cette part faustienne de toute-puissance. La mise en quasi-esclavage par le travail en est aujourd'hui la conséquence la plus visible, tout comme l'explosion de systèmes de surveillance collectifs qui objectivisent la vie intime. Or le remède à la *division* « diabolique » est l'*inversion* « christique ». Les yeux inversent tout ce qu'ils regardent grâce à leur lentille cristalline. L'inversion commence lorsque le sujet

---

[150] René et Linda Gandolfi, *La maladie, le mythe et le symbole*, Le Rocher.

accepte de regarder vers l'intérieur de lui-même *au même titre* qu'en son extérieur. Ou, plus précisément, lorsqu'il ajuste sa compréhension des phénomènes extérieurs à leurs résonances dans son monde intérieur. Alors il traverse le miroir du « réel » et perçoit *en conscience* le « surréel », le monde des causes « métaphysiques » productrices du grand jeu des activités du monde[151]. La phénoménologie développée par Husserl au début du XXe siècle fut un contrepoint positif aux tentatives faustiennes de domination du monde au moyen d'une intelligence hyper-rationnelle devenue caricaturale dans le nazisme et aujourd'hui de retour par le biais du transhumanisme qui prétend créer une forme nouvelle du surhomme. L'habituel « c'est la faute des autres, voyez comment ils se comportent ! », si fréquent dans les relations interpersonnelles comme en géostratégie, devrait devenir un « en quoi est-ce que cela *me regarde ?* ». Lorsque le désir de conquête personnelle symbolisé par « la vue des genoux » se retourne, l'homme comprend qu'en construisant il cherche seulement à se construire. Il élabore alors des œuvres *humaines* en abandonnant ses illusions pharaoniques. Lorsque le regard narcissique du nombril se retourne, la connaissance de soi et le développement personnel effacent progressivement le besoin d'exister à travers le regard des autres. Lorsque l'œil du cœur revient vers lui-même le héros comprend qu'il n'y a pas de différence entre les monstres qu'il combat en son extérieur (corruption, pollution, méchanceté, avidité, etc.) et lui-même. Sa conscience se déploie dans une relation au monde de type sujet-sujet et non sujet-objet comme précédemment. La barrière qui sépare le moi du non-moi s'affine jusqu'à la translucidité. Enfin, dans la tête, les yeux qui savent voir ne regardent *que* la lumière qui se cache derrière les voiles de la toute-puissance (sexe), de l'ambition personnelle (genoux), des peurs (viscères)

---

[151] Edmund Husserl, *Idées directrices pour une phénoménologie pure et une philosophie phénoménologique*, Gallimard.

et des idéologies (cœur). La conscience devient enfin elle-même et réalise sa nature : une pure Lumière.

Le Diable, c'est-à-dire l'esprit de division, utilise parfois la lumière pour ses propres fins. Il confond alors volontairement transparence et inexistence. Rappelons que Lucifer se traduit par « porteur de lumière ». La carte du tarot présentée ci-dessus présente deux individus enchaînés aux pieds du personnage principal. Son intelligence sert l'esclavage au nom d'une philosophie de la transparence, comme ce fut le cas dans le nazisme et plus généralement dans les manipulations sectaires. À Dachau et ailleurs les prisonniers juifs, tsiganes, homosexuels, de droits communs et politiques perdirent leur identité et devinrent « personne » dans le sens le plus nihiliste du terme. Les « fosses » communes n'éclairèrent plus rien car le parcours symbolique qui relie l'astragale à l'os hyoïde n'est pas accompli dans la conscience collective. Lorsque la lumière de la conscience s'obscurcit, l'état d'humanité disparaît avec elle[152].

Mais qu'est-ce donc que la Lumière ?

La lumière symbolique est synonyme d'esprit comme d'Esprit. « Ne pas être une lumière » désigne une personne qui a oublié d'allumer la lanterne de son intelligence. « Voir la grande Lumière » suggère une conscience qui se hisse quelques brefs instants à la hauteur de la divinité. Dans les yeux de l'homme brille son intelligence et transparaissent les étincelles de l'Esprit. Mais l'intelligence humaine, si brillante soit-elle, n'est qu'un maigre jardin au sein de l'intelligence du vivant. Lorsqu'elle se clôt derrière des palissades de certitudes tout en s'imaginant aussi vaste qu'un cosmos, l'esprit se « diabolise » et devient un obstacle à la réalisation de l'Esprit.

---

[152] Primo Levi, *Si c'est un homme,* Pocket.

Rappelons notre étrange situation quotidienne : *nous ne voyons pas directement la lumière* mais seulement sa source et ses reflets sur les choses. Sans cela l'espace ne serait pas noir mais lumineux. Dès que les rayons lumineux sont réfléchis, sur les molécules qui composent l'air de l'atmosphère par exemple, l'espace s'éclaircit. Pourtant le reflet est bien de la lumière qui informe notre œil sur la nature des choses... La lumière invisible rend visible toutes choses. Elle leur confère formes, couleurs et chaleur. Ceci est aussi difficile à concevoir que la nature de l'Esprit qui échappe à toute représentation[153] :

> Ne cherche pas le sens de la prajnâpâramitâ
> À l'extérieur de toi car il est en toi :
> La nature de l'esprit, la grande claire lumière
> Qui n'a pas de réalité et ne peut être analysée

La physique nous apprend que la lumière est à la fois ondulatoire et corpusculaire. Ces deux modèles sont bien établis expérimentalement, le premier par l'expérience des fentes d'Young et le second grâce à l'effet photoélectrique expliqué par Maxwell et Einstein. Mais ces deux explications sont difficiles à concilier du point de vue de l'entendement. Curieusement, la nature de la lumière est aussi indescriptible que celle de l'Esprit qui est son analogon symbolique.

Mythologies

Les séquences d'aveuglements sont fréquentes dans la mythologie grecque. Par exemple lorsqu'un humain a regardé par erreur ou par désir ce qu'il ne devait pas voir. Il s'agit le plus souvent d'une déesse dénudée, c'est-à-dire d'un archétype

---

[153] Aryadéva le Brahmane. Dans la tradition chrétienne c'est le *fiat lux* qui donna naissance à l'univers entiers.

révélé dans sa vraie nature. Plus riches en informations sont les aventures de Tirésias et d'Œdipe.

Tirésias, le voyant aveugle

« Tirésias » se traduit par « celui qui aime les signes ». C'est un devin remarquable dont nombre de prophéties se révélèrent d'une précision époustouflante. Nous ignorons cependant comment l'homme procédait vraiment : s'il lisait les symboles, comme le suggère son nom, ou s'il était, comme la pythie, habité par quelque chose de plus grand que lui. Ses annonces étaient sibyllines et comprises après coup. C'est Liriopée, la jolie nymphe azurée alors enceinte du jeune Narcisse, qui reçut la première prophétie de Tirésias. L'homme dit à la jeune femme la phrase suivante : « ton fils vivra longtemps s'il ne se connaît pas ». Réponse incompréhensible pour celle qui ne savait pas encore que l'Enfant mourrait dans sa prime jeunesse en s'admirant dans sa Source. La vision intérieure de Tirésias annonça le destin de Narcisse, la connaissance de soi grâce au regard profond qui mit un terme à la vie terrestre du jeune homme.

Mais comment Tirésias devint-il devin ?

À l'occasion d'une promenade aux alentours de la grotte où naquit le petit Hermès, Tirésias aperçut deux serpents en train de s'accoupler. Il les frappa et fut aussitôt transformé en femme. Sept années plus tard, « elle » revint au même endroit et, sous ses yeux, la même scène se reproduisit. Tirésias essaya alors quelques chose : « elle » frappa à nouveau les reptiles et « elle » fut retransformée en homme. Tirésias co-naît aussi bien le désir de l'*anima* que celui de l'*animus*, de la Lune et du Soleil.

Du côté de l'Olympe Héra et Zeus se querellaient comme à leur habitude. Le sujet de la dispute ? Lequel des deux sexes tirait le plus de plaisir de l'acte d'amour. Tirésias, devenu un expert grâce à sa métamorphose, répondit que sur un total de dix-neuf parties la jouissance de l'homme en compte neuf et celle de la femme dix. Il donna ainsi raison à Zeus [154]. Héra, fort mécontente d'avoir perdu ce secret, rendit l'homme aveugle. Zeus ne pouvait défaire le sort lancé par sa compagne. Pour compenser la perte de sa vue il offrit à Tirésias le don de prophétie, un bâton pour marcher comme s'il voyait et une vie sept fois plus longue que celle de ses congénères.

Parce qu'il fut mâle et femelle Tirésias reçut le don mantique ainsi qu'une espérance de vie considérablement prolongée. En contrepartie il perdit ses yeux qui, dans le ciel, sont symbolisés par les deux luminaires : le Soleil pour l'œil droit et la Lune pour l'œil gauche[155]. Par ailleurs, le serpent, nous l'avons déjà rencontré à de nombreuses reprises, est l'un des symboles phare de la Grande Déesse. La divinité tutélaire des jumeaux est à la fois un symbole phallique et une figure de l'anima. Il ne suffit pas de développer une nature androgyne pour « savoir lire les signes » et annoncer l'avenir, sinon les nombreux Narcisses de l'humanité feraient tous carrière comme prophètes. La longue existence promise au devin le rapproche de l'archétype du vieux sage et la présence du chiffre sept souligne un alignement des sept plans de conscience au sein de sa psyché : physique, énergétique, sensible, intelligible, intuitif, compassionnel et un contact direct avec le noyau de Vie qui est au centre de tout être humain.

Ce rêve éveillé rapporté par Georges Romey nous met sur la piste.

> « Une grande salle de glace… comme une caverne… et là…
> y a des serpents… et un vieux bonhomme qui à l'air d'être le
> gardien des serpents… il a un bâton… les serpents sont
> groupés tout autour de lui… il retient les serpents… il a une
> barbe blanche…le crâne dégarni… le nez assez long… il

---

[154] La réponse de Tirésias, rapportée par Apollodore, est plus confuse que cela. Il dit d'abord que si l'on évalue ce plaisir sur un total de dix-neuf parties, la jouissance de l'homme en compte neuf et celle de la femme dix. Puis il affirma que sur dix parts, l'homme dans sa jouissance en a une seule contre dix sur dix pour la femme. Cité par Timothy Gantz, *Mythes de la Grèce archaïque* p 936, Belin.

[155] Peut-on développer l'analogie jusqu'à associer les cônes responsables de la vision de jour au Soleil et les bâtonnets liés à la vision de nuit à la Lune ?

> porte une cape et des spartiates à lanières de cuir… il a une cloche dans l'autre main… y a une bonne trentaine de serpents dressés autour de lui en demi-cercle… là, par terre, ce n'est pas de la glace, c'est de la terre, là… le vieil homme sonne la cloche et touts les serpents se transforment en superbes femmes, puis en sirènes… leur corps à l'air d'être vivant, mais en même temps de glace un peu… le vieux résonne de la cloche et ça redevient des serpents… ils me laissent approcher… le vieux les contient… et là je vois son œil immense, très bleu… et je suis entré dans son œil[156]. »

L'œil, le vieux sage, le bâton, les serpents, la métamorphose en femme… les ingrédients de l'histoire de Tirésias sont là. Ce rêve, précise Georges Romey, fut déterminant dans la cure du patient. Serpent et Vieux Sage sont des images du gardien du seuil, ils donnent accès à des puissances impersonnelles métamorphosantes situées très loin, très au-delà du bien et du mal.

La perte de la vue va de pair avec le don de divination. Cette transformation est mise en relation avec la sexualité comme en témoignent les serpents qui s'accouplent et la question posée par les olympiens. L'histoire de l'aveuglement d'Œdipe reprendra ces éléments sous la forme de l'inceste.

Regarder c'est se laisser fasciner par la chose vue au risque de rester collée à elle. C'est toute la *magie* de l'*image*, deux termes contenus l'un dans l'autre comme les serpents amoureux.

Les pathologies des yeux soulèvent ces questions : « Qu'est-ce qui me fascine au point que je ne puisse m'en détacher ? Est-ce l'amour qui me rend aveugle ? Ou la colère qui a la même conséquence ? Est-ce le désir ou la foi ? Peut-être même est-ce la lumière de la connaissance prométhéenne devenue aveuglante ? » L'idéologue croit plus qu'il ne voit, Tirésias voit plus qu'il ne croit. Quel que soit l'espace psychique que servent les yeux, ils se sont laissés happer, fasciner, absorber par l'objet de leur enquête. La conscience de soi s'est subtilement échappée du sujet vers l'objet regardé. Le voleur prend ce que

---

[156] Georges Romey, *op.cit*

ses yeux voient ; le regardeur suit le chemin inverse, il donne les yeux de sa conscience lucide à quelque chose ou quelqu'un prêt à les lui prendre. Il devrait apprendre la sagesse du brigand : ramener sa conscience vers lui-même, ses besoins personnels ou ses aspirations transpersonnelles, vers sa vie intérieure. Alors, comme Tirésias, libéré des choses visibles, il verra les signes de l'invisible ; alors, comme Œdipe, il saura se laisser guider par un féminin positif sur les chemins du monde.

La conscience de Tirésias s'est identifiée à quelque chose de très profond : la force de Vie qui est au cœur de chaque être humain, normalement voilée et étouffée par des mémoires de souffrances et d'innombrables systèmes de croyances. Le serpent est en effet le symbole de l'énergie vitale la plus essentielle qui, parce qu'elle est en-deca et au-delà du genre, permit à Tirésias de devenir femme puis de se redéfinir en tant qu'homme sur un simple regard joint au courage de se libérer de la fascination en lançant un grand coup de pied dans ce qui l'attirait tant. Le surcroît de vie née du contact avec la Vie offrit à Tirésias une existence sept fois plus longue que la normale.

C'est ce contact conscient avec la sagesse profonde du vivant qui lui apporta son « don de divination ».

Plus près de nous, Jung a probablement « touché » ce monde en 1916 lors d'une expérience paroxystique alors qu'il explorait son inconscient. Aux prises avec une série de phénomènes parapsychologiques, il se retira dans son bureau et laissa sa plume écrire en trois soirées l'étrange *Septem Sermones Mortuos*. Alors, rapporta-t-il, « à peine avais-je commencé à écrire que toute la cohorte d'esprits s'évanouit. La fantasmagorie était terminée. La pièce fut à nouveau tranquille et l'atmosphère pure[157] ». Voici un extrait de ces *Sept sermons aux morts* :

---

[157] Barbara Hannah : *Jung, sa vie et son œuvre,* Éditions La Fontaine de Pierre-Dervy.

« Il y a un dieu que vous ne connaissez pas car l'humanité l'a oublié. Nous l'appelons par son nom ABRAXAS. Il est plus indéfini encore que dieu ou diable… Abraxas est effet. Rien ne s'oppose à lui sinon l'ineffectif ; ainsi, sa nature efficace se dévoile librement. L'ineffectif n'a pas existence, par conséquent, il ne résiste pas. Abraxas se tient au-dessus du soleil et au-dessus du démon. Il est probabilité improbable, réalité irréelle. Si le pleroma était un être, Abraxas en serait la manifestation. Il est effectif en soi, pas un effet particulier, mais l'effet en général.

Le soleil a un effet défini, le diable aussi. C'est pourquoi ils nous apparaissent plus effectifs que l'indéfinissable Abraxas.

Il est l'abondance qui recherche l'union avec la vacuité
Sa création est sacrée.
Il est l'amour et le meurtre d'amour.
Il est le saint et celui qui le trahit.
Il est la plus haute lumière du jour et la nuit noire de la folie.
Le regarder, c'est être aveuglé.
Le connaître, c'est la maladie.
Lui vouer un culte, c'est la mort.
Le craindre, c'est la sagesse.
Ne pas lui résister, c'est la rédemption.
…
Il est la vie des créatures.
Il est le processus de discernement.
Il est l'amour de l'homme.
Il est la parole de l'homme.
Il est l'apparence et l'ombre de l'homme.
Il est la réalité illusoire. »

La parole ou, ici, l'écriture prophétique autant que sibylline « chassa » la cohorte d'esprits qui ne demandaient qu'à prêter leurs voix à Jung. Abraxas est comme le serpent, au-delà du bien et du mal, c'est la première émanation de la substance psychique originelle où s'enroulent tous les paradoxes. Et, effectivement, la voir, c'est être aveuglé…

Revenons à Tirésias. Arrivé au terme de sa longue existence, le devin descendit dans l'Hadès en y conservant sa pleine conscience, contrairement aux autres âmes errant dans les grandes prairies du Monde-du-Dessous. Ces dernières ne recouvrent la capacité de penser qu'en buvant le sang chaud d'un animal sacrifié offert par les vivants. Ce surcroît de vitalité, Tirésias n'en a pas besoin. Même mort il reste éveillé car il a « vu » et touché les serpents jumeaux qui fondent toute vie.

Bien sûr, cette histoire peut se lire sur d'autres niveaux. Elle parle littéralement de transgenre puisque le héros a l'expérience intime des deux sexes [158]. Le mythe de Narcisse, pour qui Tirésias prophétisa pour la première fois, évoque également l'archétype du changement de sexe, mais d'une manière « dégradée » par l'homosexualité du jeune homme. Il sera encore possible de lire l'histoire de Tirésias sur le plan psychologique en remarquant que l'homme doué d'une *anima* puissante fut un temps submergé par elle. Lorsqu'il s'en dégagea il devint capable de comprendre le langage de l'inconscient avec son univers de signes et ses grands rêves. Enfin la jouissance sexuelle est plus intense chez la femme puisqu'elle est polyorgasmique. Et c'est heureux que la femme soit dépositaire de la pulsion de Vie puisque, *a minima*, elle « transmet la vie » pour assurer la perpétuation de l'espèce.

Tirésias n'a pas tué le serpent comme le lucide Apollon ou encore Hercule, le héros solaire qui abattit d'une flèche Ladon, ni même joué avec lui comme Dionysos. Il ne s'est pas non plus laissé fasciner par ses mots trompeurs comme Ève. Il a bousculé avec son pied deux reptiles qui accomplissaient exactement ce qu'ils signifient : produire du Vivant. Apollon risque la sécheresse et la solitude à force de lucidité, Dionysos risque la folie et le mort à force d'immersions dans ses orgies, Adam et Ève connurent la chute en cédant aux injonctions

---

[158] Bradley Manning, qui divulgua des informations secrètes et changea de sexe, pourrait présenter un mythe de Tirésias. Son heure de naissance est inconnue, mais son thème affiche une triple conjonction Mars, Lune, Pluton en Scorpion, c'est-à-dire un désir de métamorphose (Pluton) qui « transforme » le féminin lunaire et la virilité martienne. Inutile de dire que, dans ce cas, « Abraxas-Pluton » ne fut pas symbolisé mais vécu dans sa chair. Comme Tirésias, il révéla des informations secrètes et fut puni pour cela.

illusoires de la curiosité intellectuelle. Tirésias s'est brûlé les yeux en contactant de manière directe Abraxas, « ce qui est effectif en soi ». C'est ce contact avec la source de l'existence qui lui donne sa parole prophétique. La lucidité solaire (les yeux) n'a plus lieu d'être lorsque la parole devient spontanée pour dire ce qui est avant que cela n'apparaisse. Contrairement aux autres personnages précités, nul ne lui connaît de compagne car il a touché ce point d'existence non duel qui repose à la source de toutes les dualités.

Œdipe aveuglé

Œdipe subit le même sort que Tirésias. Son aveuglement est habituellement interprété comme la conséquence d'une culpabilité née du meurtre de son père et de la relation incestueuse qu'il eut avec sa mère. Deux actions jugées « coupables » dans toutes les communautés humaines. Ici, contrairement au Devin, l'aveuglement n'est pas lié à une mystérieuse identification de la vue aux puissances de la Vie qui gisent au cœur d'un être humain prêt à se métamorphoser. La cécité signe une sorte de régression fatale dans les bras du féminin et de son archétype de tutelle, la Grande Déesse. Mais c'est aussi une proposition de retour dans son giron en lisant le mythe sur le chemin de l'évolution. Revenons un instant au début de l'histoire.

Dès sa naissance, Œdipe fut abandonné par son père Laïos et sa mère Jocaste. Pourquoi cette indifférence au bébé ? Parce que l'oracle de Delphes consulté par sa mère prononça ces funestes paroles : « L'enfant que tu auras de Laïos tuera son père et épousera sa mère ». C'est pour éviter que la prophétie ne se réalise que le couple royal abandonna le nouveau-né sur le mont Cithéron, le vouant ainsi à une mort certaine. Mais des bergers recueillirent le nourrisson esseulé et l'appelèrent « Œdipe » – « Pied Enflé » – en raison de ses chevilles liées par une lanière de cuir et percées d'une aiguille. Plus tard, toute la vie de l'adolescent tournera autour de la question que posent les chevilles symboliques : « quelle direction prendre dans ma vie, quels sont mes choix essentiels ? Comment puis-je deviner mon destin ?[159] ». Paradoxalement chacune de ses décisions importantes rapprochera inéluctablement Œdipe de la fatalité à laquelle il tente d'échapper. C'est l'un des grands thèmes philosophiques moderne du mythe, exploré par André Gide notamment : l'héroïque combat de la liberté humaine contre les puissances du destin. C'est aussi la question que nous pose notre cheville lorsque notre conscience-énergie contacte l'astragale.

Devenu adulte, Œdipe consulta la Pythie qui lui confirma la prédiction faite naguère à Jocaste. Ignorant qu'il vivait avec des parents adoptifs, ignorant sont état de pupille, le jeune homme s'empressa de les quitter dans le ferme espoir de contrarier l'augure. En chemin il traversa un étroit défilé et se querella avec Laïos sans pouvoir deviner qu'il s'agissait de son père. La querelle dégénéra et se solda par la mort du roi qui avait fait rouler son char sur le pied du héros. Œdipe reprit sa marche puis, non loin des portes de Thèbes, il rencontra la fameuse Sphynge[160] qui adorait les devinettes. Les Thébains se rassemblaient chaque jour devant cette étrange créature perchée en haut d'une colonne. Elle arborait le visage et la poitrine d'une femme, les pattes et la queue d'un lion et les ailes d'un oiseau. Mais les hommes rassemblés échouaient sans cesse, incapables de répondre à sa question. Pour châtiment les jeunes de l'assemblée étaient ravis par la bête ailée qui déchirait ensuite leurs chairs. Pour en finir avec cette malédiction la main de Jocaste fut offerte à celui qui résoudrait l'énigme et débarrasserait enfin la ville du funeste oiseau.

---

[159] Luc Bigé, *Le Parchemin Magnifique* Vol. 1, éditions Réenchanter le monde

[160] Le mot grec est féminin. Les transcriptions anciennes le rendirent par « Sphinge » ou « Sphynge ». L'usage en français a retenu « Sphinx ». Notons que les Grecs connaissaient le Sphinx égyptien, mâle, nommé Androsphinx. Thèbes, là où se passe la scène, est l'actuelle Louxor égyptienne. Robert Graves traduit « Sphinx » par « étrangleur » ce qui situe le symbole dans le registre de la parole et de son organe, le cou et les cordes vocales.

La fameuse question est rapportée ainsi par Asclépiade[161] :

> « Il y a sur terre un être à deux pieds, à quatre pieds, à trois pieds, mais qui n'a qu'une voix, et seule de toutes les créatures qui se déplacent sur terre, dans l'air et dans la mer, il change de forme. Quand il va appuyé sur trois pieds, c'est alors que de ses membres la vitesse est la plus faible. »

C'est sans hésiter qu'Œdipe répondit :

> « L'homme, car dans sa prime enfance il se traîne sur ses pieds et ses mains, à l'âge adulte il se tient debout sur ses jambes, et dans sa vieillesse, il s'aide d'un bâton pour marcher. »

Confondue, la Sphinge se suicida. En dépit de ses ailes, elle se jeta du haut de la colonne où elle perchait. En récompense de sa victoire, Œdipe épousa Jocaste et devint roi de Thèbes[162]. Il ignorait bien sûr qu'il s'agissait de sa mère.

Seul *Pied Enflé* pouvait comprendre que la marche continue tout au long d'une existence humaine était la réponse adéquate à l'énigme car il en a l'expérience intime, contrairement aux Thébains sédentaires. Le nourrisson se déplace en effet sur quatre « pieds », l'adulte avance sur deux et le vieillard s'aide d'un bâton, ce qui ralentit sa vitesse de déplacement. La Sphinge précise que c'est le seul être de la nature qui change de forme. Il ne peut s'agir que d'une « forme » de conscience liée à l'âge puisque les mythographes n'ignoraient pas les métamorphoses des dieux et des reptiles, ni même celles des insectes. L'allusion à la voix précise que la scène se passe dans l'espace de la parole, le cou. Le héros, condamné à avoir les chevilles transpercées dès son plus jeune âge, résolut donc une énigme relative à la marche. Il remit en mouvement l'évolution psychique de sa famille biologique bloquée par une faute transgénérationnelle commise par Laïos. Son père, il y a longtemps, préféra aimer le jeune Chrisippos plutôt que sa

---

[161] Cité par Timoty Grantz, *Mythes de la Grèce archaïque* p 878, Belin.
[162] Jocaste dans les textes plus tardifs, Épicaste chez Homère.

femme, Jocaste. D'une certaine manière la Sphinge matérialise la colère de Jocaste à travers un personnage féminin qui *impose* de penser un non-dit – une devinette – au lieu de s'enfermer dans le déni.

Œdipe tua d'abord Laïos après que celui-ci eut écrasé son pied sous la roue de son char. Puis il répondit positivement à l'énigme de la Sphinge, une figure de la colère maternelle, qui interroge à nouveau le rôle des pieds. Le fil directeur de l'histoire n'est pas l'inceste[163] ni le meurtre du père, qui en sont seulement des conséquences, mais la façon dont un homme se met debout du matin de son existence jusqu'au soir de sa vie pour accomplir, souvent malgré lui, les appels impérieux de son destin. Quatre épreuves bornent ce parcours :

-   Accueillir son sentiment d'abandon comme étant une fatalité nécessaire qui nous met en route : l'exposition sur le mont Cithéron et les pieds liés.

-   « Tuer le père » : intégrer les qualités paternelles jusqu'à les faire passer en-dessous du niveau de sa conscience ordinaire.

-   « Répondre à la Sphinge » : penser des réponses plutôt que dénouer les problèmes avec la violence de l'épée. La difficulté essentielle d'Œdipe sera de confronter un féminin qui imagine avoir réponse à tout et, du fait de sa rage inconsciente, impose sa volonté par son intelligence

---

[163] Les naissances incestueuses des enfants d'Œdipe furent rendues célèbre par la pièce de Sophocle mais elles ne sont pas certaines. La source homérique, la plus ancienne, précise que « quand Œdipe eut tué son père et épousé sa mère les dieux *aussitôt* en firent la révélation aux hommes ». Dans l'antiquité Pausanias défendait l'idée qu'avec une telle formulation il était exclu qu'Œdipe put avoir eu des enfants avec Épicaste. (Timothy Gantz, *Mythes de la Grèce archaïque,* p 885). Dans ce cas la lecture symbolique du mariage n'est plus associée au désir de se reproduire, mais peut aussi bien l'être avec l'ouverture du cœur au royaume du féminin.

perchée en haut de la colonne de ses certitudes. Ce féminin a besoin d'être reconnu par le dialogue pour revenir sur terre et perdre ainsi son sentiment de suprématie.

- Œdipe « épouse Jocaste ». Il pénètre dans le royaume de la grande déesse puisqu'il s'agit d'une Reine. Positivement il entre dans le monde imaginal et deviendra finalement aveugle aux réalités objectives de son univers. Il féconde le féminin au niveau du cœur (la « royauté ») en s'ouvrant au monde des images, de l'imprévisibilité et de l'irrationalité objective. Mais Œdipe est encore dans la confusion puisqu'un nouveau drame se profile.

C'est seulement de longues années plus tard que Tirésias céda aux demandes insistantes d'Œdipe. Le devin lui révéla enfin la vérité sur le meurtre de son père et la nature de sa mère. Mise au courant, Jocaste comprit la situation incestueuse et s'enfuit dans une chambre du palais pour s'y pendre. Œdipe arriva trop tard pour la sauver. Il dégrafa une broche de la robe de la défunte et se creva les yeux avec l'instrument effilé. La boucle est bouclée. C'est par une aiguille que le destin du nourrisson fut écrit il y a bien longtemps dans ses chevilles, c'est par une autre aiguille qu'il s'accomplit dans ses yeux[164]. Par ailleurs la pendaison de Jocaste fait écho à la nature de la Sphinge puisque le nom du monstre se traduit par « étrangleur ».

À vrai dire, l'aveuglement volontaire d'Œdipe est problématique puisque certaines versions du mythe lui conservent une vue intacte alors que d'autres varient sur les modalités de l'événement. Après son initiation fatale, Œdipe

---

[164] Du moins dans la tragédie de Sophocle. Mais il est aussi possible que ce soit un ressort littéraire prenant une certaine liberté par rapport au récit mythique qui inspira l'auteur. Chez Euripide ce sont les serviteurs de Laïos qui crèvent les yeux du roi de Thèbes.

restera roi de Thèbes et mourra à un âge avancé, comme Tirésias.

Le mythe ne raconte pas seulement le meurtre du père suivi d'un inceste ; c'est d'abord l'histoire d'un homme qui a choisit de se mettre en marche pour échapper à une fatalité, nous dirions aujourd'hui pour sortir de ses conditionnements. S'il répond correctement à la devinette de la Sphinge, c'est qu'il est en chemin depuis toujours sur ses quatre pieds d'abord, puis deux et enfin, au terme de sa vie, il s'appuiera sur l'épaule de sa fille Antigone qui lui prêtera ses yeux. Œdipe résume le processus d'humanisation d'un homme debout capable de répondre aux devinettes que lui pose l'existence. Avec toujours, comme en filigrane, la puissance d'un destin qui s'accomplit à son insu. La vie semble lui sourire lorsqu'il a résolu l'énigme. Et pourtant, derrière l'apparence des victoires et des défaites, des joies et des désespoirs, se faufile un *fatum* auquel nul homme ne saurait se soustraire. Le sens qu'Œdipe donne à sa vie en se levant le matin n'est pas le sens décidé pour lui par la Vie. C'est pourtant en accomplissant ce faux sens qu'il réalisa son vrai sens et accomplit la prophétie de la Pythie. Combien de fois dans notre vie les décisions que nous prenons nous conduisent-elles vers autre chose que ce pour quoi elles furent prises ! Œdipe est l'homme qui réalise que sa vie se déroule sur deux fils séparés mais jamais distincts : celui de ses choix personnels qui s'enroulent inexorablement autour d'un destin qui dépasse son entendement.

Que montre le monstre ? Une figure féminine hautaine qui met son orgueil dans la subtilité de sa pensée, dans la suprématie dévorante d'une intelligence à laquelle nul homme de la cité ne sait quoi répondre. Ce féminin dominateur se rend inaccessible. Contrairement à la très grande majorité des autres combats mythologiques, ce n'est pas la force qui ravit la victoire mais la réponse à une devinette. Une pensée qui chemine « tue » une pensée qui « sait », haut perchée sur la colonne de ses certitudes. C'est aussi cela la première victoire de l'humanisation. La ville sous le joug d'une Sphinge « qui sait » va devenir grâce à Œdipe une ville « qui pense ». Pour utiliser un langage plus moderne la domination du sachant est remplacée par l'humilité de l'apprenant.

Or c'est le contact du sujet avec son féminin intérieur qui lui offre la science des choses profondes. Tirésias et Narcisse le savent bien ! L'*anima* prend l'homme par la main et le guide dans le labyrinthe des savoirs sensibles de la Nature. Les rêves, les impressions, les pressentiments et les images surgies de l'océan de l'inconscience dessinent peu à peu la trame secrète du monde vivant. Œdipe rencontra successivement trois figures de l'*anima* : la Sphinge à l'intelligence destructrice, la reine Jocaste qui apparaît comme un personnage plus effacé puis Antigone dont le nom se traduit par « au lieu d'une mère ».

La curiosité profonde qui porta Œdipe vers la royauté fut aussi la raison de sa punition. C'est, en effet, grâce à sa pensée que le jeune homme débarrassa Thèbes de la Sphinge. Cependant, la véritable devinette qui abattit le héros fut la question qu'il posa à Tirésias. La question de la Sphinge portait sur le processus d'évolution, celui qui habite tout homme décidé à se mettre debout pour marcher sur ses deux pieds tout au long de sa vie ; la seconde, celle d'Œdipe à Tirésias, se réfère au passé et aux erreurs nécessaires qui ont accompagné l'accomplissement de son destin.

Que vit Œdipe lorsqu'il fut aveuglé si ce n'est un conflit entre deux fidélités ? Œdipe se met debout en répondant à la Sphinge, mais il reste encore lié à sa famille par une colère inconsciente dirigée contre son père et un amour incestueux envers sa mère. Lorsqu'il voit cette confusion, il perd la lumière. Il ne suit pas les paroles du Christ ou de tout autre maître spirituel qui demande à ses disciples de tout abandonner pour accomplir leur nature humaine.

Œdipe maudira plus tard les fils qu'il eut avec Jocaste car ceux-ci n'honorèrent pas leur père comme ils le devaient. Un jour, ses enfants lui envoyèrent, non pas sa portion coutumière de sacrifice, l'épaule, mais la hanche d'un animal sacrifié. Cette bévue eut le don de mettre le roi en colère. Se sentant insulté, il pria Zeus de faire en sorte que ses fils s'entretuent. L'injure est importante puisque la hanche symbolise l'engagement dans la quête spirituelle alors que seules les épaules sont dignes du responsable de la cité, d'un roi ayant atteint l'espace psychique du cœur, capable de porter fraternellement « sur ses épaules » les destinées de la ville et de ses habitants comme il le prouva en détruisant la Sphinge et en sauvant la cité de l'horreur. Les fils ne reconnaissent pas les qualités spirituelles du père ou, en tout cas, ne les placent pas au bon endroit.

C'est un conflit familial qui est sous-tendu dans le mythe d'Œdipe. Freud l'interpréta très littéralement et y vit un désir incestueux pour la mère et une haine meurtrière du père. La Sphinge matérialise la « faute » paternelle – un amour homosexuel pour Chrisippos (*Cheval d'Or*[165]) – sous la forme d'une punition collective. En effet les habitants de Thèbes ne punirent pas cet acte qu'Héra jugea contre nature. C'est pourquoi la déesse envoya le monstre dévorer les habitants de la cité en guise de représailles. Il ne peut s'agir ici d'une erreur morale personnelle puisque l'homosexualité était admise et pratiquée dans la Grèce antique. La psychanalyse réduit cependant le symbole à l'analogon du système laryngé : la sphère génitale. L'histoire au contraire prend place dans la pensée (la Sphinge), la voix (la devinette), le cou (la pendaison) et les épaules (le sacrifice) qui sont tous des espaces symboliques en relation avec la transcendance. Œdipe est l'homme avide d'évolution intérieure qui est rattrapé par la vision des inaccomplis laissés derrière lui : une confusion entre « amour » impersonnel et « désir » personnel qui le conduira,

---

[165] Notons que Laïos se traduit par « *Gardien de troupeau* ». On connaît la complémentarité symbolique forte qui lie relie le cheval au taureau.

dans le mythe, à épouser sa mère ; et la violence d'une quête fondée sur une erreur de jugement qui l'amena à quitter ses parents adoptifs pour tuer à son insu son vrai père. La cécité signe la distance qui sépare les efforts d'accomplissements vers la Lumière et les ombres qu'elle laisse derrière elle.

Œdipe n'est pas un Narcisse occupé a se découvrir dans ses images intimes, ni ne ressemble à Prométhée le Révolté pour qui l'indépendance d'esprit et la créativité sont écrites en lettres de feu sur le parchemin de sa vie, ni à un Icare en recherche aussi désespérée qu'intense d'un monde meilleur, ni même à Orphée jouissant des sonorités nécessaires pour la floraison d'une véritable sororité. Œdipe est l'homme qui se met debout, l'homme qui revendique des choix personnels et, contre toute attente, accomplit son destin en laissant derrière lui deux confusions qui lui coûtèrent la vue : un mélange entre amour et désir ainsi qu'une puissance d'élévation fondée sur une colère inconsciente contre sa condition. Car il n'a pas encore une conscience claire de sa destinée et de son désir de « royauté », ces deux ingrédients qui l'entraîneront à abandonner sa personne pour servir la cité. Finalement, en se crevant les yeux avec une broche, Œdipe fait un trou dans son organe de la vision, il affirme qu'il est bien devenu une pupille qui engloutit la lumière.

C'est sous l'emprise d'un inconscient religieux où le bien et le mal tiennent une grande place que Freud interpréta la cécité d'Œdipe comme la signature biologique de sa culpabilité. Néanmoins cette lecture ne rend pas compte de la richesse sémantique du mythe. Rappelons également que la culpabilité ne faisait guère partie de la pensée antique. La culpabilité, si elle existe, est secondaire. Œdipe n'a rien à se reprocher. Bien au contraire, il a tout fait pour échapper à la faute annoncée par l'oracle. Ce faisant il se dirigea immanquablement vers son destin. La culpabilité éventuelle appartient au symbolisme des yeux aveuglés seulement dans l'involution. Elle est en rapport avec le fait d'avoir vu ce que l'on n'était pas prêt à voir, d'être allé trop loin dans la conscientisation des contenus du monde imaginal et de ne pas pouvoir intégrer une information qui bouleverse profondément un sujet mal préparé. L'œil qui se ferme à la lumière est un œil qui protège la conscience de l'inconcevable. Seul celui qui n'a pas commencé à réfléchir aux énigmes de son existence est menacé par ce type de pathologie lorsque l'inconcevable le prend par surprise. La cécité fut la terrible conséquence supportée par Érymanthe, un des fils d'Apollon, qui vit par hasard Vénus dénudée dans son bain. Quoi de plus aveuglant que de voir un archétype dans sa nudité, dans sa vérité nue ? Voir une déesse sans la médiation de ses vêtements ou de ses objets emblématiques est un choc certain ! Cela revient à entrer consciemment en contact avec la puissance d'un archétype sans y être préparé.

Mais le « vieux sage » qui a médité longuement sur les mystères de l'existence est aussi représenté aveugle. C'est le cas d'Œdipe qui mourra à un âge avancé. Dans l'évolution, la cécité totale ou partielle souligne les « fautes » laissées derrière soi du fait de l'effort d'humanisation. Quant à Tirésias il se place dans la transvolution, il est devenu la Vie et a tourné son regard vers les essences.

Un jour la conscience du sujet s'installera dans le vide de sa pupille, il ne restera alors plus que compassion et clarté.

Mythopathologies

Dans l'involution, les pathologies oculaires protègent le sujet de ce qu'il ne peut voir sans en être traumatisé. Dans l'évolution, elles mesurent le différentiel entre ce qui est compris et ce qui est réalisé. Les chocs affectifs et les désirs inaboutis sont pris en charge par les yeux. Mais ils représentent aussi notre incapacité à voir les choses objectivement puisque la lucidité est l'autre fonction de l'organe de la vision. Les yeux portent les conflits entre la raison et les messages des autres parties du corps :

peurs viscérales, désirs inaboutis, blessures affectives et idéaux anéantis. Les pathologies de la vision peuvent être considérées comme des accélérateurs d'évolution puisque les yeux parlent de la conscience du sujet. Si le problème est congénital ou génétique il s'agira de transformer une pathologie familiale inconsciente et toxique qui n'a pas encore été révélée en pleine lumière. D'une manière générale, les pathologies des yeux imposent une élaboration psychique, une évolution et une transformation de la conscience de la personne en une sorte d'apprentissage accéléré. Ce qui est absent dans la vue biologique devra être symbolisé par le psychisme de manière à « traverser le miroir » et faire de ce qui manque extérieurement une réalité intérieure vivante.

Astigmatisme

Lorsque la courbe de la cornée est irrégulière les images sont déformées sur la rétine et apparaissent avec des contours flous. Les informations touchent le corps (corps-né) et produisent une image *tremblée* et démultipliée. L'œil démultiplie les choses vues et les rend aussi incertaines que le danger. Il peut exister des peurs profondes d'entrer en relation avec les autres. L'empreinte originelle est déterminée par les premiers contacts de l'enfant avec le père-soleil (œil droit) et la mère-lune (œil gauche) puisque l'œil ne termine pas sa maturation avant six ans. L'élaboration psychique consiste ici à confronter ces peurs instinctives du monde pour reconnaître la bonté et la bienveillance du réel. Non, les autres ne sont pas dangereux ! Dans l'évolution ce sera la signature du sentiment d'effroi qui a envahi la totalité du corps lorsque la personne vit « la splendeur de Dieu ».

Cataracte

Il s'agit d'une opacification du cristallin sous l'action d'un virus. Cet obscurcissement diminue la quantité de lumière qui se fixe sur la rétine en conséquence de quoi la vue baisse. La personne voit plus qu'elle ne croit. Alors le cristallin s'assombrit pour limiter les informations reçues. Ce phénomène survient souvent avec l'âge chez les personnes qui ont beaucoup vu ou énormément lu si bien que leurs savoirs et parfois leurs expériences intérieures dépassent leur entendement. Alors les yeux filtrent ces informations difficiles à intégrer. D'une manière générale les yeux prennent en charge les déceptions ressenties par rapport au monde quand la personne ne supporte plus ce qu'elle voit. Il pourra s'agir de désillusions affectives ou du sentiment que la civilisation va à vau-l'eau. La langue des oiseaux décode « cata R acte », « la destruction (cata) de l'acte (acte) de penser (Air/R) » ou encore « la destruction du dynamisme du mouvement ». L'âge avançant on comprend que le cristallin inverse l'image de la réalité pour la remettre à l'endroit. C'est donc le monde extérieur qui fonctionne à l'envers. Cette prise de conscience crée un décalage insupportable entre soi et les événements. Alors la vue s'assombrit pour ne plus laisser passer que le strict nécessaire, loin des effronteries du réel. L'autre sens de cataracte est une « chute d'eau » ou encore une « pluie torrentielle » qui métaphorise des pleurs « à chaudes larmes ». L'intense tristesse née des déconvenues entre le monde que l'on aimerait et celui que l'on voit ?

Cécité

De nombreuses raisons symboliques sont bien sûr à suspecter, selon la nature biologique de la perte de la vue. On pourra se référer à l'une ou l'autre des trois figures mythologiques : Œdipe qui porte dans son œil des fautes passées qu'il n'a pas osé regarder, Tirésias obnubilé par la vérité et qui a cessé de voir le monde extérieur et Érymanthe victime d'un choc en voyant ce à quoi il n'était préparé. La langue des oiseaux traduit « cesse IT », « cesse de chercher IT », cesse d'aller « vers IT ». Un regard trop intensément tourné vers la perception des mystères se perd dans la nuit, il faut donc cesser de tendre de tout son être vers la transcendance (I) pour l'incarner sur la terre (T). Il sera utile de se souvenir ici de la première grande leçon de la voûte plantaire : « tu es déjà celui que tu cherches ». Cette situation offre au son une prééminence sur la lumière. Or les vibrations sonores sont plus humaines que la grande clarté sans forme. Le chant, les mantras et la musique prennent le sujet par la main pour l'élever vers l'extase ou le conduire dans les profondeurs de ses plus grandes tristesses. La lumière, inhumaine, n'offre rien à quoi s'accrocher. Le rythme du cœur est l'échelle qui conduit vers la clarté du ciel.

Daltonisme

Il s'agit d'anomalies génétiques qui affectent la perception des couleurs en raison de la déficience de l'un des trois types de cônes de la rétine. La plus fréquente est la confusion entre le vert et le rouge. Couleur d'un nature féminine le vert représente l'anima et la puissance régénératrice du vivant. Quant au rouge, il s'agit de la couleur de l'engagement au nom d'un combat héroïque. Dans l'involution ce symptôme marque une confusion entre l'anima (verte) et l'animus (rouge), entre les valeurs féminines et masculines. Le « sang » végétal et le sang animal se confondent, l'un apportant sa puissance à l'autre. Cette double dynamique de régénération questionne... les générations passées et les liens dynamiques que la personne peut ou doit reconstruire avec sa lignée familiale. Il s'agit du reste d'une pathologie génétique. Il sera utile ici de revenir vers le symbolisme de l'arbre pulmonaire qui véhicule bien du sang rouge ! Les yeux se contentent de mettre en lumière la nécessité de revisiter une généalogique comme oubliée par la conscience de veille.

Décollement de rétine

La rétine qui retient la lumière tente de se rapprocher du faisceau lumineux en quittant sa place naturelle, tellement son désir de Lumière est intense. « Lumière » est à considérer ici avec toutes ses nuances symboliques : connaissance, objectivité, besoin d'être vu ou quête d'illumination. Quelle que soit la quête, l'organe suggère de faire une pause en reconnaissant la valeur de ce qui est déjà naturellement reçu. Dans l'involution il pourra s'agit d'une mise en scène biologique d'un phénomène de fascination pour quelqu'un ou quelque chose. La rétine est incapable de quitter l'image d'un événement. Cela peut se produire par exemple devant une scène d'horreur sur laquelle l'on n'a pas su fermer les yeux. Le stress engendré est somatisé par le décollement de la rétine.

Dégénérescence maculaire (DMLA)

Cette maladie concerne la macula et la fovéa, les zones centrales de la rétine qui ne fonctionnent plus. Elle touche donc les questions de la « mise au tombeau » et de la mort. Les yeux disent alors « vois le tombeau, prépare toi à mourir et à renaître à la vie dans un autre monde ». Il est possible que le corps, avec la DMLA, prenne en charge une crainte profonde de quitter ce monde. Cette souffrance signe parfois, au soir de la vie, une difficulté à voir ses ombres et à reconnaître ses erreurs.

Hypermétropie

Le cristallin étant trop aplati, les rayons lumineux se focalisent derrière la rétine. La vision de près devient floue alors que la vision de loin reste nette. L'œil code ici un retard de réaction face à l'événement. Dans l'évolution le sujet privilégie l'idéal – le lointain – sur sa vie quotidienne avec ses proches. Il faudrait alors se demander si ce que l'on cherche tant n'est pas en réalité tout près de soi, avec ses proches. L'ambition prime sur la vie privée et la rend « floue ».

Myopie

Le cristallin est trop bombé en conséquence de quoi les rayons de la lumière dessinent une image en avant de la rétine. La vision de loin est défectueuse et la vision de près s'améliore. Puisque l'image se forme devant la rétine tout se passe comme si l'œil cherchait à voir l'événement avant qu'il n'arrive. Il s'aiguise en quelque sorte pour prévenir des dangers de proximité. Cette peur du quotidien empêche le développement d'une ambition équilibrée pour prendre sa place dans le monde. La personne mobilise son énergie pour se protéger des éventuels dangers en provenance des proches, du coup sa vision à long terme et ses objectifs professionnels en pâtissent.

Presbytie

Il s'agit du vieillissement du cristallin. La perte de sa souplesse rend l'accommodement visuel plus difficile. Le terme « presbyte » désigne « celui, celle qui voit mieux de loin que de près », souvent un « vieillard » du fait du phénomène de vieillissement. On peut par ailleurs rapprocher ce terme de « presbytère » qui désignait précisément en grec un « conseil des anciens ». L'œil dira alors la difficulté de s'adapter avec souplesse à un monde qui change trop vite, notamment en ce qui concerne les choses de la vie quotidienne. Il questionne aussi le sentiment de désespoir qui pourra survenir lorsque la personne est encore pleine de projets pour le lointain mais sent sa vie se raccourcir en raison de son âge, ou simplement parce que sa situation présente lui apparaît bouchée et sans perspectives.

Strabisme

Lorsque les deux axes visuels ne pointent pas ensemble vers le même endroit, chaque œil transmet une image décalée au cerveau. Celui-ci occulte alors les informations en provenance de l'un des deux yeux, le plus faible en acuité. De ce fait, le réel perd de sa profondeur, car celle-ci dépend de la vision binoculaire. Il n'y a plus de différence entre une photographie et la scène photographiée. Le travail psychique consistera à redonner de la profondeur – c'est-à-dire du sens – à son existence en remettant sans cesse concepts et idées *en perspective*. L'analyse et la comparaison des idées remplacent dans le psychisme la profondeur géographique manquant dans la perception du monde.

Qu'y a-t-il de « louche » ? Les évidences sans doute puisque le strabisme offre au cerveau deux images distinctes du réel. Laquelle est la bonne ? Toutes les deux sont-elles des illusions ? Le strabisme invite la personne à quitter une forme de naïveté pour ne plus se fier aux apparences.

Vision floue

Comme dans un brouillard, elle adoucit la distance au réel. Le sujet perçoit directement les essences du monde sans pouvoir les rationnaliser par le regard objectif. Il se situe soit du côté halluciné de l'enfant pas encore structuré par la pensée et le savoir-vivre, soit du côté de Tirésias qui dispose de l'œil intérieur visionnaire. Dans les deux cas le sujet reçoit le monde extérieur dans ce qu'il a d'invisible sans pouvoir s'opposer à lui en se distanciant. La barrière séparant « moi » et « le monde » est fragile, ce qui rend l'être très sensible à toute forme de non-dit ainsi qu'aux agitations de l'âme du monde. Si cela n'est pas pris en charge par une conscience active il y un a risque de confusion et d'absence d'objectifs clairs dans sa vie. Par contre, lorsque cela est symbolisé, le sujet reçoit des informations du monde des essences et dispose d'un potentiel « visionnaire ».

Visions périphériques et centrées

Les mammifères se rangent en deux catégories : les proies et les prédateurs. Les premiers, toujours prêts à fuir pour survivre, possèdent des yeux écartés de manière à augmenter leur champ visuel. Les seconds affichent des yeux rapprochés pour fixer plus précisément leurs futurs repas. C'est ainsi que le cheval malgré sa puissance musculaire est un animal de fuite, alors que l'homme, malgré sa constitution chétive, est un redoutable prédateur. Sur cet exemple nous voyons que ce n'est pas la biologie qui commande au psychisme, mais l'inverse. Privilégier le vision périphérique revient à se considérer comme une proie toujours menacée, privilégier la fixité du regard dénonce le caractère prédateur du sujet.

Le récit des yeux

L'œil est l'organe du jour. La vue, contrairement à l'écoute, le toucher et l'odorat, ne fonctionne pas la nuit. Or qui dit « jour » dit « conscience » et qui dit « nuit » dit « inconscience ». Longtemps l'homme qui regarde ne voit pas l'ombre qui entache ses désirs et ses actions. Souvent l'expérience dionysiaque de la perte de contrôle et de la labilité de son « moi » lui sera salutaire pour renouer avec l'instinct comme avec l'intuition pour engager ses actions sur des bases moins « rationnelles ». Rappelons que chaque sens explore un espace psychique : le goût sentimental dit l'amour et la détestation, le nez oscille entre besoin de vivre et désir de mourir, les oreilles flirtent entre la raison et la folie. Les yeux surplombant y introduisent une conscience qui oscille entre lucidité et sécheresse.

Ces alternances sont nécessaires dans le processus d'involution, lorsque le « sujet » se cherche encore. Il découvre finalement de nombreux points de repères comme prendre soin de ce qu'il aime (la bouche), se fier à ses pressentiments (le nez), dire ce qu'il pense en écoutant ses pensées (les oreilles) et obtenir ce qu'il veut (les yeux). Puis, dans l'évolution, les hauts et les bas de l'expérience humaine sont vus comme des paradoxes nécessaires au mouvement du vivant qui espère secrètement la joie et la liberté. L'homme apprend à vivre pleinement avec ses contradictions. Alors la conscience du jour regarde sa nuit. La bouche s'émerveille sans cesse de sa belle intimité avec un monde qu'elle honore par la louange ; le nez en son immense équanimité, semblable à un Bouddha, laisse libre cours aux va-et-vient du souffle sans jamais le retenir ; l'oreille développe un entendement raisonnable entre l'abîme et la cime. L'œil se réfère symboliquement à celui que les Pères de l'Église appelèrent « la Lumière du monde » et qui personnalisa dans son corps un rayon de pure conscience. Le christianisme est la seule religion qui affirme la possibilité de créer un lien *personnel* entre dieu et le croyant, il espère l'individualisation la Lumière. Il est difficile de se prononcer sur cette promesse car l'expérience des autres voies spirituelles suggère au contraire une « impersonnalisation » croissante à mesure que le disciple se rapproche de l'Invisible.

Quoi qu'il en soit, l'œil est l'espace symbolique de la conscience. Celle-ci s'exprime d'abord par le regard objectif qui scrute, mesure et comprend le monde. Puis ce regard se retourne vers l'intérieur comme le fit si bien Narcisse, ouvrant le chemin de la connaissance de soi. De manière inattendue cette grande percée dissout les représentations du sujet et délite de plus en plus un « moi » reconnu comme labile. Les faux-selfs se désagrègent, laissant place à l'émergence d'universaux comme l'Amour, la Joie d'être vivant et la volonté de Vie. Mais ces archétypes possèdent tous un visage d'ombre : la Haine, le désir de Mort et la Toute-puissance. Une conscience qui ne serait pas aussi « trans-parente » que la Lumière risquerait de s'y perdre car le vide de la pupille est bien un vide où *tout* devient possible. Elle s'illustre par un ultime paradoxe : c'est un trou d'ombre qui transmet un rayon de clarté. L'Esprit qui s'est alors substitué à l'esprit est au-delà de toute expérience et *a fortiori* profondément impénétrable à toute analyse. C'est cela l'Éveil : un œil ouvert qui réalise que l'esprit est une émanation de l'Esprit. Lorsque sa conscience se pose vraiment dans son œil l'homme « réalise » l'unité essentielle de toute la manifestation grâce à sa vue qui n'est plus ni objective ni subjective.
L'iris avec ses couleurs de lumière représente dans le corps humain la première manifestation des potentiels du vide. Le

yogi accompli est l'homme qui est entré dans la Vacuité de sa pupille. S'il choisit la voie du Boddhisattva il deviendra comme l'iris, un pont arc-en-ciel entre le Vide et les formes du monde où se meuvent nos vies ordinaires. Ce chemin vers la Réalisation est codé dans la morphologie de notre œil : devenir aussi « transparent » que la cornée pour se *concentrer uniquement* sur la question de la Lumière, changer radicalement son existence et ses valeurs avec le cristallin puis retenir le rayon de vérité qui habite profondément notre être avec la rétine et, finalement, entrer dans la fosse où s'accomplira le mystérieux phénomène de la Résurrection.

Et s'il fallait résumer tout cela en un seul mot, ce serait le mot « abandon », que la langue des oiseaux traduit par « AB en don », « *abbé* en don ». Abandon des parents, frères, sœurs et amis, abandon des postures sociales et professionnelles et enfin abandon du chercheur lui-même qui est en quête de la « plus grande lumière ». Cette expérience de l'Abandon, le Christ l'expérimenta sur le Golgotha trois jours avant sa Résurrection.

Nous avons commencé cette exploration avec la peau en précisant qu'il s'agissait de l'organe de l'initiation, celui par lequel le vieil homme faisait peau neuve. La « cornée » de l'œil précise comment aller vers ce corps de Résurrection. La boucle est bouclée, la peau du corps est devenue une cornée qui reçoit les rayons de la lumière.

Les axes sémantiques

Involution : Vision hallucinée sans distanciation par rapport au réel. Idéal puis, l'archétype se dégradant lorsqu'il se manifeste en action : idéologie et idole.

Évolution : Vision objectivante qui favorise une distanciation entre soi et le monde. Il s'agit de la connaissance scientifique,

puis de l'expérience gnostique qui conduit vers la connaissance
de soi et, finalement, la vision de l'Ineffable.

Transvolution : Il s'agit d'une vision visionnaire qui supprime
à nouveau toute distance et met en contact direct avec les
essences du réel. L'objectivité et la subjectivité n'ont plus lieu
d'être. Il reste ce qui est.

TABLE DES MATIÈRES

LE VISAGE ET LES CINQ SENS   9

TOUCHER AVEC LA PEAU   17

Étymologies et expressions   17

Les sept fonctions biologiques de la peau   19

Le changement de peau   33

Mythologies   35

Mythopathologies   41

Le récit de la peau   46

Les axes sémantiques   47

GOÛTER AVEC LA BOUCHE   49

Étymologies et expressions   52

Biologie de la cavité buccale   56

Quelle alimentation ?   68

Les cinq saveurs   86

Mythologies   102

Mythopathologies   107

Le récit de la bouche   109

Les axes sémantiques   111

SENTIR AVEC LE NEZ — **113**

Étymologie et expressions — 113

Biologie — 118

Pathologies — 141

Le récit du nez — 149

Les axes sémantiques — 153

ÉCOUTER AVEC LES OREILLES — **155**

Étymologie et expressions — 157

Biologie — 163

La musique — 185

Mythopathologies — 192

Le récit de l'oreille — 194

Les axes sémantiques — 197

VOIR AVEC LES YEUX — **199**

Expressions et étymologies — 201

Biologie — 206

Mythologies — 238

Mythopathologies — 254

Le récit des yeux — 261

Les axes sémantiques — 263